社区治理：
价值匹配（NGT）分析方法

沈原 刘世定 李伟东 等／著

Community Governance:
Values Matching Analysis

社会科学文献出版社
SOCIAL SCIENCES ACADEMIC PRESS (CHINA)

序 言

　　本书是一项集体研究成果，主要由北京市社科院社会学研究所的同人共同完成。大约自 2015 年初起，北京市社科院社会学研究所的同人决定以北京市为研究据点，开展一项有关社区治理问题的研究工作。经过两年多的努力，于今大致完成。北京市社科基金和北京市社科院均给予了资金方面的支持。北京大学社会学系的刘世定教授承担了课题的学术指导工作，清华大学社会学系晋军副教授、北京工业大学社会学系李阿琳副教授等参加了部分讨论和写作工作。

　　本研究各章节分工撰写者如下：

　　第一章"导论"，沈原；

　　第二章"价值匹配模式"，刘世定；

　　第三章"匹配问题"，刘世定、沈原；

　　第四章"新建商品住宅小区社区治理的案例与分析"，李洋、马丹；

　　第五章"单位制社区治理的案例与分析"，汪琳岚、刘阳、李金娟；

　　第六章"老旧街区社区治理的案例与分析——以 DZL 街道为例"，包璐芳、李阿琳；

　　第七章"城中村社区治理的案例分析"，李伟东；

　　第八章"农村社区治理的案例与分析"，曹婷婷；

　　第九章"结论与讨论"，沈原、刘世定；

　　附录 1："福利流失与关系损耗：保障性住房配建社区的治理与服务"，晋军；

　　附录 2："流动人口的社区治理"，韩嘉玲、韩承明；

　　附录 3："农村社区治理——对村庄类型与治理模式的探索"，晋军。

　　本书稿定稿前，根据北京市社科基金聘请审读专家的意见，做出了若干修改，主要是修改了书名，并增加了第九章"结论与讨论"。全书由沈原统稿，李伟东承担了大量的组织工作。

2016 年 11 月 30 日

内容提要

一　社区与治理的概念

（一）社区的重要地位

社区是社会学中最重要的范畴之一。从社会构成的意义上说，社区是宏观社会的微观基础；从社会认知的意义上说，社区是人们认识社会运行逻辑的一个重要渠道：把握住社区，也就把握住了在一定的空间条件下的具体人群及其社会关系。

（二）社区概念与治理概念

社区在社会学中的地位固然重要，但与此同时，社区却又是社会学中"引议性"最多的概念之一。1955 年，美国社会学家希勒里就指出，在社会学中，社区的定义竟达到 94 种之多；而按照杨庆堃先生在 20 世纪 80 年代的总结，社区定义已经达到 140 多种。定义的杂多一方面表达出实际社区生活现象的复杂性，一方面也体现出社会学家在处理社区问题时的多元思路。

另一方面，治理的概念从制度经济学进入行政学，再进入社会学以后，也开始面临着类似"社区"定义的状况。社会学对"社会治理"提出了种种界定，众说纷纭，莫衷一是。

多元思路的存在固然能够活跃思想，为理论创新提供激励，但也有其根深蒂固的局限。迄今为止，社会学的社区研究多半停留在个案水平，难以从个别上升到一般；由于欠缺统一的框架，研究结果也难以积累起来。更为严重的是，此种状况还会导致研究工作的低水平重复。在实践层面上，此种状况不利于社区工作者利用社会学研究的成果，开展社区工作。

（三）认知基础与概念界定

面对社会学之社区研究的现状，可以断定，当前亟待开展的一项工作就是为"社区"和"社区治理"两个范畴，奠定一个坚实的社会学认知基础。为达到这一目标，本研究在此不对汗牛充栋的相关定义进行逐条梳理，而是首先将一应烦琐界定统统"加上括号"，"悬置起来"，转而倡导一种"模式化思维方法"，并基于此种方法，尝试为社区和社区治理提供一个简约和清晰的框架。

（四）在北京市开展社区治理研究的独特优势

北京市作为超大型城市，对社区治理研究具有若干独特优势。市域疆界广大，跨越城乡，社区类型齐全是其最基本的优势。本研究希望能够充分借助此种优势开展研究工作，故与以往社会学工作者往往选取偏远省份某些小共同体作为研究据点的做法不同，转而立足于北京市本身，尝试开展总体性的社区研究。

二 价值匹配（NGT）分析方法

（一）禀赋、治理与目标

本研究试图运用模式化思维方式，为社区治理搭建一个简约、明晰的分析框架。在这里，所谓"模式化思维"，就是要从纷纭复杂的研究对象中，根据特定的研究角度或研究方向，概括出最基本的要素，进而探查这些要素之间的关系，区分相关与因果，把握其运作逻辑，并且考察诸要素和关系变动的条件。

从社区治理的角度出发，本研究认为，社区治理最基本的三种要素是："社区自然禀赋"、"社区治理方式"和"目标价值实现"。

"社区自然禀赋"是指实施社区治理时给定的区位、资源、传统等社区条件。自然禀赋特征就是给定的社区条件的特征。这里"自然"概念不是在与人、与社会概念相对的意义上来使用，而是在一定的分析框架中，在与人的能动行动相对的意义上来使用。自然禀赋的英文为 Natural endowment，本研究用字母 N 来加以简要表示。

社区治理可以理解为通过规则安排，实现社区秩序的一种社会互动过程，而"社区治理方式"则是指何种力量、以何种规则互动，做出怎样的安排而实现社区秩序。社区治理方式的英文为 Governance modes，故本研究用字母 G 加以简要表示。

社区成员对通过社区治理实现的福利目标及程度存有自己的价值评判，"目标价值实现"概念即指这种评判状态。目标价值的英文为 Target values，本研究用字母 T 来加以简要表示。

综上所述，本研究所欲倡导的社区治理分析框架，可以简要地标明为"价值匹配（NGT）分析框架"。

（二）维度化：NGT 的操作化表达

所谓维度化，就是将准备类型化的对象处理为一定维度的向量，而将某一类型标识为向量的某一个特定取值状态。

1. 社区治理方式的维度化

在 NGT 分析框架中，社区治理方式不是一成不变的，它主要表现为三种组织力量的作用结果。这三种力量是：政府力量（用符号 P 表示）、市场与营利企业组织力量（用符号 M 表示）、社会组织力量（用符号 S 表示）。换言之，社区治理方式是政府力量、市场与营利企业组织力量、社会力量介人状态的函数。可以用公式表示如下：

$$G = F(P,M,S)$$

2. 社区自然禀赋特征的维度化

社区自然禀赋特征，可以从外部条件、内部条件和历史条件三个方面去把握。在外部条件中，本研究关注社区所处区位，用符号 L 表示社区区位。在内部条件中，本研究关注资源，特别是固定资产的资本化程度，用符号 R 表示社区资源。在历史条件中，本研究关注治理传统的存在，用符号 H 表示传统依赖状况。

3. 目标价值实现的维度化

本研究假定社区居民的价值通过"民生"、"安全"、"尊严"三个维度来实现。在最简单的情况下，价值实现状态可以通过价值序（ >， <， =）来表示。

（三）社区分类：逻辑与历史的统一

在逻辑上，社区禀赋特征和社区治理方式都有多种形态，二者结合的形态将更为复杂。对所有的理论逻辑形态及其组合均找到现实中的近似对应，并一一加以研究，这样做既无必要，也无可能。

本研究采用"框架理论＋历史"的研究策略来处理逻辑分类和现实状况之间的关系。社区自然禀赋特征、社区治理方式、目标价值实现状态三者之间逻辑关系构成了分析的"框架理论"，而准备加以研究的具体形态的选择则须借助"历史"眼光，即依据研究者对这些具体形态在特定社会历史演变中的现实性、重要性的判断加以确定。

本研究当然不可能进行全覆盖式的研究。因而，有必要采用现实的历史方法，确定一些重要类型。本研究采用列表方法，将研究者从经验上观察到的一些社区自然禀赋特征摆放进去，概略考察现实中关注的类型和理论类型之间的关系。

综合以上考虑，本研究首先考虑研究如下五种类型的社区及其治理问题，它们是：商品房住宅小区、单位制社区、老旧街区、农村社区和城中村社区。

三　五类社区的案例分析

（一）商品房住宅小区案例分析

第一个案例"AD 小区"地理位置优越，居民收入较高，物业公司运营规范化、高端化，通过提供"管家式"的服务，充分满足和解决业主在社区公共生活中的各种需求和问题。第二个案例"SH 小区"地处远郊区县，房价相对较低，物业收费较低，物业公司入不敷出，仅能维持常规运转。居民以当地农民和外地来京人员为主，收入水平较低，社区参与意识淡薄，社区居委会成为社区治理的重要主体，也是部分低收入居民尤其是低保人员的重要经济支撑。第三个案例"GAC 小区"居民有年轻化和高学历化的特征，在社区治理中实施"五方共治"的自治模式，即将业主、业委会、物业公司、社会单位和社区居委会这五个利益主体共同纳入居民自治平台，共同协商找到利益交集，共同解决小区管理服务问题。案例四的 SJ 小区地理位置优越、户型较大，但投资客较多，房屋用于出租办公较普遍，扰民现象突出，居民缺少社区参与的渠道，只能依靠社区居委会和物业公司联合清理民房商用问题。

（二）单位制社区案例分析

"J 小区"为独栋单位大院，且单位仍发挥作用。院内只有一栋楼房，由单位 F 管辖，F 单位为大型国有企业，历史悠久，现仍在运营中。治理机制为自治组织主导、单位协助。"D 小区"有多户数单位，且单位仍在供给福利的小区，为四家单位的家属院，在 11 栋居民楼中，6 栋为 X 单位家属楼，其余 5 栋属 3 个单位所有，均为国有企业或事业单位。治理机制为自治组织主导、单位协助、市场参与。"N 院和 E 院"则为空间单元独立、单位仍发挥作用的新单位制小区，N 院由两个央企单位共同建设和使用，E 院由附近两个区级行政单位共同建设。治理机制为单位主导、市场机构协助。"I 小区"为空间单元不独立的新单位制小区，只有一栋楼，为多个单位购买，每个单位购买两层至五层不等，单位无法提供单独的服务，只能依托小区的整体物业服务。治理的主导主体缺失，只能在较低水平上维持公共服务。

（三）老旧街区社区案例分析

DZL 是北京典型的老旧街区。从新中国成立初期的古都风貌保护渐渐让位于城市建设，到改革开放后尤其是 20 世纪 90 年代，北京老旧街区处于大规模的改造阶段，街区传统面貌发生了较大改变。其间，从政府对老旧街区改造的有力主导，到市场的强势进入，二者共同主导。21 世纪后，尤其是近十年来，地方政府反思过去排斥甚至驱逐居民，单纯依靠政府与市场为主导的做法，不断减少行政干预的程度，保持商业市场的有限度加入。强调居民全程参与所在街区更新改造的过程，注重满足街区居民个体的需要，让政府、市场和居民共同探索北京老旧街区更新改造的新模式和新方法，建构政府、居民、市场三方合力的共同治理新机制。

（四）城中村社区案例分析

"MN 村"地处五环以外，周边是工厂宿舍区，本地人口 800 余户，2000 多人，外来人口有 1 万多人，成为典型的"人口倒挂"城中村。MN 村治理主要依赖居委会，社区社会组织以从事文体活动的娱乐型组织占多数，公益服务类社会组织基本没有。该村位于五环以外，周边又都是建成区，土地资源有限；而且受到附近文保区的影响，该村长期无法完成修缮改造，区位优势和资源优势都不足。MN 村的社会治理长期以政府力量为主，居民对社区生活满意度很低，尤其对社会服务和社会福利的意见很大。居民对社区事务的参与率较低，还处于零星参与的初级阶段，缺乏有组织的社会动员；但村民的参与热情很高，参与意愿与实际参与频率构成强烈反差，这恰好说明在社区治理中，广泛的社会参与并非全无社会基础，只是缺乏合适的项目和良好的社会动员。

（五）农村社区案例分析

农村社区具有位置偏远、社区资源不足和地缘、血缘因素突出等特点，其社区自然禀赋的三个维度：区位、资源和传统的强化程度，依次有所不同。就治理类型而言，由于农村发展水平存在较大差异，治理模式也呈现多样化。以北京市 W 村、L 村和 X 村为例，它们分别代表着农村社区治理的三种主要类型，即政府主导型、民主协商型和市场交易型。W 村较为闭塞，受传统制约较为严重，政府在村务自治中介入过多，以管理为主，自治组织治理能力低下，社区建设落后。L 村以村委会为核心，发挥自治组织作用，在尊重农村习俗和保护环境的基础上开放社区治理平台，吸收企业、公益事业和组织及村民参与社区治理。X 村以市场为导向，引入社会资本和公司组织运营模式，将经济发展与社会养老服务相结合，寻求农村社区发展的新途径。

综上所述，从社区治理的角度出发，运用价值匹配（NGT）分析方法，大体上可以看出，基本类型不同的社区，在社区禀赋、治理方式和治理目标的价值实现方面，都具有不同的逻辑。就是在同一种基本类型的社区内，在社区禀赋和治理方式等方面也可能存在巨大差异，从而导致实现治理目标方面的显著不同。有鉴于此，针对不同目标要求，动员资源，调适手段，就成为社区治理重要的策略方法。

四　匹配问题

在价值匹配（NGT）分析框架中，三个基本范畴的匹配机制最为重要。本研究对匹配问题辟出专章，加以探讨。

（一）匹配问题的理论线索

"匹配研究"在经济学中的地位远高于在社会学中的地位。现代经济学从博弈论（"市场供需匹配设计"）与新制度经济学（"交易成本治理机制分析"）两个方向上，对匹配问题进行了卓有成效的理论探讨。相形之下，当代社会学只有格拉诺维特在劳动力市场的供求匹配机制方面做了一些工作。在本研究中，试图在这些理论的基础上更进一步，探讨社区治理领域中匹配机制的各种表现形态，并尝试着将之提升为一个社会科学的普遍范畴。

（二）匹配的三种基本形态

本研究试图揭示三种基本的匹配形态。第一种形态是"对位匹配"，意指在社区自然禀赋和社区治理方式之间能够达成某种契合，从而实现特定的治理目标价值，或者使实现某种目标价值的交易成本降至最低。第二种形态是"错位匹配"，其与"对位匹配"相对，意指在社区自然禀赋与社区治理方式之间不能达成契合，使得特定的治理目标价值无法实现，或者使得实现某种特定的治理目标价值的成本提升。第三种形态是"匹配紊乱"，意指社区成员对现存匹配机制，无论其为"对位"还是"错位"，均不能形成集体判断。"错位匹配"与"匹配紊乱"均会导致社区治理出现种种不良后果。

（三）匹配专用性

在本研究中，符合"匹配专用性"条件的有三种状况：必须与"安全"目标和价值相匹配的"治理的保护性手段"，必须与"民生"目标和价值相匹配的"治理的服务性手段"，以及必须与"尊严"目标和价值相匹配的"治理的参与性手段"。

五　结论与讨论

本研究力图在模式化思维的基础上，对社区研究提出一种不同于既往的思路。依据社区禀赋、治理方式和治理目标三个社区治理的基本范畴，本研究尝试着提出价值匹配（NGT）分析方法并使之维度化，努力建构一个可将多种多样、变动不居的社区生活现象进行有效分析的整合性框架。应当说，这是一个有益的尝试。

需要特别说明的是，本研究并不排斥其他的社区研究方法。

在现阶段，价值匹配（NGT）框架仍然是一个初始的尝试，尚比较粗糙，需要进一步提升，众多细节也需要弥补。如果价值匹配（NGT）分析方法能够对日后社区治理研究的深入开展有所助力，那就是本研究最大的希冀所在了。

目　录

第一章

导论

一 北京：超大城市特点及其对社区 治理研究的意义

按照我国现行的城市分类体系，北京市无疑属于"超大型城市"。最新的统计数据表明，从人口规模看，至 2015 年，北京市常住人口数量已逾 2100 万，其中含外来人口逾 800 万；从地域面积看，北京市地域面积约 16800 平方公里，合计含 16 个市辖区；从产值看，北京市 GDP 总值达人民币 22968.6 亿元。综上可见，北京市在人口规模、地域面积和 GDP 总值这三个方面，已经不输于世界上许多民族国家。

常言道："大有大的难处。"对于超大型都市来说，住宅建设、交通管理、公共服务、居民生活……凡此种种皆有异于中小城市，而产生出许多独特的问题。从一定意义上说，超大城市的复杂构成必定使得实现城市高效治理成为难题。例如，人们现在常说的"大城市病"，在北京就表现得尤为明显，要加以解决殊属不易。但是，反过来说，大也有大的益处。首先，从本研究所聚焦的社区治理视角来看，超大城市的构成虽然以城区部分为主体，但同样也涵盖了周边大片乡村地区。据统计，北京市包括 3000 个左右的城市社区，以及 3700 个左右的乡村村社。这些社区跨越各种自然地貌和行政区划，品类众多，成分全面，为按照基本类型开展总体性、综合性的社区治理研究提供了理想的场域。这是在超大城市从事社区治理研究的第一个优势。

其次，诸如北京市这样的超大型城市不仅社区基本类型齐全，而且其城市社区更是在当前大规模、高速度的城市化进程中成长迅速，发育充分，因而展示出极为丰富多样的运作机理，而这些独特的研究优势往往是在中小型城市中进行研究所不能企及的。马克思的名句：人体解剖成为猴体解剖的钥匙，即生物机体在发育的高级阶段上会更为充分地展示出低级阶段的某些基本特征。这从一个侧面说明了在超大型城市中从事社区治理研究的独具优势。

最后，北京市这种超大型城市还具有"世界城市"的意义，这是许多其他城市所不具备的。在全球化背景下，随着国际经济、政治、文化交流的加强，北京市越来越成为世界瞩目的大都会。正是在大量的国际交流中，日益彰显出北京市自身的各种独具特征，从而为深入研究北京市社区治理的各个层面提供了开展比较研究的可能。此为在超大型城市中开展社区治理研究的第三个优势。

综上所述，作为超大型城市的北京，对于社区治理研究，特别是城市社区治理研究，构成一个极佳的入手点。就此而论，本研究一反以往大多数社会学工作者主要着眼于单一的小共同体作为社区研究据点的做法，而选取北京市作为社区治理研究的据点，力求借助北京市固有的优势条件，从总体上把握分殊，揭示城乡社区治理的各种运作逻辑。

二 传统的"社区"理论与"治理"理论：
优势与局限

本研究的对象是社区治理问题，更为具体地说，是北京市这个超大城市的社区治理问题。超大城市及其对社区治理研究的意义一如前述，现在要面对的是"社区"和"治理"这两个歧义颇多的范畴。

（一）社区概念

社区研究是社会学中历史最为悠久的研究领域之一。百余年前，德国社会学家滕尼斯写作了《社区与社会》一书（又译《共同体与社会》），最先提出了作为小共同体的"社区"概念，以与作为大共同体的"社会"

相区别（滕尼斯，1999）。这一著作经美国人罗密斯之手译为英文，其中的"社区"一词，后又由费孝通先生几经斟酌，逐译为中文，定型为现在的"社区"概念，并逐步发展为华语社会学界的一个重要研究领域。20世纪三四十年代，中国老一辈社会学家费孝通、林耀华、杨懋春、张之毅等都在社区研究方面做出了卓越贡献。当然，在那个年代，社区的界定还较为狭窄，多局限于乡土世界。费孝通先生所谓"乡土社区"研究的范围涵盖了"……从三家村到千人大庄"的说法，指的就是这种以乡村为主要社区形态并进行研究的状况（费孝通，1998）。

改革开放后，社区研究同样成为社会学自复建以来最为重要的一个研究领域。现在看来，20世纪80年代后的社区研究具有与此前不同的若干特色。第一个特色可称为开展了所谓"重访研究"。费孝通先生的"重访江村"（费孝通，2004），林耀华先生的"重访凉山"等（林耀华，1987），是为此类研究的代表。"重访"即对先前曾经开展过社区研究的据点，在新条件下再度加以考察，从而自然而然地形成为一种具有历史比较眼光的长时段研究，极大地开拓了社区研究的深度。第二个特色在于研究规模的扩张，将多个同类型的社区据点拢为一组，加以考察，以期发现规律。陆学艺先生在20世纪80年代末发起并主持的"百县调查"、"百村调查"等成为此类研究的代表（陆学艺等，1993）。第三个特色更为重要，即社区研究不复拘泥于乡村，而是更多地扩展到城市社区。20世纪90年代后大批涌现出来的城市"单位制社区"研究，以及近年来汗牛充栋般出现的新建商品住宅小区"业主维权"的研究等，构成此类研究的代表（路风，1993；郭于华等，2012）。

当代学界的众多社区研究，为该领域的进展和成熟积累了大量新的、丰硕的成果。然而，随着研究的扩大和深入，现行社区研究之若干固有的理论局限也日益显露出来。这些局限至少有四。首先，社区概念杂多。根据美国社会学家希勒里在1955年的统计，社区定义竟有94种之多（Hillery，1955）。而据杨庆堃先生后来统计，社区定义更是已达140余种。定义众多固然反映出社区生活现象的复杂性与研究视角的多元性，提示人们不可简单地对待社区问题，但是这些定义各执一词，莫衷一是，却着实给人们把握社区现象的本质造成了极大费解，话语歧义纷出，遑论进行商讨。其次，迄今为止的社区研究多以个案为主。个案调查优点，当然在于其能够具体而微地展示出社区生活的丰富多样，但却欠缺总体眼界，其结果是导致细节大于整体，无法形成统一的分析框架。再次，当下的社区研究多基于描述性工作，而未能锻造出适当的分析工具；思想内容往往被湮灭在对于现象的数不胜数的刻画描述之中。最后，近年来弥漫在政府基层工作的"维稳"思维方式常常侵蚀到社区研究之中，"稳定"成为衡量一切的唯一标尺，故极易导致以偏概全的结果，极大地妨害了对各类社区心平气和地开展全面深入的考察，以及冷静地从概念上对社区加以理性把握。

现有的理论局限已经产生出显而易见的结果：大同小异的社区研究成果年复一年被源源不断地制造出来，低水平重复现象十分严重。坊间堆砌的此类社区研究成果一再提示人们：是时候改变此种状况了。

（二）治理概念

近年来，"治理"已经成为社会科学界一个耳熟能详的概念。制度经济学最先提出"治理"问题，威廉姆森运用"治理"概念，探讨的是厂商组织的内部结构、合约缔结和运转机制问题（威廉姆森，2002）。奥斯特罗姆将"治理"概念引入行政学体系，搭建起从经济治理过渡到社会治理的中间桥梁（奥斯特罗姆，2012），"治理"概念开始得到扩展。时至今日，"治理"概念已经从经济学和行政学领域进一步蔓延到社会领域，"社会治理"业已成为当代社会学研究的一个重要范畴。不过，与其他许多重要的经济学概念一样，原本意义严格的概念一经进入社会学，很快就演变成为语义混杂、歧义众多的论域。"资本"的概念即为一例。"资本"一旦演变为"社会资本"，立即成为见仁见智的范畴，其语义芜杂混乱，一如今日所见。"治理"概念亦是如此。它一经进入社会学，就立即变成了一个导致歧义的概念并引发众多争论。

为突出主题起见，本研究在这里对这些歧义和讨论并不打算立即加以归类和辨析，而只是沿袭最一般的界定，把"治理"理解为"公私个人或机构管理其共同事务的诸多方法的总和，是使相互冲突或不同的利益得以调和并采取联合行动的持续过程"（联合国全球治理委员会 CGG，1995）。这个由联合国全球治理委员会（CGG）提出的界定简单易懂，似乎是一个人所公认、争议最少的界定，因此可以暂借一用，以作为进一步研究的出发点。不过，本研究的重点还不是"社会治理一般"，即抽象的"社会治理"的逻辑和界定；而是"社会治理特殊"，即在社区生活层面上何为治理，以及如何通过治理实现良性目标。由此出发，在这里可以权且把"社会治理"理解为众多主体对社会性公共事务管理和调适方法的总和，而"社区治理"则是指在更为微观的层面上，多种社区主体为达成一定价值目标，对社区事务进行管理和调适的方法的总和。或者更为简洁一些：社区治理就是为了实现社区秩序而开展的规则和机制的安排。

当把治理概念做了如上的简化处理之后，重点就又返回到社区概念上。现有社区理论本身的缺陷业已彰显清楚，余下的就是找寻超越与进步的途径。

三　寻找社区研究的新路径

社区概念的杂多，导致这个概念已经成为当代社会学中最具有"引议性"的概念之一。这种状况显然不利于进一步研究的开展，因而必须加以改变。但是，这种改变并不意味着社会学工作者从此就要与社区概念道别，去寻找新的替代品。毋宁说，这种改变是要深入到锻造社区概念的方法论基础，对之加以某种清理，来一次比较彻底的清扫和革新。

康德在《未来形而上学导论》中讲述过一段名言：为了弄清问题，人类曾经不止一次地将已经建成的思维之塔拆掉，以检视地基是否牢固（康德，2013）。在探讨社区治理问题的新思路时，康德的这段名言尤其具有指向意义。以此立论，当务之急就是要拆除"已经建成的思维之塔"，即有关社区的逾百定义以及有关社区治理的众多经验研究，把它们暂时"加上括号"，"悬置起来"，以便将"社区"和"治理"的本体显现出来。不用说，只有在拆除了这些用各种材料堆砌而成的思维之塔以后，才能够清理出地基本身，即恢复到最基本的方法论层面上来重新思考问题。

（一）从个体化思维到模式化思维

时至今日，社区研究面对的主要难题，就是要超越以往那些在个案水平上层层叠叠不断衍生的诸多定义，努力推动整个研究从个别案例中冒出头来，上升到一般。为此，就要从方法上理清思路，摒弃"个性化思维"，努力建立一种"模式化思维"的路径。

模式化思维，又称模型化思维，在学术界也有不同说法。在这里所欲强调的只是此种思路之最为基础的成分。这类成分至少包括三个方面。

首先，需要从丰富多彩的经验现象中，抽象和概括出与研究目标直接相关的那些最基本的要素。一般说来，这些抽离出来的要素具有相对纯净化的特点，它们来自经验素材而又高于经验素材。它们的界定虽说映射出各种具体规定，但是其本身却更具有抽象性、简约性。

其次，是揭示这些基本要素之间的关系——剔除仅仅的相关关系，分析出因果关系。基本要素之间通常会存在着各种各样的关系，但只有要素之间的因果链条才是这里的研究所要极力揭示的对象。因果链条即要素之间内在逻辑的显现。为了说明因果，要素之间的逻辑关系必须得到清晰的展示。

最后是诸要素得以运作和演变的条件。这些基本要素究其实质而言应是变量，而非常量。基本要素的变异，基本要素之间因果关系的变动，无不由内部、外部各种条件的存在、变化使然。条件的在场、缺失或者演变，都会引发基本要素之属性及其相互关联的变化：相关关系会转化为因果关系，因果关系也会转化为相关关系，两者甚至都还会转变为漠不相关的存在。因此，条件具有极大的约束性。

综上所述，从基本要素、相互关系与内外条件三者的结合上着眼，努力从在经验层面上变幻莫测、无比复杂的社区生活现象中提炼出相关要素，以普遍替代特殊，将经验升华为一般，就是模式化思维的基本要求。唯其如此，才能使社区研究超越在杂多定义层面上打转的局面，真正形成可以称之为理论的框架。

（二）社区治理的三个范畴

立基于上述模式化思维，从治理的角度着眼，可以从复杂的社区现象中提取出三个范畴，并通过进一步考察它们之间的关系及条件，形成关于社区治理的框架。当然，这里主要是从社区治理角度着眼提升出来的要素或范畴。如果从其他的研究角度出发，例如从社区建设的角度，或者基层政府权力运作的角度出发，或可提炼出与此不同的要素或范畴。

从社区治理角度出发，提炼出的第一个范畴是"社区禀赋"。开展治理的前提是治理所能够依赖和使用的各种社区禀赋。一般说来，社区禀赋也就是经济学所谓的"原始财富"。社区禀赋是多种多样的，但是从最基本的层面上着眼，还是可以概括出资源、空间和传统三个维度。资源包括各种经济和社会的资源。社区所具有的财富，社群所具有的关系，都可以看作是社区治理所需依赖的资源。空间是指一个社区坐落的空间位置。一个社区是坐落于城区还是乡间，其与政治中心、经济中心的物理距离，对于实现合理有效的社区治理具有重要的影响。传统则指社区内历经历史沿革而流传下来的文化和制度要素，其对社区成员的行为产生重要的影响。人类学家芮德菲尔德曾经区分过"大传统"与"小传统"，作为社区禀赋之组成要素的传统，显然是指芮氏所谓的"小传统"（芮德菲尔德，1956/2013）。

第二个范畴是"治理方式"。从治理主体上看，处于社会微观层面上的社区与宏观社会具有一个共通性，都展示出最基本的组织力量的存在及其运作。这些组织力量分别是政府、市场和社会。尽管它们在微观层面上都具有不同的化身，但还是不难辨析出这三种组织力量的治理地位，以及各自采用的不同治理手段。从社区治理的角度来看，不同的组织力量占据支配地位，会导致社区治理采用不同的主导性的治理方式，从而导致不同的治理后果。政府力量主导的社区治理方式与市场力量主导的社区治理方式，表现形式会大为不同，"他治"和"自治"就构成主要的区别之一。各种基本组织力量的共治形态与某一种组织力量的独具支配形态也会产生明显的区别。

第三个范畴涉及"目标分析"。治理目标即经由治理而最终实现的基本价值形态。换言之，社区治理的目标及其实现程度表明治理的价值形态。不同的治理主体，基于现存社区禀赋，运用不同的可得资源，按照自己的需求和设计选择或锻造不同治理手段，开展社区治理，其最终的目标总是表现为实现不同的价值形态。一个社区经由治理而得以实现的价值形态可能包括很多维度，但在现实条件下，最基本的价值实现形态却可以大致上界定为"安全"、"民生"和"尊严"三种。"安全"揭示的是社区秩序是否稳定，居民生活是否得到基本的保护而不受侵犯；"民生"表明社区成员的生活条件和生存质量的高低优劣；"尊严"则是指社区成员的人格界定、公民权利得以实现的程度。这三个目标其实包括了不同的层级关系。安全目标最为基础，民生目标略高于于之，尊严目标则高于这两者，位于目标层级的顶端。大多数社区治理得以实现的结构都是以某一种价值形态为主要形态，但从理论上说，一个社区的治理也可能同时实现这三种价值形态，不用说，那时社区治理就达到了它的至高境界。

（三）社区研究新路径的基本特点

上述社区禀赋、治理方式和实现价值三个范畴，其实就是在模式化思维方式中提出的"要素"。研究工作就是要考察并揭示这些要素之间的各种相互关系及其运作条件。这种从基本要素、从它们的相互关联和条件性中考察社区治理逻辑的方法，可以简洁地概括为"价值匹配模式分析"，就是以治理的价值实现形态为最终目标，分析治理主体如何将社区禀赋与治理手段匹配起来，以达成目标的方式。在这里，可以简单地以字母 N 来指代资源禀赋，即 Natural endowment；用字母 G 来指代社区治理方式，即 Governance Modes；用字母 T 来指代社区治理的目标，即 Target values，也即价值实现。因此，"价值匹配模式分析"也可以称之为"NGT 分析模式"。在研究中，透过对三个范畴及其关系、条件的分析，将搭建起一个较具通用性的理论框架。

"价值匹配模式分析"方法虽说尚只处于起步阶段，带有很大的尝试性，但已经彰显出其独有的若干特征。首先是它的简约性。研究的重点不再是各种社区生活中那些数不胜数的细枝末节，而是与治理相关的基本范畴。经过思维的抽象与概括，范畴中沉浸的经验内容多半已被清洗出去，遗留下的就是有助于把握社区治理普遍性的那些基本成分。简约是理性概括和抽象的结果，也是开始分析和由以出发的逻辑前件。其次是它的明晰性。界定是简约的，因而是清晰的，而且唯因其清晰才成为可以讨论的，即不会在讨论中引发歧义；而又唯因其是可以讨论的，所产生的问题才是有后代的。这就是说，围绕着这个研究思路而产生的问题，虽然不可能在一次或者几次讨论中轻松地得到解决，但是却可能由此形成一个"问题域"，以供后来者不断地进入，持续探讨，依据新素材，提供新解答，从而也就不断地为社区治理理论贡献新知识，并使这些知识成为可以积累起来的。最后，是它的工具性特征。这条思路提供的主要是对社区治理进行分析的工具。这种工具可以为研究者所用，以增进相关知识的生产，也可以为治理者所用，以推进社区治理的实践。在这里体现出来的是社会学知识的二重特征：既是思维的工具，也可以成为实际工作的工具，二者融为一体，密不可分。

四　全书篇章结构

如同大多数的研究著述一样，本书第一章是导论，用以提出研究问题并设定解决路径。针对以往社区研究理论的局限，尝试提出"价值匹配模式分析"（NGT 社区分析）的若干基础性概念，并描述"价值匹配模式分析"的若干特点，是本导论的主要内容。第二章试图系统论述"价值匹配模式分析"方法的基本内容。关于社区禀赋、治理方式、实现价值的各自界定，以及它们之间的相互关联和运作条件的论述构成这一章的重点。此外，还根据这三个范畴及其相互关系初步划分出社区的基本类型。需要强调的是，此种类型折射出逻辑和历史的一致。逻辑分析提供了基本类型的可能形态，而历史经验则进一步界定了其现实的存在形态。第三章重点在于从社会学的角度提出"匹配问题"，试图揭示条件约束作用。在本研究中，匹配机制是社区治理问题的灵魂，不同的主体依据不同的资源，形成不同的治理方式并达成不同的目标价值，这中间就存在一个如何将这些要素匹配起来的问题。社区之所以产生出不同的类型，形成不同的治理逻辑及其价值后果，关键在于社区禀赋与治理主体、治理方式之间是否形成了"对位匹配"。在一般情况下，"对位匹配"会产生正向的即依靠逻辑可以推知的价值后果，而"错位匹配"则难以推出此种后果，引发社区治理的失灵风险，导源于认知根源的"匹配紊乱"则会引致各种治理困境。由此提出的一个理论问题，就是所谓"匹配专用性"问题。历史上给定的特定治理主体最适于与某种特定资源和治理手段相匹配，也最易于产生某种特定的治理后果。第四章至第八章分别提供了五个相关个案分析，试图展示运用"价值匹配模式分析"方法揭示不同类型社区的不同治理逻辑。由于将多样性嵌套在统一的研究框架下进行分析，使得原先那些多次为人叙述，看起来似乎了无新意的个案，开始展示出某些崭新的意涵。第九章对五个案例进行了简要概括。

最后是三个附录。附录 1 对近十年来逐步发展起来的"保障房"小区的社区治理问题，进行了初步探索。或许，此类保障房小区（经济适用房、廉租房等）由于治理不善而正在形成为一种值得重视的新"问题社区"；附录 2 针对城中村社区中最为重要的治理难题：外来流动人群问题，进一步进行了思考，并提出对策建议；附录 3 基于近年来对北京市乡村社区化治理模式发展状况的量化调查，提拱了若干基本描述并形成对策建议。

参考文献

滕尼斯，1999，《共同体与社会》，林荣远译，商务印书馆。

费孝通，1998，《乡土中国》，北京大学出版社。

费孝通，2004，《江村农民生活及其变迁》，敦煌文艺出版社。

林耀华，1987，《三上凉山（下）——探索凉山彝族现代化中的新课题及其展望》，《社会科学战线》第 1 期。

陆学艺等，1993，《中国国情丛书——百县市经济社会调查》，中国大百科全书出版社。

路风，1993，《中国单位制的形成和起源》，《中国社会科学季刊》（香港）总第 5 期。

郭于华等，2012，《居住的政治》，广西师范大学出版社。

威廉姆森，2002，《资本主义经济制度》，段毅才、王伟译，商务印书馆。

奥斯特罗姆，2012，《公共事务的治理之道》，余逊达、陈旭东译，上海译文出版社。

康德，2013，《未来形而上学导论》，李秋寒译，中国人民大学出版社。

罗伯特·芮德菲尔德，2013，《农民社会与文化》，王莹译，中国社会科学出版社。

G. A. Hillery. 1955. "Definitions of Community, Areas of Agreements", *Rural Socilogy* 20 (2)：111 – 123.

第二章

价值匹配模式

本章将对在本研究中采用的基本分析框架——"价值匹配模式"进行概括性陈述，以便为后面章节中结合具体案例的考察提供铺垫。"价值匹配模式"又可称为 NGT 框架：NGT 为自然禀赋（Natural endowment）、治理方式（Governance Modes）、目标价值（Target values）三个用语的英文缩写形式。在本章中，将尝试给出一个社区治理的整合性框架。在后面章节的行文中，如无特殊必要，将不再对基本分析框架做重复性说明。

一　基本概念和理论假设

（一）社区治理分析的三个基本概念：自然禀赋特征、治理方式、目标价值实现

社区研究可以从不同角度展开，从不同角度分析可以选择不同的要素或变量，形成不同的分析框架。本研究从社区治理出发，特别关注三个要素，即社区的自然禀赋特征、治理方式、目标价值实现之间的关系。下面分别对这三个概念加以说明。

1. 社区自然禀赋特征的概念

社区自然禀赋是指实施社区治理时给定的区位、资源、传统等社区条件。社区自然禀赋特征就是指给定的社区条件的特征。这里"自然"概念不是在与人、与社会概念相对的意义上来使用，而是在一定的分析框架中，在与人的能动行动相对的意义上来使用。在经济学的"资源—收入"分析框架中，将非由人工投入改变的资源称为自然禀赋，本研究不在这种意义上把握

"自然"概念。在比较复杂的博弈论分析模型中，如在不完全信息动态博弈中，有时将非由博弈参与者选择而外生给定的不同状态假定为"自然"给定，在本研究中对"自然"的使用接近于这种用法（吉本斯，1999）。

从短期着眼，这些自然禀赋条件在社区的治理中通常是稳定的，但从长期着眼，它们则可能发生变化。这种状况并不意味着将社区自然禀赋界定为给定的社区条件，只适合于社区治理的短期或静态分析。在引入时间因素的社区治理的动态分析中，只要将那些变化条件处理为外生给定的，也仍然在社区自然禀赋的概念之内。所以，社区自然禀赋概念和静态或动态分析无关。

2. 社区治理方式的概念

社区治理可以理解为社区内的多元主体通过规则安排实现社区秩序的社会互动过程，而社区治理方式则是指何种力量，以何种规则互动，做出怎样的安排来实现社区秩序的。在这里的分析架构中，社区自然禀赋是给定的条件，而社区治理方式则是可以通过社区相关利益主体的能动性来加以安排和改变的。这种将治理和规则安排——而不是给定的制度环境——联系起来的处理，与威廉姆森在研究经济治理机制时的处理方式是相似的（威廉姆森，2001）。

威廉姆森将不同的治理机制处理为不同的缔约方式及相应的不同的合约结构。在广义上，如果将合约理解为社会成员对相互间互动方式的认可，那么，把社区治理方式理解为社区成员间的特定合约结构也未尝不可。不过需要注意，合约的前提是缔约各方都有拒绝缔约权或退出权。虽然在当下加以研究的社区中，社区成员在原则上都有退出社区的权利，但是，由于退出成本的存在，退出并非立即可以实现。因此，通常在一个时间段中，社区成员是被"锁定"在该社区中的。这样，从合约结构的角度去理解社区治理方式的时候，保持一定的警惕是明智的。

有人使用治理这一概念时，将集体协商作为必要条件，将未经协商或未经充分协商而推行某种规则的互动过程排除在治理之外。本研究不采用这种处理方法，而将后者也视为一种治理方式。在这里，重要的是对社区中的各种互动方式，包括其存在的条件，其目标价值的实现进行统一分析，而不是将一些类型排除在治理概念之外了事。

3. 目标价值实现的概念

社区成员对通过社区治理实现的福利目标及程度有价值评判。"目标价值实现"概念即指这种评判状态。

在交易成本经济学的治理机制比较分析中，假定不同的治理机制可以实现同样的目标，差异仅在于交易成本高低不同。因此，交易成本的降低成为治理机制选择的唯一目标。而在我们当下的分析中，社区成员的福利却是多维度的，包括生活的便利、人身和财产的安全、尊严的获得与维护等，这些目标不是任何一种治理方式在撇开交易成本考量时都能同等实现的。所以，和交易成本经济学以降低交易成本为唯一目标的分析不同，本研究在分析社区治理时将加以考量的目标价值是多维度的。

（二）基本理论假设

本研究的基本理论假设是，虽然在社区自然禀赋特征和治理方式之间可能出现多种组合，但并非任何组合都能够和社区目标价值实现的不同状态相匹配。换言之，社区自然禀赋特征和治理方式的某种组合，将会相对有利于某个目标价值的实现，或某种目标价值排序实现，而相对不利于其他目标价值或其他目标价值排序的实现。从特定目标价值实现的相对优势角度看，社区自然禀赋、治理方式和目标价值实现之间，有着一定程度的稳定联系。本研究将这一基本假设简称为"相对优势的差别性匹配"。

本研究试图通过理论分析和案例分析，揭示这种稳定的联系。

二 基本概念的维度化和工具性界定

如何系统地刻画社区自然禀赋特征、治理方式、目标价值实现的多种形态？本研究的研究策略是，对它们分别加以维度化，以此为基础，形成自然禀赋特征、治理方式、目标价值实现的不同类型，然后对各种类型之间的组合、匹配进行深入考察。

所谓维度化，就是将准备类型化的对象处理为一定维度的向量，而将某一类型标识为向量的某一个特定取值状态。

在社区自然禀赋特征、治理方式、目标价值实现三者之间，治理方式居中，它一方面直接影响目标价值实现，另一方面受自然禀赋特征的约束。因此，在下面的维度化和工具性界定中，将先说明治理方式，再说明外生给定的自然禀赋特征，最后说明目标价值的实现。

1. 社区治理方式的维度化

在这里的分析框架中，社区治理方式 G 不是一成不变的，它主要表现为三种组织力量的作用结果。这三种力量是：政府力量（用符号 P 表示）、市场与营利企业组织力量（用符号 M 表示）、社会组织力量（用符号 S 表示）。换言之，社区治理方式是政府力量、市场与营利企业组织力量、社会组织力量介入状态的函数。可以用公式表示如下：

$$G = F(P, M, S)$$

三种力量的介入状态主要取决于：（1）三种力量在社区中的相对介入程度；（2）每种介入力量的具体组织形态和介入方式（假定每种介入力量都可以以不同的组织形态和方式介入社区治理，是具有现实性的）。在进行简化的类型分析时，首先聚焦于第（1）个方面，而用三种力量在社区中的序关系（＞，＜，＝）表示治理方式。依据逻辑，可以组合成 $3 \times 3 + 3 \times 3 = 18$ 种治理方式。

例如，（$P > M > S$）表示政府介入力量强、市场力量居中、社会组织力量弱的社区治理方式；（$P = M = S$）表示政府、市场、社会三方力量均等的社区治理方式，以此类推。

2. 社区自然禀赋特征的维度化

一般而言，对于实施治理时给定的社区条件，即社区自然禀赋特征，可以从外部条件、内部条件和历史条件三个方面去把握。由于三个方面包括的内容都很繁杂，因此如果仅这样一般性把握，还不能获得有分析力的概念。

从当前中国超大城市中社区治理的现实出发，并为简化起见，本研究尝试着将上述三个方面作如下具体处理。

（1）在外部条件中，本研究关注社区所处区位。因研究目的不同，区位要素可以从不同角度去把握。由于本研究关注的是社区治理，因此，并不从纯粹的地理学角度，而是从空间外部性的扩散程度角度来把握社区的区位。社区治理虽然直接针对的是社区内部生活秩序问题，但社区的内部秩序问题的影响常常并不限于社区内部，而会影响到更大的社会范围，这里就存在着所谓空间外部性。而空间外部性的状态，影响着诸种社区治理力量的介入，从而对社区治理方式发生影响。这是本研究从空间外部性角度把握社区区位的原因。本研究用符号 L 表示社区区位。

（2）在内部条件中，本研究关注资源，特别是固定资产的资本化程度。社区固定资产的资本化程度，指示出社区成员是居住者还是金融市场上的投资玩家。而居住者和投资玩家，在治理需求、参与状况等方面都存在差别。本研究用符号 R 表示社区资源。

（3）在历史条件中，本研究关注治理传统的存在。在这个意义上，"传统"可以具体化为社区治理方式的路径依赖程度。一个社区的历史时长，其中是否存在，在何种程度上存在传统的治理方式，对于当下的治理有重要影响。本研究用符号 H 表示传统依赖状况。

区位、资源、传统是本研究用以建构社区自然禀赋特征的三个维度。

如上所述，在本研究中对三个维度都有了更为具体的工具性界定，将它们处理为用程度标识的量。这就便于做出简化的处理和明确的判断。出于简化的考虑，本研究首先将三个维度中的程度都简化为高、中、低三类。用 n 表示程度，$n = 1$，2，3，其中 1 表示高，2 表示中，3 表示低。

社区自然禀赋特征类型即根据以上区位、资源、传统三个维度及每个维度中的程度组合而成。每种类型均可用 (L_n, R_n, H_n) 中的某个取值来表示。逻辑上，可有 $\sum_{(n=1)}^{3}(L_n, R_n, H_n) = 3 \times 3 \times 3 = 27$ 种类型。

举例来说，(L_1, R_1, H_1) 表示空间外部性扩散程度高、社区固定资产资本化程度高、社区治理路径依赖程度高的自然禀赋特征类型；(L_1, R_2, H_3) 表示空间外部性扩散程度高、社区固定资产资本化程度中、社区治理路径依赖程度低的禀赋特征类型，以此类推。

3. 目标价值实现的维度化

考虑到现实的丰富性并适当简化，本研究假定社区居民的价值通过"民生"、"安全"、"尊严"三个维度来实现。民生是指社区成员的基本生活福利，安全是指社区成员的人身和财产免受侵害，尊严则是指社区成员的人格界定、公民权利受到尊重和实现。

这个假定意味着，本研究认为民生、安全、尊严之间尽管存在着某些联系，但是在它们之间存在一定的独立性。也就是说，目标价值实现处在由民生、安全、尊严构成的三维空间中，三维空间中的不同位置，表示目标实现的不同状态。民生、安全、尊严不是处于一条线段的不同位置上，即并非先实现了民生价值，才能实现安全价值；先实现了安全价值，才能实现尊严价值。

对目标价值实现加以维度化，从"民生、安全、尊严"的角度对治理加以分析，与目前在经济治理理论中流行的交易成本分析存在根本的区别。对这一点，在上一节说明目标价值实现概念时已经指出。在这里要强调的是，当不同的社区自然禀赋特征和不同的社区治理方式结合时，其目标实现的差异远不限于交易成本，目标价值实现内容的维度化差异是更加重要的。

在最简单的情况下，价值实现状态可以通过价值序（＞，＜，＝）来表示。逻辑上，可以组成 $3 \times 3 + 3 \times 3 = 18$ 种价值实现状态。

三 社区自然禀赋特征类型和治理方式的现实选择

（一）理论与现实框架选定问题

在理论逻辑上，社区自然禀赋特征、治理方式、目标价值实现状态都将有多种形态，其间的匹配更有多种组合。前一节已经说明，按本研究给定的条件，在逻辑上，社区禀赋特征类型有 27 种，社区治理方式有 18 种，二者组合将有 $27 \times 18 = 486$ 种。本研究并不打算对所有的理论逻辑形态、组合均找到现实中的近似对应，并一一加以研究，这样做不仅工作量大，而且从研究的现实性角度来考虑，也不必要。

本研究采用"框架理论＋历史"的研究策略来处理理论逻辑分类和现实性之间的关系。社区自然禀赋特征、治理方式、目标价值实现状态三者之间理论逻辑关系构成了分析的"框架理论"，而准备加以研究的具体形态的选择则采用"历史"眼光，即依据研究者对这些具体形态在特定社会历史演变中的现实性、重要性的判断加以确定。

本研究当然不可能进行全覆盖式的研究。因而，有必要采用现实的历史方法，确定一些重要类型。

（二）现实类型的选择

1. 社区自然禀赋特征类型的选择

首先需要将上述理论概念转换为现实中更易操作的概念。

（1）将"区位"概念中的空间外部性高扩散程度区，具体化为城区；将空间外部性中扩散程度区，具体化为城乡结合部或近郊区；将空间外部性低扩散程度区，具体化为远郊区。

（2）将"资源"概念中的高资本化程度的固定资产，具体化为能够上市且只要价格适当就能立即交易的固定资产；将中资本化程度的固定资产，具体化为能够交易但由于居住或其他制度安排上的原因无法立即交易，或交易受到较多限制的固定资产；将低资本化程度固定资产，具体化为不能自由交易的固定资产。

（3）将"传统"概念中的治理路径高依赖程度，具体化为在房地产市场化改革开始之前社区中已经形成了治理模式，且在此后一直延续；将治理路径的中依赖程度，具体化为在房地产市场化改革开始之前社区中有一套治理模式，但此后正在发生改变；将治理路径低依赖程度，具体化为社区是在房地产市场化改革之后新建的，即没有改革前的治理模式传统在社区中延续。但有必要指出，这并不意味着新进入社区的主体不会把他们在生活史中形成的治理理念和习惯带入社区。

需要注意，在将理论概念转换为现实中更易操作的概念时，会在一定程度上丧失理论的精确性，混入"杂质"，影响此后的分析。因此，在此后的分析中，本研究将会时刻警惕不被"杂质"扭曲研究的核心。

利用易操作概念，本研究采用列表方法，将研究者从经验上观察到的一些社区自然禀赋特征摆放进去，概略考察现实中关注的类型和理论类型之间的关系。

例如，表2-1是一份区位、资源表，表2-2是一份资源、传统表。在表中填入一些现实社区类型。

表2-1 区位、资源与社区类型

区位	资源		
	高	中	低
高	城区改造中的传统街区	城区中商品住宅小区、房改后单位小区、城区内城中村	城区未改造传统街区、单位非房改小区、城区公租房区
中		城乡结合部城中村	城乡结合部公租房区
低			郊区农村社区

表 2-2　资源、传统与社区类型

传统	资源		
	高	中	低
高	城区改造中的传统街区	延续村庄治理的城中村	郊区农村社区、城区未改造传统街区、单位非房改小区
中		变革中的城中村、房改后单位小区	
低		城区中商品住宅小区	新公租房区

列表能直观展现自然禀赋条件的组合与社区类型之间的关系，但是，对自然禀赋条件只能做 2×2 的处理，无法同时考虑 3 个条件。然而，采用现实的历史方法确定某些研究者感兴趣的现实类型，将之和用符号标识的理论类型对应起来，并不是一件困难的事情。例如，本研究所确定的需要深入研究的现实类型和对应的理论类型如下。

（1）(L_1, R_1, H_1)：城区改造中的传统街区

（2）(L_1, R_2, H_3)：商品住宅小区

（3）(L_2, R_3, H_3)：城市边缘新保障房社区

（4）(L_1, R_3, H_1)：城区中未改造的传统街区

（5）(L_2, R_2, H_2)：变革中的城中村

（6）(L_3, R_3, H_1)：农村社区

（7）(L_1, R_2, H_1)：单位房改小区

（8）(L_1, R_3, H_1)：单位未房改小区

2. 社区治理方式的选择

采用现实历史方法，本研究在社区治理方式的理论类型中首先选择以下类型加以研究。

（1）（政府 ＞ 市场 ＞ 社会）：政府主导型

（2）（市场 ＞ 政府 ＞ 社会）：市场交易型

（3）（社会 ＝ 市场 ＝ 政府）：协商民主型

此外，本研究也不排除对其他类型的关注。如：

（4）（政府 ＝ 市场 ＞ 社会）：政府 - 公司合作支配型

在现实中，也可能出现在本研究的社区治理方式之外的类型，那就是政府、市场、社会三种组织力量都不到场的虚无型。

3. 社区禀赋特征类型和治理方式组合选择

即使确定了 8 个社区禀赋特征类型和 3 个治理方式，也并不一定要对二者之间的 24 种组合都进行研究，特别是案例研究。本研究将根据现实情况，对其中的某些重要组合进行案例分析。

对治理目标价值实现状态，拟不在本章做预先选择，而留待后面章节的经验研究中进行讨论。

参考文献

罗伯特·吉本斯，1999，《博弈论基础》，高峰译，中国社会科学出版社。

奥利弗·E. 威廉姆森，2001，《治理机制》，王健、方世建等译，中国社会科学出版社。

第三章

匹配问题

"匹配"是本研究的中心概念之一。一个社区的治理是否达到"善治",即合理的价值目标的实现,与其治理手段的选择同其社区自然禀赋是否能够匹配起来息息相关。治理手段、资源禀赋与价值目标的"对位匹配"是合理价值目标得以实现的必要条件。反之,"错位匹配"一般不能达到合理价值目标的实现。"匹配紊乱"则会导致各种非预期性的后果。

一 经济学和社会学的匹配理论

(一)经济学的匹配研究

在当代经济学中,匹配已经成为经济分析中的重要概念。从与治理有关的角度出发,当代经济学对匹配的研究,主要包括两条脉络。一条脉络可以称为"市场供需匹配设计治理"。这一脉络中的研究者注意到,在某些场合,由于道德规范、法律法规等因素的作用,价格并不能成为使供需自然匹配的有效机制。例如,在婚姻市场上,如何使男女双方实现稳定的匹配(即不存在相互喜欢的双方不能成为眷属的情况),价格机制并不是特别有效的。又如,名牌大学不能通过高价格来达到它想招收优等生的需要和优等生想报考名牌大学的需要之间的有效匹配。再如,学校要将住宿学生分配到各个宿舍中去,而学生们对于住在怎样的宿舍中有其不同的偏好,出于公平考虑,学校也不能采用价格机制来调节和实现学生与宿舍的匹配。在这类特殊的市场中,如何使供需之间有效匹配起来,需要设计一些更复杂的机制。

这类特殊市场的匹配研究不仅能在理论上取得一些堪称基础性的成果，在此基础上还可以衍生出一系列更为具体的研究，而且已经取得了一些有现实价值的成果。罗伊德·沙普利（Lloyd S. Shapley）和埃尔文·罗斯（Alvin E. Roth）作为市场匹配研究的重要贡献者，获得了 2012 年诺贝尔经济学奖。

如果将治理理解为：为了实现秩序而进行的规则和机制的安排，那么，市场匹配设计研究也可以被看作是市场治理的设计研究。与将市场治理仅仅理解为一种自然演化后果或当事人自发互动后果的研究旨趣不同，市场匹配设计研究把在一定程度上超越当事者自发互动式的、自觉的治理机制设计（不同于在"理性狂妄"思想基础上的全面的社会工程思路）引入到市场治理中来。这样一种研究旨趣，对治理机制创新研究起到了积极作用。对社区治理研究来说，匹配设计研究和治理创新研究具有某些内在亲和力。

不过，虽然这类市场匹配机制的研究和设计对某些微观经济治理来说十分重要，但它毕竟限于两个不同主体的供需之间，和本研究关注的治理方式与自然禀赋特征及目标价值匹配，从内容到复杂性，都有较大差异。

经济学对匹配研究的另一条脉络来自"交易成本经济学的治理机制分析"，其代表人物是 2009 年诺贝尔经济学奖得主威廉姆森。

交易成本与不同组织方式选择或微观治理机制相结合的研究思路始于罗纳德·科斯。科斯提出了不同组织方式（治理机制）选择的一个基本原理：人们在经济交易中，将比较不同组织形式（如市场和厂商）的交易成本。当市场边际交易成本高于厂商内部边际交易成本时，选择厂商组织形式是有效的；当厂商内部边际交易成本高于市场边际交易成本时，选择市场组织形式是有效的。当市场边际交易成本等于厂商内部边际交易成本时，不同组织方式的规模达到最优（科斯，1990）。科斯提出的上述原理为交易成本基础上的组织机制研究奠定了重要的基础，但是，匹配问题在其间尚无存在的必要。

威廉姆森在交易成本的基础上提出了更具现实性的问题，即怎样的交易特征和怎样的治理机制（组织方式）相匹配，在交易成本方面具有相对优势？此时，匹配问题就提出来了。在科斯的分析中，隐含地假定交易当事者能够清晰地认识和准确把握交易成本高低和不同组织方式之间的关系，从而能够选择出交易成本更低的组织方式。而威廉姆森则假定，由于人们具有的认知能力有限，因此，面对不同的交易特征，人们不一定能够自然选择出交易成本最低的治理机制。这样，匹配就是重要的。在某些匹配中，交易成本高，而在某些匹配中，交易成本低。威廉姆森将这种可能存在不同交易成本后果的匹配称为"差别性匹配"。

在交易特征方面，威廉姆森主要强调三个维度，即资产专用性、不确定性、交易频次；在治理机制方面，他主要关注三个类别，古典缔约，即努力缔结完全合约，使合约成为交易的充分保障；新古典缔约，即承认完全合约不可能达成，合约实施发生问题时诉诸法律解决；关系性缔约，即不仅承认完全合约不可能达成，而且认为法律具有不完全性，因此，需要使不完全合约与社会关系相结合。具体而言，从交易成本的角度看，当资产专用性程度低、不确定性程度低时，古典缔约具有相对优势；当资产专用性程度高，而交易频次低时，新古典缔约具有相对优势；当资产专用性程度高或很高，而交易频次也高时，关系性缔约具有相对优势。而如果将古典缔约和高资产专用性条件匹配，将新古典缔约和高交易频次条件匹配，将关系性缔约和低资产专用性及低不确定性条件相匹配，在交易成本方面就不具有相对优势，如此等等。这些都是差别性匹配的具体表现（威廉姆森，2001）。

威廉姆森将交易条件特征、治理方式、目标评价联系起来的差别性匹配思考方式，对本研究来说具有启发意义。不过，社区治理毕竟不同于经济活动中的交易缔约治理，社区治理面对的条件特征也与经济交易治理的条件特征不同，特别是，威廉姆森分析架构中的目标评价仅限于降低交易成本，而本研究针对的社区治理涉及的目标价值评价则有更多的社会内容，包括民生、安全、尊严等。因此，社区治理的匹配问题与经济活动中的交易缔约治理，有着显著的区别。

（二）社会学的匹配理论

一般来说，社会学不像经济学那样关注匹配问题。在堆砌如山的社会学经典作品中，似乎很少有论者专门探讨过匹配问题。当代社会学对这个领域也是鲜有学者问津。职业流动研究描述人们职业变换的升降现象，哈里森·怀特采用"空缺链"概念特别是空缺链的马尔可夫模型考察职业空缺的继替（怀特，2009），虽然都从不同角度触及匹配问题，但都没有把匹配当作一个值得独立探讨的范畴加以深究。一个例外是经济社会学家马克·格拉诺维特，他在早期的著作《找工作》中，第一次从社会学的角度比较深入和明确地讨论了匹配范畴。

格拉诺维特对匹配问题的讨论，源自他对新古典经济学的劳动力市场理论的批判。新古典经济学将市场价格当作资源配置的唯一手段，劳动力市场作为"市场一般"的特殊形态，当然也通行同样的原则，价格——在这里表现为工资——的变动，调节着劳动力在部门之间的流动：当某个部门发生劳动力短缺状况时，该部门的工资水平就会自然上涨，由此诱导求职者大批涌入，填补工作岗位的空白；当某个部门发生劳动力过剩状况时，工资水平就会自然下跌，由此造成工作人员转离现岗，去寻求其他部门中薪酬更高的工作岗位。价格即工资上下波动的调节作用，最终会导致劳动力和工作岗位之间的某种均衡。显然，这只是一种假设价格调节有效的理论，未涉及劳动力和工作岗位如何匹配的机制层次的问题。

相形之下，信息经济学家斯蒂格勒的观点更进了一步，他指出信息的流动是导致求职者找到工作的根本原因。在他的理论中，信息流动的作用得到凸显。不过，信息是如何传递到求职者那里的呢？斯蒂格勒的回答是求职者运用各种手段进行"搜寻"得来的结果。"广度搜寻"与"深度搜寻"成为求职者搜寻工作信息的两种基本方式。

不过，在格拉诺维特看来，问题远远没有这么简单。劳动力市场中的工作信息究竟是依靠什么来传递，从而导致求职者找到工作岗位，或者换句话说，经济学劳动力市场框架中供给曲线与需求曲线这两者究竟是如何得以相交的，即如何得以"匹配"起来的，虽然经过斯蒂格勒的努力已经前进了一步，但仍然是一个并未得到满意解决的问题。如何"匹配"仍然是全部研究的关键所在。格拉诺维特提供的田野调查的实地经验材料表明，没有信息搜寻固然不行，但是单靠"搜寻"也解决不了这个问题。

正是在工作信息如何得到传递，从而使求职者与工作岗位嵌合起来的问题上，即"匹配问题"上，格拉诺维特创造性地给出了一个关键性的解释变量——社会关系网络，补充了信息搜寻理论的不足，从而将社会学的观点插入到经济学的市场模型之中。按照格拉诺维特的说法，"个人高度依赖其现存的个人关系来获取工作变动机会的信息"（格拉诺维特，2008：

2)，因此，需要研究的不仅仅是"信息搜寻"的模式，而且还有"信息通过这些网络流动的动力"。（格拉诺维特，2008：3）更为明确地说，需要研究"作为信息传递中介的人际关系的起源、本质和维持"。（格拉诺维特，2008：4）一言以蔽之，社会关系才是促使信息流动，使求职者与工作岗位"匹配"起来的机制。格拉诺维特由此创立了所谓"桥理论"——社会关系网络是信息传递的关键桥梁，是劳动力市场中促使供给和需求两条曲线得以相交的"匹配机制"。

"桥理论"堪称格拉诺维特对匹配问题的最大理论贡献，他借助"桥理论"已初步触及匹配范畴的机制层面。但毋庸讳言，由于讨论的是劳动力市场中的求职问题，他的立足点还是未能脱离"供求匹配"领域的窠臼；而就把匹配范畴拓宽为一个具有社会学意义的普遍性范畴而言，他的眼界也还是未免狭窄了一些。此外，他虽然也开展了一些对于匹配后果的讨论，例如对经由包括社会关系网络在内的不同手段而找到的工作岗位，在收入水平、工作满意度等方面存在差异的讨论，但仍然是浅尝辄止而已。对于将"匹配"作为一个普遍性的社会学范畴加以讨论而言，这些论述当然并不充分。不过，应当说这已经是当代社会学到目前为止所能提供的最好的研究了。

在本研究看来，至少就在此提出的社区治理研究的新思路而言，"匹配"实际上是一个最重要的社会学范畴，具有深层的机制作用。社区治理主体如何将现存的社区自然禀赋和不同的治理手段，与所欲达成的治理目标价值匹配起来，恰为整个研究的关键所在，因此必须加以深入探讨。在这里，有两组范畴至为重要，一是匹配的不同形态，它们揭示了不同的机制运作逻辑；二是匹配的专用性问题：要实现某种特定的目标价值，存在着必须与之相匹配的专门手段和特定资源，它对实现某种目标价值而言，是一组硬约束条件。

二　匹配的三种形态

在本节中，将讨论社区治理中匹配的两种基本形态，即对位匹配和错位匹配。在此基础上，也将涉及一种更为复杂的状态——匹配紊乱。

（一）对位匹配

所谓社区治理中的对位匹配，是指在特定的社区自然禀赋特征、治理方式和目标价值实现之间的匹配能够达到这样一种状态，或满足以下条件。

条件 1：社区自然禀赋特征和治理方式的组合能够实现目标价值的某种排序。用符号表示如下：

$$(N_i, G_i) \rightarrow \exists (T_i)$$

式中，N_i 表示社区自然禀赋特征的某种状态，G_i 表示社区治理的某种方式，T_i 表示目标价值的某种排序；(N_i, G_i) 表示社区自然禀赋特征的某种状态和社区治理的某种方式的组合；$\rightarrow \exists$ 表示导致存在某种状态。

条件 2：社区自然禀赋特征和治理方式的特定组合导致某种目标价值实现时付出的交易成本低于任何其他也能实现该目标价值排序的组合。用符号表示如下：

当存在：

$$(N_i, G_i) \rightarrow \exists (T_i)$$
$$(N_i, G_{i_-}) \rightarrow \exists (T_i)$$

时，且有：

$$C(N_i, G_i) < C(N_i, G_{i_-})$$

式中，G_{i_-} 表示 G_i 之外的治理方式；$C(N_i, G_i)$ 表示 (N_i, G_i) 组合实现目标 T_i 的治理成本，$C(N_i, G_{i_-})$ 表示 (N_i, G_i) 之外的组合实现目标 T_i 的治理成本。

总之，能够同时满足以上条件（1）和（2）的匹配 $(N_i, G_i) \rightarrow \exists (T_i)$ 是对位匹配。

（二）错位匹配

与对位匹配相对，所谓错位匹配，是指以下两种状态。

状态 1：社区自然禀赋特征和治理方式的特定组合不能实现某种目标价值排序的状态。在社区治理的操作中，这种状态具体表现为，社区确定了某种目标价值排序，并形成了某种自然禀赋特征和治理方式的组合，但该组合不能实现确定的目标价值排序。也可以用符号表示如下：

$$(N_i, G_i) \rightarrow \nexists(T_i)$$

式中，$\rightarrow\nexists$ 表示不存在某种状态，其他符号与叙述对位匹配时相同。

状态2：社区自然禀赋特征和治理方式的特定组合虽能导致某种目标价值排序的实现，但其在该种目标价值实现时付出的治理成本高于其他也能实现该目标价值排序的组合。用符号表示如下：

当存在：

$$(N_i, G_i) \rightarrow \exists(T_i)$$
$$(N_i, G_{i-}) \rightarrow \exists(T_i)$$

时，且有：

$$C(N_i, G_i) > C(N_i, G_{i-})$$

不论在上述哪一种状态下，(N_i, G_i) 与 (T_i) 之间都属于错位匹配。

（三）匹配紊乱

社区治理中的对位匹配和错位匹配虽然有很大差异，但它们之间有一个共同点，即社区成员对 (N_i, G_i) 与 (T_i) 之间的匹配状态能够形成集体判断，而不是各自根据自身的好恶，形成对位与错位评价。如果社区当事者在 (N_i, G_i) 与 (T_i) 之间不能形成对位或错位的集体判断，那么，就将这种状态称为匹配紊乱。需要注意的是，这意味着在此讨论的是社区当事者对匹配状态的评价，而不是某个研究者或某个外部裁决者的判断。研究者或外部裁决者根据自己的判断做出的对位或错位评判，不能代表当事人的评判；研究者或外部裁决者可以做出评判，不代表社区当事人也能做出集体判断。

（四）错位匹配和匹配紊乱的不良后果及其产生的原因

在社区治理中，错位匹配和匹配紊乱会带来一系列不良后果。

首先，在错位匹配的状态1下，社区成员预期的某些目标不能得到实现，由此会产生挫折感和不满，影响社区成员个人和群体生活的质量。

其次，在错位匹配的状态2下，虽然社区成员预期的目标价值排序可以得到实现，但是治理付出的代价相对更高，因而目标实现程度会较低，这对社区生活质量显然是不利的。

再次，当社区成员预期目标不能实现带来的挫折感和不满与更高的治理代价这两项不良后果结合起来，可能引发新的矛盾。

最后，在匹配紊乱的状态下，不仅社区成员的不满和挫折感会存在，而且还会产生迷茫和不知所措的行为。

错位匹配以及匹配紊乱的原因何在？概而言之，它根源于两个方面的原因，一个是认知误差，另一个是社区治理的相关利益主体的各自目标价值排序汇集成集体目标价值排序的机制与治理方式的形成规制不协调。在这两方面原因中，后者更具社会的意涵。

可以通过一个理想型社区来讨论。

假定在一个社区中，社区治理的相关利益主体的各自目标价值排序能够通过一组一致赞同的规则和程序形成集体目标价值排序；同时，在相关利益主体之间也存在有关在自然禀赋约束下选择何种治理方式的一致赞同的规则和程序，即存在布坎南所说的一致赞同的决定具体制度的立宪意义上的制度（布坎南，2000），或者说，在社区中存在相关利益主体一致赞同的社区立宪规则。

在这样的条件下，由于治理方式和目标价值排序都是在一致赞同的基本规则和程序下形成的，对位匹配没有制度障碍，匹配的错位原则上可以通过集体选择的试错来解决，因此，错位匹配只可能在一种情况下出现，那就是人们对于特定自然禀赋特征、特定治理方式与特定目标价值排序的关系的认知存在偏差。也就是说，人们误以为能够形成对位匹配，但事实上，他们选择的匹配却是错位的。

在这样的条件下，匹配紊乱，即对特定治理方式和特定目标价值排序不能做出对位还是错位的集体判断，则是因为人们在将各自的目标价值排序汇集成集体目标价值排序中，试图同时实现一些不可能协调一致的原则——如同阿罗在不可能性定理中分析的那样（阿罗，2000），致使集体目标排序无法做出。这也属于在集体认知方面存在问题。

需要说明的是，即使存在一致赞同的社区立宪规则，但只要社区立宪规则并不要求在具体的集体目标价值排序形成、具体的治理方式选择时必须实行一致赞同的集体选择方法——这和立宪规则的一致赞同不是一个层次，那么，在社区层面实现了对位匹配时，存在社区治理方式和某些行为主体各自的目标价值不匹配的情况是完全可能的。比如，相关利益主体一致赞同在集体目标价值排序形成和治理方式选择中采用少数服从多数的方法，就会出现这样的情况。在少数服从多数的规则和程序下，实现了社区层面的对位匹配，但这样选择的治理方式并不符合少数人的治理偏好，这样选择的集体目标价值排序也不符合少数人各自的排序。他们认可少数服从多数的基本规则，也认可这种规则下的决策结果，但是，这种结果不是他们最想得到的。他们不认为，集体选择出来的治理方式和他们想实现的目标价值之间是最匹配的。不过，这种情况和我们在社区层面所说的匹配是两回事。

（五）理想型偏离状态

回到社区层面的匹配问题上来。下面分别讨论几种偏离理想型的社区状况。

（1）存在一致赞同的在自然禀赋约束下选择治理方式的规则和程序，但不存在一致赞同的形成集体目标价值排序的规则和程序。

在这种状况下，虽然人们各自的目标价值排序可以隐含在他们对治理方式的选择中，但是对于在自然禀赋约束下集体选择出的治理方式是否与集体的目标价值排序相匹配，却无从判断，自然也不可能存在一个在匹配方面有效的反馈环。

如果假定，人们在治理方式的选择中已经充分考虑到目标价值的排序，治理方式的选择结果必定同时反映了人们的目标价值排序，因而二者之间必定是对位匹配的，那么，这实际上不仅假定了人们过强的认知能力，而且假定了人们在集体价值形成和集体治理手段形成之间具有高度一致性，换一句社会学者所熟悉（但其确切含义尚有待进一步明确）的话说，就是假定人们的集体价值理性和集体工具理性之间具有如此高度的一致性，以至于只要实现了集体工具理性就必定实现了集体价值理想。然而，较深刻的社会学研究却早已表明，人们对于应当如何形成目标价值的集体规范，应当如何形成治理方式的集体选择规范，却可能有不同的标准。所以，认为有了一致认可的治理方式的集体选择规则和程序，就必定会实现治理方式和目标价值排序的匹配，是存在疑问的。

总之，这时可能出现因判断无法做出，或做出也不能获得集体认可的匹配紊乱。

（2）存在一致赞同的形成集体目标价值排序的规则和程序，但不存在一致赞同的在自然禀赋约束下选择治理方式的规则和程序。

在这种情况下，通过一致赞同的规则和程序，人们能够形成集体目标价值排序，因而有了评价特定治理方式是否与之匹配的标准。由于没有一致赞同的集体选择治理方式的规则和程序，相关利益主体就能够以不经他人认可的方式恣意利用某种治理方式来实现自身的利益，社区治理方式和目标价值实现之间的错位匹配常常由此产生。而对位匹配如果出现，也只是产生于某种偶然的巧合。

当出现了治理方式和目标价值排序之间的错位匹配时，这种状态的突出特点是无法通过公认的规则和程序来加以调整。

（3）既不存在一致赞同的形成集体目标价值排序的规则和程序，也不存在一致赞同的在自然禀赋约束下选择治理方式的规则和程序。

在这种状态下，相关利益主体以非合作博弈的方式追求各自的利益，并在互动中形成某种治理方式。在治理中具有较强操控力的利益主体常常把该种治理方式说成是有利于集体目标价值的排序，而另一些利益主体则认为二者间的匹配是令人不满的，是错位的。事实上，对匹配的无序评价或匹配紊乱是常态。

三　匹配专用性问题

如上所述，新制度经济学家威廉姆森最先提出了"资产专用性理论"（Asset Specificity Theory）。简要地说，资产专用性理论是指：某种资源在用于特殊用途后，如果再转作其他用途，则其价值就会降低。不难看出，这个理论实际上已经涉及某种资源与其特殊用途的专门性匹配效用问题。在这里，匹配专用性的思想已经呼之欲出。

本研究在此明确地提出"匹配专用性"问题，就是意图在更为广泛的意义上使用"专用性"概念，并将之运用于社区治理的匹配问题上来，以期更为具体深入地探讨匹配机制。在这里，"匹配专用性"是指为了达成某种特定的治理目标，实现某种特定的价值，必须有某种专门的治理手段与之相对应、相匹配。反过来说也是一样，如若欠缺某种专门性的治理手段，则所欲达成的某种特殊治理目标和特定价值，就不可能实现。因此，从"匹配专用性"的角度来看，"对位匹配"实际上是一个起到硬约束作用的基本条件。"错位匹配"的结果不是导致治理效果的不理想那么简单，而根本就是治理目标和价值的难以实现。在这里，鲜有"灵活匹配"发生作用的空间。

在本研究中，符合"匹配专用性"条件的有三种状况：必须与"安全"目标和价值相匹配的"治理的保护性手段"，必须与"民生"目标和价值相匹配的"治理的服务性手段"，以及必须与"尊严"目标和价值相匹配的"治理的参与性手段"。

"治理的保护性手段"是指，一个社区为了达成具有稳定性的生活秩序，保证社区居民"安全"的目标，必须具备若干特定资源，设置若干特定的制度安排，以及动员若干特定专用人力，作为达成这一目标的基本保障。新建商品住宅小区和大多数单位制社区普遍具备的围墙、夜间照明设置、门卫与保安等，老旧街区和城中村社区的"治安巡逻队"等，都属于此种保护性手段；与地方警务部门的制度化联系也属于此种保护性手段。有了这些手段，社区才能防范外来的侵害，社区居民才有安全可言。

"治理的服务性手段"是指，一个社区为了保障各种有益于"民生"的目标，所必须具备的特定资源与专门手段。一般来说，商品房住宅小区和单位制社区内的设施养护、环境维持、道路保养、房屋修缮等，都属于此种"服务性手段"；在东城区和西城区的老旧街区中，最近开始推行的"平房区物业管理"，也属于此种手段的制度性安排。在很多"城中村"、"城边村"社区，为确保"民生"目标和价值的实现，还需要有一定的生计安排。在此种环境中，居民用于谋生的店铺、车间、运输等，也可以纳入"治理的服务性手段"的范畴。总而言之，确保基本的"民生"目标和价值得以实现，需要一定的资源支持和治理手段，无之则谈不上"民生"目标。

最后，是"治理的参与性手段"。"治理的参与性手段"服务于"尊严"这一价值目标。要确保社区居民的公民权利，确保他们有尊严地生活，确保他们的主体性地位，"治理的参与性手段"不可或缺。"治理的参与性手段"至少包括两个层次：社区居民作为公民的个人参与，以及由社区居民组成的公民组织的集体参与。商品房小区的业主大会、活跃于各种社区内的社区社会组织以及老旧街区正在建立的各种居民议事机构，都是此种参与的制度化手段。通过参与，居民可以表达自己各种各样的诉求，陈述对社区治理的多样性意见，并就社区发展的前景制定规划。社区居民的能动参与体现出其自身的价值实现。

综上所述，针对"安全"、"民生"和"尊严"三种治理目标和价值，必须有"保护性"、"服务性"和"参与性"三种治理手段分别与之匹配，才能达成目标。若欠缺这些手段，就不能达成这些目标。因此，这三种手段与其分别对位的三种目标和价值之间的匹配，体现出的是"匹配专用性"问题。专用性手段确保了其所针对的目标价值的最终实现。

参考文献

罗纳德·科斯，1990，《企业、市场与法律》，盛洪、陈郁译，上海三联书店。

奥利弗·E. 威廉姆森，2001，《治理机制》，王健、方世建等译，中国社会科学出版社。

马克·格拉诺维特，2008，《找工作》，张文宏等译，格致出版社、上海人民出版社。

詹姆斯·M. 布坎南等，2000，《同意的计算：立宪民主的逻辑基础》，陈光金译，中国社会科学出版社。

肯尼思·阿罗，2000，《社会选择：个性与多准则》，钱晓敏、孟岳良译，首都经济贸易大学出版社。

哈里森·C. 怀特，2009，《机会链：组织中流动的系统模型》，张文宏、魏永峰等译，格致出版社、上海人民出版社。

第四章

新建商品住宅小区社区治理的案例与分析

一　主要概念和基本情况

夏建中认为，城市住宅体制的变革产生了住宅所有者群体，纯商品房小区也叫新型物业小区，是指称在相对封闭的地域范围内实施物业管理的新建小区，其房屋产权是商品房（夏建中，2003）。商品房小区可以按照《物业管理条例》成立业主大会和业主委员会作为决策机构和执行机构，并选聘物业管理企业签订合同开展专业化的物业管理。早在 20 世纪 90 年代，北京市就启动了住房市场化进程，随着北京市住宅土地市场的完善和商品房建设的日益成熟，在全市范围内已经形成了以商品房为主的市场化住房供给形式，全市共有各类商品房小区 4000 多个。

在商品房小区管理上，从社区管理到社区自治，再到社区治理，各种新情况和新问题层出不穷。当前商品房小区社区治理的主体主要包括物业服务公司、业主委员会（简称"业委会"，下同）、社区居委会和其他社区社会组织等。从业委会来看，业主参与意识增强，业委会日益成为社区治理的主体。近十年来，全市业委会规模增长较为有限，据不完全统计，2005 年北京市有物业企业的商品房小区有 3000 多个，但成立业委会的仅有 500 多个小区（其中在北京市建委备案的有 369 个），成立率仅有16.7%，到 2013 年底，这一数字也仅仅上升到 1000 个左右，成立率约有

26%①。虽然业委会发展的整体情况并不乐观，但当前业委会的社会影响力和认知度在逐渐增强，业委会在探索和试错中逐渐从单纯的维护权益，走向探索参与社区社会治理的新途径和新机制，而且在部分成立业委会的商品房小区中，也已经走出了一条适合自身社区服务管理和社会治理的新模式。

从物业公司来看，物业服务企业数量众多，发展和服务水平分化明显。截至2012年底，北京市共有物业服务企业2773家，其中一级资质的物业服务企业122家，在全国位列第二，占全部企业的4.4%②。其中，那些经营状况较好的物业公司通常能够实现业务类型多元化，可以对社区资源进行高效配置，例如从公共面积经营中获取额外收益，用来反哺物业服务，物业服务的专业化和正规化程度也较高。这些物业企业往往受到中高档商品房小区业主们的青睐。而大部分中小物业公司则由于社区资源匮乏、物业费收缴难、服务项目支出高等原因面临生存和发展困境，而经营管理不善、物业服务水平下降，反过来又影响物业费收缴率；围绕物业收费问题，这些企业很容易采取诉讼、懈怠服务甚至违法违规等行为，陷入与业主的利益博弈和纠缠，难以持续改善和提高物业服务质量，造成小区业主和物业关系紧张，成为基层社区潜在的不稳定因素。

从社区居委会看，社区居委会和社工服务站仍是基层行政事务和社区治理的主要载体。《中华人民共和国城市居民委员会组织法》赋予居委会"召集和主持居民会议，向居民会议负责并报告工作，执行居民会议的决定、决议，监督执行居民公约"，"开展利民便民的社区服务活动，办理本居住地区居民的公共事务和公益事业"，"调解民间纠纷，做好疏导工作，防止矛盾激化，促进居民家庭和邻里团结"等权利。但同时它也规定了"居民委员会对政府的工作予以协助"，如"协助维护社会治安"，"协助人民政府或者它的派出机关做好与居民的利益有关的公共卫生、计划生育、优抚救济、青少年教育等项工作"，"协助公安部门管理户籍"，"协助劳动、人武等部门做好招工、就业、征兵"等工作。因此，既要承担社区居民自治责任，又要对街道办事处负责，实际上在社区自治和行政管理中

---

① 数据来源：《五大原因 导致业委会成立换届难》，《深圳商报》，http://www. house-hy.com/nrd/20141021/40592.html，2014年10月。

② 数据来源：新浪房产，http://bj.house.sina.com.cn/zhuanti/wuyebaogao2013/index.shtml。

扮演着"一肩双职"、"两端负责"的角色。

其他社区组织则以文体活动为主，尚未充分参与治理。这些社会组织主要是指社区内除以上几类组织之外的为社区居民提供各类服务和保障的非营利组织，其服务范围包括社区专业服务、公益社会服务等。社区社会组织理应在市场无力提供、政府无暇提供的领域内，针对特定服务对象开展专业化、公益性的社区社会服务，成为社会治理的重要主体。当前社区社会组织数量众多，以笔者走访的海淀区某街道办事处为例，截至 2013 年底，街道备案社区社会组织数量总数达到 338 个，平均每个社区有 13 个社会组织，但其中文体活动队的比例达到九成以上。

二 商品房小区的社区治理：基于 NGT 框架的分析

当前，商品房小区的社区治理呈现以下几个趋势。首先，在首都房地产市场的持续火爆和"高温"的社会背景下，商品房小区中以土地和房屋为核心的产权收益问题越来越成为社区治理的核心要素。其次，随着全市经济结构的调整，第三产业尤其是服务业主体地位明确，从城市人口结构来看，中等收入群体的比重在逐年增大，其中包括企事业单位负责人、专业技术人员和办事人员等，这一群体受教育程度高、竞争意识强、社会资源丰富，这些业主往往表现出较强的权利意识。再次，在当前转型阶段，商品房小区社区治理的相关政策不健全、历史问题不清晰、服务管理主体内斗和居民诉求差异大等问题交织在一起，社区治理关系从上到下、从里到面都持续处在错位和失调中。这些趋势实际上都体现了商品房小区不同利益主体在权利和资源分配机制上发生了很大变化：业主基于产权的集体利益诉求彰显、物业企业及其代表的房地产商维护既得利益、社会组织等"第三部门"要求更多的参与治理的机会、市场组织谋求社区赢利，而政府机构虽然在弱化对社区的影响，但仍然保持巨大影响力，等等。

实际上，作为市场化程度较高的一种住房形态，商品房小区的区位、房屋质量和社区环境构成了商品房小区的物质空间属性；房屋、公摊面积和停车场等的产权归属构成了小区的产权属性；小区居民的人口社会结构，如本地人和外地人、业主和租户，以及不同年龄、学历和职业的居民都构成了社区的人口属性,上述属性共同构成商品房小区治理框架中的自然禀赋条件。此外,经过20多年的发展,目前全市商品房小区中已经出现了多种社区治理模式,从政府、市场和社会"三位一体"的治理结构出发,可以将商品房小区社区治理方式概括为:市场交易型、权力主导型、协商民主型和权钱支配型等四种理论类型,在实践中可以表现为物业公司主导型、社区居委会主导型、协商民主型,以及社区居委会和物业服务企业共治型等四种治理方式。最后,商品房小区居民的生产生活诉求、社区安全诉求,以及基于社区的业主尊严诉求共同构成了社区治理中的目标价值实现,如表4-1所示。接下来,本研究将在全市范围内选取几个商品房小区进行典型案例分析,以期对不同商品房小区社会治理的理想类型、基本特征和价值目标进行验证,力求找出商品房小区的社会治理的实现逻辑和现实困境。

表4-1 商品房小区的 NGT 分析假设

社区治理类型	自然禀赋条件	价值实现目标
市场交易型		安全
权力主导型	区位、房屋质量和环境等 产权归属 居民人口结构	民生
协商民主型		尊严
权钱支配型		民生和安全

三 治理类型及其案例

(一)市场交易型:AD 小区案例

AD 小区地处北京市奥林匹克体育场东侧,位于北四环和北三环之间,从地理位置和周边生活配套来看都处于北京市的黄金地段,是2009年开盘销售的高档商品房小区,目前房屋市场价格每平方米近7万元,物业公司是国际知名的香港戴德梁行物业管理公司。小区绿化率较高,公共空间面积大,能为业主提供良好的居住和生活环境。小区现有住户900户,其中具有本市户籍的人口约占小区总人口的40%,其余为外地来京人员;由于是新建商品房小区,因此业主结构上明显表现出当前主流社会精英群体特征，普遍属于高学历群体或高收入群体等，其中房屋投资者、新婚购房者和中老年人群占比较大，老年人尤其是祖孙三代加保姆的家庭格局较普遍。

在民生需求和社区服务上，由于居民家庭收入较高，因此基本上通过市场购买的方式来满足日常生活需求，包括从物业公司集体购买，或个人的市场购买行为。自2009年起，AD小区的物业费已经达到4.2元/平方米·月，在北京市处于较高的水平。戴德梁行承诺为其提供"英式管家服务"，按照2名管家服务80位客户的标准，24小时提供物业日常和特约服务，包括洗衣、家政、洗车等服务。实际上，即便是老年人居多，社区服务商也能够提供完善的送餐、家政等服务，但小区常年雇用保姆的比例相当高，因此，业主对政府通过基层社会服务管理机构所提供的准福利性质的社区服务基本没有要求。

> 这些高档小区基本上不需要社区送餐等服务项目，他们普遍雇了保姆，人家对饮食的要求还是比较高的，我们社区居委会的工作精力也基本上都放在老旧小区这边，对商品房尤其是AD小区这种高档小区基本上不需要过多的提供服务，双方也都不匹配。（社区居委会工作人员）

在社区关系和认同上，AD小区居民普遍呈现较强的"内卷化"倾向，他们乐于参加物业公司组织的各项社区文化活动，与邻居结为朋友，尤其是家长之间通过儿童戏耍等方式建立起联系。但对社区居委会面向整个社区（再加上一处老旧小区）而组织的所有活动则完全不感兴趣，比如"百家宴"和"运动会"等，完全"不理会、不参加、不感兴趣"。这与周边普通商品房和老旧小区形成强烈反差，AD小区的"封闭性强"是居委会人员的普遍感受，居委会对此进行了"阶层论"的解释。

> 一个是设计的活动和项目不太适合他们，他们的素质和文化社会背景都与老旧小区不同，虽然可能都是60岁老人。我们今年就针对高档小区青少年专门开展活动，这些活动普通小区不一定愿意参加，如烘焙等。但人家业主就说了，真没想到社区还能组织这样的活动，真

不能小瞧了你们这帮老头老太太。事实上，这些业主原本就有一种不想跟你们接触的思想。比如，我不想让人知道就我一人在这住，可能是楼上楼下知道，这种心理状态很常见。你让他们参加活动，他们都会问问自己楼上楼下的好朋友，如果有人愿意参加可能结伴而行，有一个不参加就都不参加。社区入户比方人口普查什么的，我们居委会也都不愿做高档小区的入户工作，他们抵触心理很强，基本都是挂着防盗链或开着小门跟你说话，还有的就在户外电话上说话。（社区居委会工作人员）

AD 小区的业主虽然有较强的自我认同感，但在社区治理参与上，并未体现出过高的参与积极性。例如，他们并未成立业主委员会，也从来没有居民前来申请和咨询。按照居委会的说法，一是小区物业管理公司能够保障社区的良好运行，提供高规格的服务，深得业主人心。在普通商品房小区或老旧小区，居委会成员通常都要兼任每栋楼的楼长，以负责小区公共事务的协调、沟通和处置，但 AD 小区物业公司有自己的楼门长或称作"管家"，涉及小区内的公共事务都由物业公司安排的楼门长出面处理，即便是居委会开展重大活动的入户工作也需要楼门长引导。二是小区不存在公共利益受侵害的情况，比如地下室出租和公共区域经营等行为，这与那些为了保证物业管理正常运行而将公共部分出租收入补贴物业服务管理成本的普通商品房小区不同。实际上，AD 小区长期以来的高额物业费保证了物业公司专心经营小区服务管理，并不需要额外的经营项目来补贴自身的运营。相反，戴德梁行每年还会固定拨出专款用于改善社区环境，例如开展对公共大厅地砖进行升级等原本属于开发商职责范围的工作。按照物业公司员工的说法，表面上看高额的物业费给业主带来了经济负担，但业主因此享受到的管家式服务和物业项目的增值，从长远来看对业主个人的收益是有利的。

（二）权力主导型：SH 小区案例

SH 小区地处北京市远郊区县，是 2004 年就建成使用的商品房小区，由于地处郊区，在开盘之初房屋售价较低，每平方米仅售 4000 元；加上当年没有限购政策，以及房地产市场低迷，当初的销售情况并不乐观。北京城里人不买，高收入的人不买，只有改善住房的本地人（包括平房上楼）和外省市中低收入购房者购买。直到今天，小区住户的结构也相当复杂，其中外地人占据相当比例，这部分人主要有下面几种情况：一部分人在市内就业，因低房价/租金在此居住，一部分人因为早年子女在北京工作而购入当作养老房，一部分人是周边拆迁农民购房，他们失去了土地这一稳定收入来源，而且早年拆迁补偿金额也不高。因此，这些人整体上的收入水平低于其他类型商品房小区居民的：京郊农民收入水平普遍大大低于市区居民的收入水平；而对于其中的外地人，由于近年来的限购政策，他们无法再次购买房屋，因此或者卖房离京，或者持有住房但维持原有的工作生活方式。实际上，市郊区人口的收入水平的差异从市郊区房价上的差距也能体现出来。由于收入水平不高，很多没有养老金的老人只能靠在小区"拾荒"补贴家用。

商品房小区的物业维护情况决定了小区的寿命，虽然建成时间只有10余年，但由于地处郊区，物业费仅为每平方米1.6元，远低于市区一般物业费，也低于物业正常运营所需要的费用，物业只能降低服务质量和用出租公共房屋等方式来补贴小区物业开支，因此，物业服务仅能维持社区基本运转，包括垃圾清运、基础设施维修等。现在的情况是，保安没有、监控不好使、绿化靠自然、扫雪看心情，业主连基本的居住安全都难以保障，按物业公司员工的话说："我们之所以坚持在这个小区维持运营，完全是出于国企的社会责任感。"事实上，物业公司也曾经尝试过提高收费标准，但普遍遭到小区居民强烈反对，有的业主表示"宁愿管理得差些，也不愿提高物业费"，这与业主整体收入水平不高不无关系，很多人忙于生计，对物业服务并无过高要求。

由于距离市区较远，很多在市区就业的居民到家就七八点钟，根本无暇顾及和参与社区活动，或为社区发展出谋划策。对于这部分人来说，这里就是个睡觉和休息的地方，周末一般窝在家里补觉，很少参加社区活动。曾有人倡议成立业主委员会，但由于居民结构复杂，外地人和本地人、租户和业主等心气不统一，迟迟没有进展。这意味着，在社区治理问题上，物业公司因资金缺乏等原因无力参与社区治理，社区居民无暇参与社区治理，社区治理中唯一发挥作用的就是社区居委会。他们联合"社区青年汇"等基层组织，每年都会组织消夏晚会、社区乒乓球赛、歌舞队等，这些免费的文体活动能吸引大量退休人员和老年人，社区居委会的活动室也成了他们最愿意去玩的地方。此外，针对小区外地人较多的情况，社区居委会还组织老年人免费体检、育龄妇女体检、婴幼儿注射预防针等，深受外地来京人员欢迎，社区公告栏里贴满了社区居委会各个领域和部门的公示和通知，总能吸引到社区居民驻足观看。

SH 小区长期存在地下室出租的问题，物业公司对个别楼栋的地下室进行装修后，以每月 500 元的低价出租给周边上班的年轻人。由于超出使用负荷，这些楼栋的单元门基本上每个月都要修理，相关业主的意见很大。根据物业公司的说辞，地下室出租是为了补贴小区运行的开支，而且只涉及部分楼栋，不涉及全体居民，因此，即便有人反对，问题还是迟迟无法解决，一拖就是三年。这期间，小区经常发生自行车失窃、入户盗窃等安全问题，业主要求取消地下室出租的呼声越来越大，直到 2012 年小区发生一起恶性刑事案件，社区居民的反对呼声达到高潮，多次与物业公司发生纠纷，但苦于尚未成立业委会，缺乏制约物业公司的法律手段，只能寄希望于社区居委会。2012 年底，社区居委会协调社区民警、人防办公室和居民志愿者，对违规出租的楼栋地下室进行了集中清理。

（三）协商民主型：北京 GA 村小区

北京 GA 村小区位于北四环外北辰西路与科荟路交汇处西南角，北京中轴的奥林匹克公园核心区，紧临亚洲城市公园——680 公顷的奥林匹克森林公园及 122 公顷的龙形水系，与国家体育场、国家游泳中心、国家体育馆等奥运中心场馆咫尺相望。GA 村小区总占地 27.55 公顷，总建筑面积 50 余万平方米，由 42 栋 6 层或 9 层南北向电梯板楼精装公寓组成，社区容积率仅 1.5，绿化率高至 40%，以 180～280 平方米的舒适型三、四居为户型主力。GA 村小区借助北京奥运会的东风，提出了"绿色、科技、人文"的新建筑理念，抓住了高学历、高收入等新知识群体的需求和想法。该小区"运用再生水源热泵系统、集中式太阳能热水系统、景观花房生态污水处理系统等节能系统创造了当代绿色宜居的典范小区"[①]。GA 村小区是 2008 年北京奥运会的运动员村，拥有近 2000 套大户型，业主于

---

① http://www.docin.com/p-1709436801.html。

2009 年入住，目前入住率超过 80%，物业公司为深圳市长城物业管理股份有限公司。GA 村小区的物业费为每月 3.5 元/平方米，住房均价为 9.6 万元每平方米。业主大多为中产阶级及以上的精英人群，小区治理模式为业主、物业公司、社区居委会共同协商的民主治理模式。

北京市朝阳区一直在探索形成商品房小区"五方共治"、老旧小区"自管自转"、保障房小区"三社联动"三类社区居民自治，1000 多个小区实现居民协商管理身边小事、政府帮助解决大事难事、社会组织提供多样化服务。"五方共治"的自治模式是将业主、业委会、物业公司、社会单位和社区居委会这五个利益主体共同纳入居民自治平台，共同协商找到利益交集，共同解决小区管理服务问题。政府在其中则负责去引导小区利益各方理性表达诉求，共同制定合法合理的小区管理规则，各方依照规则办事。GA 村小区得益于这样的制度环境，并发展出具有地域特色的社区治理模式。

GA 村小区于 2013 年成立了业委会，业委会带领业主搭建起业主信息平台，用以组织业主活动、整合业主资源。业委会提出"我为人人，人人为我"的理念，努力打造和谐社区。GA 社区的微信群于 2014 年元旦成立，分为 9 组，有 800 多人参加了楼栋基础群。同时成立了近 30 个兴趣俱乐部或者专业沙龙微信群（每个群有 100 人左右），可达到每天数百条的信息量。通过线上的交流，业委会还组织了大量的线下活动，如二手交易、合唱团、健康操、舞蹈队和羽毛球等。业主信息平台还负责组织小型团购，针对业主需求开展高尔夫、理财、投资、企业管理、国学、健康医疗等沙龙活动。

通过搭建业主信息平台，通过线上交流与线下活动，业主们从陌生人变成好朋友，并进行实质性的合作，如生意合作、二手车交易、房产转让等。业主的主动性与能动性使得 GA 村社区的治理变得柔和而顺畅，协商、信息交流成为主要的治理方式。街道办事处将 GA 村小区的治理模式作为典型的先进模式，加以学习与推广。

对于 GA 村小区的治理来说，其协商民主的意义首先是明确治理的理念和目标。通过公益服务、整合资源，将业主的主动性与能动性纳入治理过程中。这样的理念也提高了业主本身的生活质量与品质，使得小区物业增值，维护了良好的社区环境。其次是组织的建设与配合。在几方关系中，业委会发起并总体规划社区运营模式，同时邀请居委会与物业工作人员参与其中。业委会成员之间分工协作，由主任总体协调，对接开发商、物业公司与居委会，副主任负责搭建业主信息平台，建立俱乐部和沙龙，还有专门的成员负责团购。居委会与物业人员也被邀请至业主信息平台，并且被业主所熟识。他们可以在群里发布通知、答疑解惑，提高了治理的效率。

协商治理还离不开环境与技术的支持。业主名单与手机号码的记录可以快速搭建微信群，同时微信群还进行合理规划与分类；业主信息平台大量使用"互动吧"等免费工具，方便招募成员和发起活动；居委会内有一个 200 平方米的多功能厅，配有空调、电视、投影、音响等设备，业主的大部分活动都在多功能厅举行；GA 村业主还在网上搭建业主论坛，业委会的选举与重大事项、物业公司的月度报告、家家户户事无巨细的居住问题与生活分享，都可以在论坛上找到。协商民主治理的达成与此息息相关。

（四）权钱支配型：SG 小区案例

SG 小区位于北京市北三环到北四环之间，地处北京市黄金地段，周围配套设施较为成熟完善，小区共有 700 户居民，开盘时间是 2000 年，是北京市较早的一批商品房住宅小区，开盘时间是 2000 年前后北京市商品房小区价格相对较低，房地产投资方兴未艾的阶段，由于小区户型普遍较大（基本都是 150～190 平方米），总价相对较低，因此吸引了大量本地和外省市的房地产投资者。很多人购房目的不是居住而是实现资金收益最大化，因此，小区住宅历来换手率、出租率和经营率较高，尤其外地购房者一旦把房屋委托给中介公司管理，通常会签订几年的长约，基本脱离参与房屋的维护和管理，因此有的房屋被出租作办公室，有的被打造成隔断做"群租"之用。社区环境差、房屋欠修缮，且户型大、税费高，小区现在房屋价格比周边小区普遍低 20% 左右，每平方米价格为 3.5 万元左右。这个小区的特殊之处在于，在 2000 年开盘之初，它是以高档商品房小区的定位入市的，实行人车分流等先进的物业服务管理理念，但随着时间的推移，由于物业管理不善、群租和"民宅商用"等原因，小区无论从基础设施还是社区关系方面都逐渐衰败，与周边新建商品房小区相比已经呈现较为杂乱的景象，从业主的口碑来看也普遍暴露出对目前状况的不满。

> 都是大户型，而且户型设计不太好，环境物业一般，小区（住户）全是开公司的，车位也比较紧张。（SG 小区业主）

当前小区社会治理的难点主要集中在群租房和民宅商用两个问题上。群租问题是人口、资源和环境矛盾突出的北京等特大城市之通病，但像 SG 小区这种群租比例高达三分之一以上的小区也实属不多见，很难想象一个小区有近半数的房屋处于群租的状态。据调查，这些群租房的住户都是周边的餐饮服务业的员工或公司白领，有的是公司出面整租成套房屋，然后改造成隔断提供给员工免费居住；有的是租户合租，尤其是附近公司的年轻白领们一般碍于面子不愿意租住老旧小区，或者租不起成套房屋，宁愿群租在物业管理相对正规的商品房小区。

> 小区户型都大，往往把一套 100 多平方米的房子隔成 20 多个单间，每个隔断能租出去 2000 元，一个阳台架张床就可能有七八百元。我们管不了中介公司，有的业主常年在国外，把房子交给物业公司或者中介公司管理，我们也没辙。像这些小区都有门禁，但不起作用，外头随便复制一个门禁卡（几块钱）就行，小区业主为此投诉很多。（社区居委会工作人员）

SG 小区群租房问题由来已久，之所以"久治不愈"，原因就在于当前的局面对物业公司、中介、二房东和承租人等各方都有利可图。

> 我们找中介，中介根本不配合，这是他的钱啊。再有依托二房东，这种二房东更难对付，社会游民，也有可能是三房东。这里面全是利益关系。承租的觉得价格合适，整个的租不起，如果你驱逐他们之后，他们住在哪？再有一个，像二房东等这些人的利益怎么办，中介钱收了想退回来就非常难。（社区居委会工作人员）

此外，由于租房成本低（民用水电费和房屋租金都要大大低于商用房）、房屋面积普遍较大、位临交通和商业中心以及具备小区物业管理等原因，SG 小区普遍存在"民宅商用"的问题。据物业公司粗略估计，能占全部住户的四分之一多，基本每个楼门的每层都有民宅从事公司经营行为，有的是业主自己开公司，有的是将房屋出租用来开公司，这些公司少则十几人多则几十人，甚至有的是"前店后床"，在工作和居住空间，人口密度极高，严重影响了小区业主的正常居住生活秩序。实际上，"民宅商用"问题是与群租房问题共生共存的，两者相互为彼此提供了工作和居住的便利性，可以说互为因果关系，任何单独取缔"民宅商用"或者打击群租房的做法都不能彻底达到目的，而当前群租房的治理思路基本上是"头疼医头，脚疼医脚"，难以从根本上解决问题。

> 业主找物业公司解决不了问题，物业管不了也不爱管，本来设计民用的电梯和停车场现在挤得满满当当，每天人来人往真的不像是居民小区；SG 小区业主来居委会投诉最多的就是这个问题了，但是我们也管不了，我们没有执法权，有执法权的人家不执法，我们只能是跟业主交流让双方体谅下，让相关公司平时注意别太大声，没有别的办法。（社区居委会工作人员）

由于群租房和"民宅商用"这些看似独立又相互关联的问题长期得不到解决，严重影响了 SG 小区的公共安全和居住环境，原本设计居住 700 户的基础设施承载力、物业管理能力和社区安全限度，都因实住人数超限、结构复杂、流动性强而受到削弱，远远超过社区环境的承载力和社区安全的保障力，极大损害了全体业主的权益。可以预见，即便将来通过"运动式"的清理暂时解决问题，如果缺乏制度设计、实践经验和业主参与，问题"回潮"也只是时间问题。

2013 年北京市住建委、公安局、规划委、消防和卫计委等部门联合下发《关于公布我市出租房屋人均居住面积标准等有关问题的通知》，认定了房屋出租的人均面积标准[①]，实际上明文认定群租是违法行为。现实中群租问题之所以屡禁不止，除了当事人的利益和居住诉求之外，与执法部

---

① 即不能低于人均 5 平方米，且每间不得超过 2 人。

门执法力量薄弱、执法不严密切相关。"六个部门联合发文，相当于没有发文"，居委会主任认为，"我们最多只能依靠辖区派出所，其他部门对此根本不管不问"。而在"民宅商用"的问题上，政策演变和现实情况都要复杂得多，对于大量小微企业来说，注册和办公地点的选择成本很高。自2006年起，北京市已经发文禁止住宅注册公司，但到2007年"民宅禁商"的政策已经出现有条件的松动，即便如此对于小微企业来说，想要依法、按条件实现"民宅商用"仍旧是难上加难。① 现实情况是，随着国家明确发展小微企业的政策导向，越来越多的企业不得不落户民宅。由于法律制度缺失、政府部门缺位、物业监管缺乏，加之业主没有维权渠道，因此，时至今日在这一问题的解决上仍然缺乏政策思路和有效途径。

如果说 SG 小区的群租问题的产生是由于有法可依但执法不严，那么"民宅商用"则完全是无人问津，从地方政策法规到基层社区服务管理机构上等都看不到解决问题的曙光。不禁要问，作为小区的物业公司和利益受损业主为何无所作为？从物业公司来讲，一是他们缺少限制房屋产权人处置房屋的方法和手段；二是他们实际上也多少参与群租房或出租房屋的利益分配，成为利益相关人。访谈中有业主指出，"我前几天把房子挂在二手网站上准备出售，结果第二天物业公司的人就来敲门，说是能帮忙出售房屋"，当物业公司成为收费中介，那么就失去了加强社区管理、维护社区公共利益的动力。由于小区房屋流动率高，业主这一群体在两个阶段呈现了不同特征，20世纪90年代初开发商开盘之时，投资性购房占了很大比重，业主不在此居住，因此对社区的居住环境并不在意；随着近年来居住性需求的增长和业主群体的更替，尤其是房屋价格的高涨，业主逐渐意识到物业管理和服务的重要性，目前来看已经建立了业主 QQ 群，希望成立业委会维护自己的权益，但至今没有进一步行动，这倒与北京市整体情况相似。

这个小区没有成立业委会，一是没有发起人，二是成立业委会过于复

---

① 按北京市工商局"有关房屋用途应当与经营用途一致"的规定，如果将居住用途的普通住宅（楼房或者平房）注册经营场所的，其条件是需要先向房屋所在地的房屋管理部门申请将住宅改变为商业用途后，再经当地居委会或业委会同意，才能作为经营场所登记办照。由于申请改变住房用途在操作中需要整栋楼的产权人共同办理，因此，这对于单个小微企业或业主来说，基本上是不可能完成的任务。

杂，现在成立业委会没有两三年是不可能成立的，投票率不能保证百分之八十，即便成立了，办公用房怎么办。业委会需要很多的时间和精力，根本无法保证。之所以有很多业委会，是因为现在很多热心公益事业、懂法律的小区（业主），他们成立的业委会。（社区居委会工作人员）

基于上述情况，面对群租和"民宅商用"的问题，业主只能零星求助于社区居委会。为了还业主一个祥和的居住环境，也是响应全市加强群租房管理、实现人口疏解的号召，结合朝阳区政府相关部门加大群租房查处力度的工作要求，社区居委会和物业公司终于联合起来对群租房进行了集中清理。

社区居委会用了两个月的时间，昼夜在那里开展工作。第一，大量宣传，反复入户，跟承租人讲清利害关系。第二，找房主，房主在国外了，把房子给中介了，我们和物业公司一起找中介，他们根本不配合，这是他的钱啊。我们每天都要照照片，了解群租情况。第三，我们跟二房东和中介反复沟通，宣传法规，让派出所民警共同出面，尤其是为了保障承租人的利益，我们跟二房东几乎天天见面。按理说要房管部门、消防部门等出面，但社区没有这个协调能力。在这个过程中，不断跟房管部门和公安局沟通，（让他们）指导我们可以做到什么程度。最终，整个 SG 小区之前的隔断都打通了，承租人的租金该退都退了。执行起来很难，由于居委会没有执法权，总的来说只能是劝说和指导。（社区居委会工作人员）

在此过程中，物业公司紧密配合社区居委会和派出所的"清理"行动，为清理小组提供业主及其中介公司的联系方式，并参与了整个行动过程。事后，为防止群租房回潮，在社区居委会的指导和建议下，物业公司采取了办理门禁卡、封闭小区东门和加强进出人员管理等措施，群租问题在短时间内得到了较大缓解。且不论这种清理方式的效果如何，这种"运动式"社区治理方式在缺乏有效的制度设计、严格执法、物业监督和业主参与的情况下，难以从根本上形成社区问题化解的长效机制。如果仍旧对"民宅商用"等共生问题放任自流，可以预见，将来还会出现其他社区公共问题，难以从根本上保障业主的社区安全和居住权益。

四　四种治理类型的匹配性及其评价

（一）匹配性分析

社会治理强调在对政府、市场和社会三者关系反思的基础上，形成政府、市场和社会等多中心的治理机制，在治理方式上探索正式和非正式等多种方式，是现代化理论和社会治理实践验证了的科学有效的治理模式。现阶段，商品房小区特有的产权纠纷和市场化矛盾等核心问题又被嵌入传统基层社会管理体制之中，嵌入国家、地方法律法规的博弈之中，因此变得更加复杂和深刻。从上述案例分析可见，不同商品房小区在区位、资源要素上差异巨大，基于这些自然禀赋条件，小区的业主、物业公司和社区居委会等利益主体在互动过程中形成了不同的社区治理类型，进而实现了民生、安全和尊严等不同的价值目标；反过来，价值实现目标也反映了不同小区的条件、诉求和治理类型，两者形成了相互匹配的对应关系。从实践上看，上述四种社区治理方式所体现的价值状态是没有优劣之分的，仅仅体现了不同价值目标的实现过程和机制。从治理的复杂程度来看，协商民主型治理方式无疑是程序最复杂、门槛最高、条件最多的治理模式，相应的，在理论分析上，这种价值实现状态也要优于其他治理类型；相反，社区居委会和物业服务企业共同缺位无疑是理论分析上最差的治理模式，基本上相当于无社会参与的社区治理，但在实践中基本不会存在。从当前情况来看，协商民主型的治理模式发展面临种种困境，仅少数社区初步形成成熟的做法，即便如此，其具体治理方式也因社区而异，尚未形成主流；在实践中，很多小区虽然已经成立了业委会，但都不能充分发挥作用，成为"僵尸"业委会。因此，这四种社区治理模式在当前商品房小区中同时存在，但由于价值实现状态和程度不同，需要具体分析。

表4-2　基于案例分析的治理类型匹配性

社区治理类型	自然禀赋条件	价值实现目标	匹配性（是/否）
市场交易型	区位好、产权清晰、高收入群体	安全	是

续表

社区治理类型	自然禀赋条件	价值实现目标	匹配性 （是/否）
权力主导型	区位差、产权清晰、低收入群体	民生	是
协商民主型	区位好、产权纠纷、高学历人群	尊严	是
权钱支配型	区位好、产权纠纷、投资客（租户）群体	民生和安全	否

（二）评价及前景

1. 供需平衡中的市场交易型：维持与打破

在案例一 AD 小区中，物业公司收取高额物业管理费用，并提供类似"一对一"的"管家式"物业服务。首先，它根据业主的不同需求，精细化地提供社区服务并开展社区活动，与大众文化和服务消费相比，拓展了多元化的服务渠道，最大限度地满足了业主的服务需求。因此，与一般的社区服务和社区活动相比，业主的参与度和活动积极性更高。其次，它通过红外感应等安防设备，并树立个人信息安全至上的服务理念，最大限度地保障业主的人身安全和个人信息安全。最后，"管家式"物业服务理念来自西方，其理念的"精髓"还在于给业主营造一种当家做主的感觉，使业主内心充满尊严感，实际上是同时在提供物业服务和精神服务。因此，可以说物业主导的社区治理类型，实际上基本实现了民生、安全和尊严等多重价值目标。

但是，上述价值目标的实现，客观上要求业主具有较强的市场购买能力，包括从市场满足高层次的民生需求和较高的物业服务管理费用等，并非所有商品房小区的业主都能够承担。从另一个角度来说，业主之所以愿意承担高额的费用，也与物业管理企业具备相应的供给能力密切相关。因此，这种物业管理公司主导社区治理的模式是在维持一种微妙的供需平衡关系，随着内外部环境的变迁，在企业利润最大化目标的驱使下，在业主诉求不断提升的过程中，这种微妙的供需平衡很容易被打破，一旦打破，高档商品房小区的这种物业公司主导的社区治理模式很容易演变成社区治理无人问津（社区、业主和物业公司"三不管"）的"最劣"的社区治理模式。可以说，物业管理企业主导的社区治理模式在北京等特大型城市具有一定的典型性，但由于服务门槛较高，故并不适用于所有的商品房小区；加之这种治理模式极易导致"三不管"的治理格局。因此，面对这种治理类型，迫切需要业主在日常生活中进一步增强参与社区治理的意识和自主性，而社区居委会则要找准切入点，更好地动员和引导社区治理，物业服务企业则要持续发扬企业的契约精神和专业精神。

2. 权力主导下的社区治理：兜底的界限

在案例二 SH 小区中，物业公司基于收支平衡而不去进一步提升社区治理水平，仅能开展基础设施的维护和运营；居民群体分化严重，外地人比重高、租户比重高，且就业半径大，基本无暇也无法达成共识来参与社区治理。因此，社区治理完全落到了居委会身上，居委会既要为低收入者办理低保，又要为外地人办理居住证；既要完成上级交办的各项行政性事务，如人口普查等，又要立足社区开展文体等各项活动；既要接待居民来访来电，又要开展地下出租房屋清理，社区居委会成了小区的"总管"。

根据《居委会组织法》，居委会是居民自治组织，在案例 SH 小区中，除了相关法律的"规定动作"外，还要额外为低收入群体和外地人群体进行服务，并承担本应由物业公司提供的社区安全职责。居委会在实践工作中模糊了自己的职责边界，这种"保姆式"的兜底行为无疑为社区居民尤其是弱势群体带来福祉，但也存在以下问题。首先，居委会主导下的社区治理只能是低水平运转，起到兜底作用，很容易让享受服务的居民产生"被施舍感"，长此以往不利于社区人际关系的稳定和谐。其次，居委会主导的社区治理很容易因为政策的变迁和人员的变动而产生变数，比如居委会主任换届、街道办事处换届，以及新政策出台，这就有可能形成两个极端：或者是治理方向向下，导致治理削弱乃至消失，或者是治理方向向上，导致治理增强乃至形成管控或统治。如果治理削弱乃至消失，那么社区将陷入完全无人治理的混乱境地，如果是治理增强甚至是形成管控或统治，那么社区将陷入完全没有活力的衰退境地。

3. 协商民主：希望与困境

在案例三 GA 村小区中，社区治理主要依托业委会搭建的业主信息平台，将线上交流与线下活动结合起来，将"陌生人"的商业小区变成和谐的"熟人"社区，并整合了居委会与物业的硬件与软件资源。这个协商民主模式无疑是理想的，然而其达成的门槛却比较高。以 GA 村小区的例子来说，首先，业委会的选举、产生、维持与运营都需要业主的能动性与积极性，而能动性与积极性，与业主的经济能力、社会文化背景、维权意识、参与意识的同质性分不开。同一阶层的业主显然是最佳的选择。他们具有共同的诉求，社会时间与空间相契合，拥有同等的物质与技术能力，对自身的权利具有清醒又相同的认知。其次，业委会的运营需要"能人"的参与。业委会搭建信息平台，进行规划与分类，与物业和居委会对接等，都需要业委会的成员利用私人时间免费付出劳动。再次，业委会组织活动，需要技术与物质支持。最后，业委会、物业公司、社区居委会之间的互动，是创造协商民主治理大环境的重要组成部分，但是要搭建起适合每个特殊社区的互动平台，并不容易。同时，三者的良好互动并不意味着将问题消于无形。事实上 GA 村小区的安全问题、供暖问题、违建问题等仍然每天都出现在业主论坛的版面上。而协商民主机制的建立，使得问题的解决具有通畅的表达渠道、良好的解决环境。只是这个模式的复制，在当下北京商品房小区的大环境下，存在一定的困难。

4. 权力引导市场：国家动员的力量

在案例四 SG 小区中，社区治理主要由社区居委会和物业管理公司来实现，尤其是在群租房和"民宅商用"等损害社区公共利益的事件出现时，两个治理主体有可能联合起来共同开展专项治理行动。可以说，社区居委会是代表了国家的意志和力量，其行为是准政府行为，一方面其所采取的"清理"专项行动是依据北京市相关部门法规，在区政府和街道办事处的"工作要求"下完成的。而在日常工作中，社区居委会也基本是在完成相关政府部门的行政性事务。另一方面，社区居委会是面向整个社区开展工作的，一个社区通常包括多个小区，而居委会一般将大部分工作精力放在老旧小区等更需要居委会提供公共服务的小区中，对商品房小区业主针对本小区范围内的投诉和建议，仅限于在当事人之间进行沟通、协调，从《物权法》角度来看并无干涉小区公共事务的权利。上述两点构成社区居委会参与商品房小区社区公共事务治理的主观和客观的局限性。

从物业公司角度来看，除非是类似 AD 小区中以高额物业费换取"管家式"的物业服务，一般的物业管理公司都存在严峻的收支平衡问题。在物业公司看来，较高的物业费得到的是高水平的服务和物业项目的保值，但业主在意的是不能提高物业收费标准。因此，在物业无法获取高额利润的情况下，物业公司赢利的目标与公共效益的实现必然产生冲突，尤其在相关法律法规不健全和整个行业水平参差不齐的情况下，物业管理公司就有了与权力和市场结合起来进行寻租的动力和机会。在案例四（SG 小区）中，物业管理公司实际上具有维护社区公共秩序的职责，但通过设置门槛或加强管理来解决群租房问题需要付出较高的管理成本，在缺乏公权力和产权人的有效监管下，在缺乏高额回报或激励下，不管理不会付出额外支出甚至管理可能会损害自身利益，因此不管理成为物业公司的理性选择。

在社区居委会实施"运动式"和"谈话式"的治理方式，以及物业管理公司"无责化"的日常管理方式下，如果业主无法成立业主委员会，成为合法的诉讼主体，那么一旦出现损害公共安全和环境的情况时，商品房小区是缺乏从根本上化解问题的能力的，尤其是这种侵害行为成为少数人的普遍性问题或者成为伴随强大的市场力量侵害的副产品的时候，小区业主将完全失去抵抗能力，最终连基本的社区安全都无法保障。因此，社区居委会和物业公司相结合的治理方式，是在业主普遍缺乏行动能力和社区参与能力的条件下，伴随着小区的发展，由于一些重大事件和小区的历史性特征而出现被动、应景式的社区治理类型。由于缺乏制度设计、社会监督和市场激励，这种治理方式将越来越难以适应利益多元化、资源复杂化的商品房小区，对业主来说，表面上他们既没有高昂的经济成本支出，又不需要付出社区治理的精力，是较为高效的社区治理类型，但一旦面临居住权等公共利益受侵害，就会出现缺乏组织化、合法化维权渠道的尴尬局面。

参考文献

郭于华等，2012，《居住的政治》，广西师范大学出版社。

夏建中，2003，《北京城市新型社区自治组织研究——简析北京市 CY 园业主委员会》，《北京社会科学》第 2 期。

第五章

单位制社区治理的案例与分析

单位制曾经在中国城镇社会生活中扮演了重要的角色，20世纪50年代至80年代，单位既是国家进行资源配置的组织化形式，也是进行社会控制的组织化形式，还是社会整合的基本形式。单位制社区就是在单位的基础上，单位成员集中居住、统一管理而形成的生活共同体。如今，单位制社区仍是城市社区的主要类型之一，如何在新形势下推进单位制社区的治理，需要结合案例进行学理上的探究。

一 单位制社区①的定义

新中国成立以后，单位制在城市空间的塑造中发挥着基础性作用，在城市空间中单位对经济生产和职工社会生活、福利供给体现为创造出以单位为界的各类独立空间单元。"却正是最平凡又最无处不在的单位（诸如学校、医院、政府，尤其是工厂）构成了中国城市中新建筑最主要的部分。作为城市社会组织的基本单元，单位也通过社会主义的建设进程，迅速成为城市空间组织的基本单元。"（薄大伟，2014：127）

本章中分析的单位制社区为在单位制主导下兴建的小区，单位在住房建设、分配、维修、管理中发挥了主要作用，这类小区在北京市现有各类住宅小区中数量最多。根据公开资料，由单位主导兴建、分配和管理的小区数量

---

① "单位制社区"中的"社区"是抽象概念。根据北京市社区治理实践，社区由小区构成，同一社区下可能包括单位制小区、商品房小区等不同类型的小区。本章中的"单位制社区"指的是单位制小区，后文在具体分析中皆用"单位制小区"。

没有明确数据，其按照建成年代和地理位置的分布情况也未见公布，只能根据近似资料加以推测。有学者列举了北京市1990年以前建成的"老旧小区"，按建成年代分布，如表5-1所示，在北京市1990年前建成的小区中，1980~1989年建成的老旧小区数量占1990年前建成的所有老旧小区数量的66.2%。此处"老旧小区"的定义是"1990年（含）以前建成的、建设标准不高、设施设备落后、功能配套不全、没有建立长效管理机制的老旧小区（含单栋住宅楼）"。尽管"老旧小区"和"单位制小区"的定义有所不同，但从"老旧小区"的建成年代和20世纪90年代以前北京市住宅供给主要由单位主导的历史事实可以推测，"老旧小区"多为单位制小区。另据媒体公开的数据，表5-1中所列1582个小区在全市的居住小区中占53%，可见，从绝对数来看，可以近似推测，在北京市各类住宅小区中单位制小区的数量最多[①]。

表5-1　北京市1990年以前建成的老旧小区数量

	个数	建筑面积（万平方米）
1969年及以前	222	975
1970~1979年	313	1060
1980~1989年	1047	3814
合计	1582	5849

资料来源：张君君，2011，《老旧住宅区改造调查及研究——以北京居住区为例》，北京建筑大学硕士论文。

二　单位制小区的资源禀赋特征

单位制小区的房屋按照产权归属可分为房改后已归个人所有和未房改、产权仍登记在单位名下这两种主要类型，前者是本章讨论的主要对象。城镇住房供给的改革趋势是由单位分配逐渐转化为市场供给。1994年，《国务院关于深化城镇住房制度改革的决定》提出，城镇住房制度改

---

① "据统计，目前全市现有老旧小区1582个、建筑面积5850万平方米，涉及117万户、292万人，占全市居住小区的53%。"（陈莽，2014）

革是经济体制改革的重要组成部分，其根本目的之一是建立与社会主义市场经济体制相适应的新的城镇住房制度，实现住房商品化、社会化。根据这项政策，职工以成本价购买的住房，产权归个人所有，一般住用5年后可以依法进入市场，在补缴土地使用权出让金或所含土地收益和按规定缴纳有关税费后，收入归个人所有。职工以标准价购买的住房，拥有部分产权，即占有权、使用权、有限的收益权和处分权，可以继承。产权比例按售房当年标准价占成本价的比重确定。职工以标准价购买的住房，一般住用5年后方可依法进入市场。也就是说，房改使得职工个人获得了可进入市场交易的住房，此时房屋产权不再登记于单位名下。随着房屋市场交易的不断进行，单位制住宅小区的人员结构和治理机制也发生了变化。

笔者认为，住房已由职工购买的单位制小区的资源禀赋特征是：高区位、中资源、中传统。

首先，从区位来看，单位制小区房龄相对较长，大多分布在开发利用历史较长的中心城区，尤其是首都功能核心区东城区和西城区；还有一部分分布在首都功能拓展区——朝阳、海淀、丰台、石景山区。区位优势具体表现在：（1）中央政府和首都的行政、事业单位多位于东城区和西城区这两大核心功能区，集中体现北京作为全国政治、文化中心的功能，展现古都特色。从发展历史来看，单位制小区的兴建、发展与这些单位的运行也息息相关。（2）伴随行政中心的职能推进，中心城区的各类城市功能逐步齐备，商圈、医院、优质公立学校、文化体育场馆等设施早已发展成熟，菜市场、餐饮娱乐等便民业态也发展齐全，分布其间的单位制小区居民能够更为便利地获得生活所需的优质资源和便民服务。（3）中心城区去往各方向交通便利。随着北京的城市功能不断从中心城区向外扩展，路网、地铁等交通设施也逐步向近郊、远郊延伸，从中心城区去往城市各个方向较为便利。从北京市最新的二手房房价来看，西城、东城的均价在北京市位居前两位，分别是每平方米61521元和52552元。[①]

其次，从资源来看，单位制小区可资本化的资源主要为房改实施以后，住房的产权已归私人所有，对社区治理产生了深远影响：（1）随着房屋市场交易的推进，已购公房的单位职工在市场上向他人出售房产，购得

---

① 链家地产网，http://bj.lianjia.com/fangjia/，2015年8月13日数据。

房产的新业主入住，单位制小区中的人员构成开始打破单位人的界限，新业主的邻里观念与原职工住户产生了差别。（2）通过购买公房获得房屋的私有产权以后，住户的职工身份上添加了业主身份，与之相伴随的是一系列更加明确的权利。"住房私有产权制度的确立，意味着国家与居民之间形成了一种新型的法律契约关系，居民作为一种权利主体具有了相应的独立自主性"（郭于华等，2012）。而从房屋市场上以商品房交易的形式新购房进入单位制小区的业主并不与原业主单位存在联系，而是以新业主的身份进入小区，对围绕房屋私人产权的相关权利有更明确的主张。

最后，从传统来看，单位在历史上长期发挥着分配、维护、管理职工住房以及为职工提供居住福利的职能，这些职能在当下也有不同程度的延续，使得单位制小区的治理呈现出新老主体交替的情形：（1）单位供给居住福利的传统有不同程度的延续。国家部委、党政机关、军队、大专院校等强势单位仍对职工进行福利分配。其他类型的单位的福利供给程度则存在差别。笔者在田野调查中发现，即使小区住宅早已完成房改，有的单位仍出资维修楼体、楼道等公共设施，有的单位仍在承担小区内的垃圾清运等费用，也有的单位由于改制、破产、倒闭等原因，不再承担任何费用。除了维护小区内物质实体以外，也有经营状况良好的单位不定期地为小区内以老干部活动、工会活动等名义组织起来的文娱活动提供部分经费资助。（2）单位的组织传统多有延续，例如社区家属委员会在当下转型为新的自治小组。20世纪八九十年代，城市社区建设逐步发展，绝大多数负责管理单位制社区的家委会都逐渐被改组为居委会，被纳入社会统一的基层管理体制之中，留存的家属委员会则作为单位制小区中居委会的补充形式，联系沟通单位的职能部门和职工住户，组织住户参与社区活动。随着住房市场化改革的持续推进和城市社区基层自治的变迁，家委会这一组织形态已很少被直接采用，然而，当下它在部分小区中转型为新的自治小组，容易为居民接受。（3）单位制小区的熟人社会传统为社区治理提供了有利条件。作为单位人的老住户形成了熟人社区，多年的老同事、老邻居在长期共处中互相熟悉了解，建立了信任关系，遇到公共事务时，相互之间的沟通成本较低，主导者也更容易从既有的熟人关系中找到处理问题的突破口。熟人社会传统的另一种延续体现在能人治理身上，单位中承担了领导职能、在多年工作中积累了较高声望和社会资本的能人作为居民代表在社区自治中承担了重要职能，退休以后，这些能人在沟通单位职能部门和社区居民的关系、为居民争取合法资源的过程中发挥了重要作用。

　　然而，值得注意的是，制度传统、社会生态传统在当下的社区治理中并非总是发挥积极作用，而是在新的个体产权引入后，留下权责不明的模糊地带，给形成清晰有效的治理机制带来一定障碍。（1）单位公房房改以后，产权形态更为复杂，厘清个体产权人、单位公共产权人、政府之间权利义务关系的、制度化的资金滚动循环机制尚未建立。单位在将房屋出售给个人以后，仍然是建筑物共有部分的产权人，不同单位在不同程度上出资维护该公共部分以及提供小区院内公共设施。同时，在政策实践中，也可以看到政府作为城市管理的主体为维修老旧小区公共基础设施承担部分支出。单位制小区普遍为老旧小区，伴随着单位制逐步衰弱和维修成本逐年升高，为解决老旧小区年久失修、设备老化的问题，政府通过街道办事处这一执行机构在小区治理中投入大量财政资金。以对北京市 J 小区的田野调查为例，2009 年街道办事处提供资金硬化地面、更换自行车棚顶、修缮地面排水设施、安装照明设备和棋牌桌；2012 年以来出资装修旨在推动社区居民自治的邻里中心，并制作橱窗、购置办公家具。出资建设该小区，是街道办事处针对老旧小区开展的工作内容的一部分，该资源并非 J 小区独有。其悖论在于，单位提供的外部资源有基于单位对房屋公有部分的产权基础和长期制度实践的历史合法性，但这种合法性在新住户不断入住和单位营利能力不稳定的现实条件下不再稳固；而政府财政支出的标准化原则在面对单位作用强弱不一、建筑本体产权归属并未完全与单位切断的复杂现实时难以推行，政府对小区内市政管网等市政基础设施进行财政支出的基本事实是稳定的，但对楼体改造、楼内管道等附属设施、小区内其他公共设施的支出则并不具有长期供给的职能，只能通过专项行动的方式，结合小区情况予以部分协调解决。这使得单位和政府承担小区内公共设施建设的制度传统在当下具有一定程度的非常态性，单位制小区难以建立统一清晰的、制度化的，厘清了个体产权人、单位公共产权人、政府之间权利义务关系的资金滚动循环机制。（2）与商品房小区中业主从入住开始便与开发商、物业公司形成市场条件下的合同主体关系的情形不同，单位制小区的职工住户在购买单位公房之后，虽然获得了业主身份，但既有的历史实践在居民心目中仍具备较大的合法性，依靠市场机制解决新问题的习惯难以建立。单位制小区居民仍在不同程度地获得单位提供的与居住相关的福利，如上文中提到的，有的单位提供楼道楼体维护费用，也有的单位承担小区内的垃圾清运费用，这使得小区住户在长期的居住实践中，形成了在享受单位福利供给的同时用较低的物业支出方式维持小区日常物业运行，或者在单位不再行使物业维护职能时忍受较低物业运行质量的习惯。在田野调查中可以发现，老旧小区居民需缴纳的物业费（或名为卫生费）标准远低于商品房小区，获得的服务为楼道卫生打扫、垃圾清运等基础项目，在单位无法继续承担物业费或者小区物业管理质量需要提升之际，物业费涨价的难度较大。此外，基于市场主体地位、出于主动维护房产市场价值和业主权益这类动机参与社区事务的意识也不及商品房小区业主。有学者在研究了不同类型社区居民的政治参与后发现，住房私有化对政治参与的促进更多体现在商品房小区中，"而在旧式社区中同样展开的住房私有化进程却并没有形成业主和非业主之间在社区政治积极性上的差别"，其区别在于，老旧小区的住房"原来由公共机构（单位或市房管部门）所有，现在仍有国家行政力量广泛渗入"（李骏，2009），可见传统的延续存在多面性。

三　单位制小区的分类

单位制小区依建成年代和空间形态可分为三大类：单一单位大院，多单位小区，1998 年国务院文件要求停止住房实物分配以后的新单位制小区。其中又可分若干小类，详见表 5 - 2。

表 5 - 2　单位制小区类型及特征

单位制小区类型	时间	空间	单位作用
单一单位大院	1998 年（不含）以前	单一空间内一个单位，延续多年	完全保持
			有所保持
			基本消退
多单位小区	1998 年（不含）以前	单一空间内多个单位，建筑物年代有别	有多数户单位，且仍在供给福利
			无多数户单位，部分单位仍供给福利
			无多数户单位，无单位供给福利
新单位制小区	1998 年以后	单一空间内一个单位	单位较好发挥福利供给作用
		单一空间内多个单位	单位较难发挥福利供给作用

　　首先，单一单位大院为单位制小区的理想型，依单位作用强弱可分为单位作用完全保持、单位作用有所保持和单位作用基本消退三种子类型。单位大院是单位制住宅的典型空间形态。以北京市城区住宅为例，政府部门、大型企事业单位聚集，单位大院引人瞩目，甚至形成一种被人称为"大院文化"的居住生态体，与新中国成立前老北京居民的"胡同文化"和"杂院文化"迥异。单位大院按规模大小表现为几种不同的空间形态，一种是军队、高校、大型企业等大型单位中的独立居住大院，与单位办公区大院相邻，是一个可自给自足的空间场所；一种是单位规模相对较小，职工住宅与工作场所聚集其中的混合功能大院（薄大伟，2014：144）。无论是办公区还是居住区，其空间内部又有进一步的功能区分，甚至形成院内有院的多层院结构（乔永学，2004）。可见，单位大院的典型特征是功能上的自足性和空间上的封闭性。相比多单位大院，单一单位大院的空间形态更为完整，建筑物规模、人员数量也更为庞大。20世纪八九十年代以来，单位制逐渐衰落、住房市场化不断推进，单位作用强弱在当下的单一单位制大院中有所不同。有的单位（例如军队）由于性质特殊，较大程度地保留了单位对居住小区的管理职能，也有的单位由于在经济社会变迁中一直拥有较强的实力（例如部分国家机关、高等院校），仍保持对职工住宅小区的福利供给。部分企事业单位因改制、重组、破产等原因，只能部分保持其对职工住宅中公共部分的维修维护供给。也有的单位已完全无力承担其作为住宅公共部分产权人的维护义务，单位作用基本消退。

　　其次，多单位小区的情况则更为复杂，在同一小区空间内，分布着不同单位分配的住宅楼，并且往往建筑年代不一。这类小区依空间分布格局和单位作用可分为以下几种子类型：（1）某单位所属楼栋和居民户数在整个小区中占主体，且该单位仍在供给福利。形成这种格局的主要原因是，该单位由于职工人数较多，单位在此拿地规模较大，该单位职工住宅楼在本小区的占地面积达到多数，其他单位在给职工分配住宅时，仅需要占用小区内剩余空间的部分楼栋，甚至部分楼层。住宅占多数单位如果仍在提供住宅相关福利，特别是涉及整个小区公共环境卫生、公共设施维护的福利，住宅占少数单位的职工也能搭便车享受到。（2）无多数户单位，即同一小区内的职工住宅所涉单位众多，不同单位职工住宅占据部分楼栋，甚至一栋楼内的部分楼层，从楼栋数量和楼层分布来看，无单位占主体地位。在所涉的多个单位中，部分单位对其管辖范围内的少数居民提供居住福利、承担维修维护职能，这类单位也只享有其管辖的部分楼栋、楼层公共部分的产权，并未对整个小区空间的公共设施加以承担。（3）从单位在小区空间内的分布来看，同上一子类型一样，一单位职工住宅仅占部分楼栋或者楼层，从数量上看无多数户单位，并且，与上一子类型不同的是，所有单位均因倒闭或其他原因不再供给福利。实际上，单位职工住宅数量少，多个单位共同占据一个小区的空间切割往往表明，这些企事业单位普遍规模较小，相对部分单位大院所属的强势单位来说，抵御社会经济变迁的能力较弱，更容易停止对以往职工的住房维护。

最后，如果说 1998 年以前的公房实物分配，属于老式的住宅单位化供应，并以此为基础，形成具有中国特色的单位制社会，那么在 1998 年之后，住宅市场化大背景下的单位化供应，不妨称之为新单位化住宅供应。1998 年之后，从中央到地方，各级党政机关和有资源有能力的企事业单位，以经济适用房为名义为本单位人员拿地建房，并以较低价格出售给本单位人员。

在此，有必要展开讨论新单位制住宅供应的政策背景。国务院于 1998 年发布《关于进一步深化城镇住房制度改革加快住房建设的通知》（国发〔1998〕23 号），总体上停止了全国范围的城镇单位实物分房，实现了住房分配货币化，但这并不一定意味着住房供应的完全商品化和市场化，该文件同时提出的是建立以经济适用房为主体的住房供应体系。但由于在当时的财政体制下，央地财权事权不对等，各地要依赖"土地财政"，在经济适用房建设上并不积极，进展缓慢。2003 年后，下发了《关于促进房地产市场持续健康发展的通知》（国发〔2003〕18 号），发展房地产市场的主题替代了城镇住房制度改革的主题，其指导思想是"坚持住房市场化的基本方向"，"不断完善房地产市场体系"代替了"建立以经济适用房为主体的住房供应体系"成为政策目标，更明确提出"调整住房结构，逐步实现多数家庭购买或承租普通商品住房"，改变了 1998 年进行房改时的政策方向。

与此同时，体制内单位（包括机关事业单位和大型国企）仍然寻求按照 23 号文而不是 18 号文的精神保障员工住房。23 号文发布后不久，中办、国办印发了《关于〈在京中央和国家机关进一步深化住房制度改革实施方案〉的通知》（厅字〔1999〕10 号），要求逐步停止实物化分房，提出用住房公积金制度和住房补贴来落实 23 号文要求的住房分配货币化，同时对建设经济适用房提出了 3 条具体措施。

（1）在一定时期内，国管局、中直管理局可统一组织建设经济适用住房，按建造成本价向在京中央和国家机关职工出售。

（2）有建房土地或对拥有产权的危旧住宅小区进行改建的单位，在符合城市规划的前提下，经有关部门批准，近期可利用本单位现有土地自建住房，按不低于同等地段经济适用住房价格向本单位职工出售。

（3）支持职工购买北京市向在京中央和国家机关职工提供的经济适用住房。

这些措施中的前两条后来一直被诟病为中央部委利用公权谋私利，其实在当时都是对国务院 23 号文的落实，只是因为地方政府在修建经适房上推动不力，第 3 条措施基本无从着落，"一定时期"和"近期"的过渡性政策才变成了长期政策，各地也全面效仿中央的这个"临时"政策。18 号文发布后，各地保障房门槛非常高，同时公务员按工资收入成了所谓的"夹心层"，没有办法向市场靠拢，因此仍然继续此前的"临时"政策。质言之，房改后"新单位制"住房供应是体制内强势单位利用特权坚持 23 号文精神，变通执行政府房改承诺的结果。

但是，由于单位提供经适房在合法性上始终处于尴尬地位，对单位建房、分房的正常监管也始终没有建立起来。特别是所建房屋的规格、接受房屋家庭的资格、单位内房屋分配的方式，越来越脱离 23 号文、10 号文对经济适用房的界定，单位自供房变成了福利房，不仅通过住房双轨制造成越来越大的社会不公，也造成严重的单位内分配不公。

2007 年，国务院下发了《关于解决城市低收入家庭住房困难的若干意见》（国发〔2007〕24 号），一方面强调城市政府对落实低收入家庭保障房建设的责任，另一方面对单位集资建设经济适用房进行了限制性规定。该规定对企业单位合资建房的条件限制，由于缺乏清晰标准，在地方政府的共谋下，[①] 基本失

---

① 地方政府参与共谋的动机，主要是中央下达的保障房建设任务重，而自己在"土地财政"机制下不愿意拿出土地和资金大量进行保障房建设。驻地单位自己集资建房，虽然房源基本不对外，但可以作为地方保障房建设成绩上报；而且更重要的是，这种供应边界清楚的保障房不会冲击商品房市场，不会影响市场土地价格。有专家称，"各地方上报的保障房数量中，至少有一半以上是由国家和企业员工福利房组成"（见《争鸣保障房监管：半数以上实为福利分房》，《21 世纪经济报道》2012 年 8 月 10 日）。地产界知名人士任志强甚至指出，北京市 2005 年到 2009 年公开的土地供应量，70% 以上的土地用于建经济适用住房和其他政策性住房。然而，这期间面向社会供应的经济适用房的全部数量，加起来只有 7% 左右（见《中国证券报》2010 年 4 月 28 日）。

效；对单位内购房家庭是否符合购买条件也缺乏有力的监管措施；新得土地不能集资建房，但可以置换原来的办公用地，用后者来建房。① 这条规定唯一限制住的可能是国家机关不能自行建房，但强势的国家机关可以通过接受企业建房的"进贡"来间接享受单位集资建房的好处。②

"新单位制"住房供应除了 23 号文列举的两种方式外，还可以由单位出面在市场上"团购"，通过单位的资金实力为开发企业分担投资风险、降低营销成本，或者进行其他的"内幕交易"，③ 从而获得比市场价低得多的价格。有的单位更是对从市场上买来的住房进行大额补贴，低价卖给职工。

将近二十年过去了，当下的新单位制小区依单位力量强弱可分为两个小类，单一空间内一个单位，且单位较好发挥福利供给作用的小区和单一空间内多个单位，且单位较难发挥福利供给作用的小区。不同类别的单位制小区的治理主体强弱以及治理模式有所不同。

四 单位制小区的治理主体——单位、政府、居民自治组织、市场的力量强弱分布

单位制小区中的主要治理主体可分为单位、政府、居民自治组织、市场四种。从理想型来看，各治理主体按参与程度由强到弱分为高、中、低三档，此种区分有助于分析的展开，并非完全出现在单位制小区的治理实践中。

1. 单位

高：单位作为居住相关福利的供给者和居住小区内职工事务的管理

---

① 在京央企往往这样做。由于北京功能定位调整，央企厂房纷纷搬到外地或京郊，市中心原来的土地就可以用来建住宅。

② 例如，据媒体报道，某央企 2011 年在西二环附近盖好了两栋楼，打算把其中 20 套送给"分管部委"；另一央企 2012 年前后在北三环盖了 9 栋楼，打算把其中 2 栋送给"上级主管部门"（《反腐风暴下的"福利房"变局》，《华夏时报》2014 年 8 月 14 日）。

③ 典型的"内幕交易"方式是对承建企业经营业务的"肥瘦搭配"，即开发企业在承建委托单位的"经适房"项目时低利润、无利润甚至亏损，但委托单位通过自身权力或影响力为开发企业找到利润丰厚的其他项目来超额补偿（参见《福利房的权力杠杆》，《中国新闻周刊》2006 年 7 月 31 日）。

者。单位不仅提供居住相关福利，例如作为楼房公共部分的产权人承担公共部分的维修维护职能，为职工报销水、电、气、暖费用，承担小区公共空间的垃圾清运等职能，还将单位制的组织特征延伸到居住小区中，对职工管理、职工活动提供专门的人财物资源。

中：单位作为居住相关福利的供给者。单位作为楼房公共部分产权人承担公共部分的维修维护职能以及其他与住宅直接相关的福利，但不再提供其他人员物资支持参与社区治理。

低：单位由于倒闭等原因无法提供任何福利。单位既不参与社区治理，也不承担作为公共产权人的职能，提供居住相关福利，完全退出社区。

2. 政府

高：政府作为社区治理的主导者和裁决者。政府出于职责，在资金、人员等各方面全力承担社区治理责任。在已经房改的单位制小区中，住房已归私人所有，房主拥有基于私有产权基础上的各种相应权利，此时，政府作为社区治理主导者和裁决者的基础已不存在。

中：政府作为社区治理的代理人和部分公共设施的维护者。①在小区历史遗留问题较多、冲突性问题较多而本小区治理主体缺失或无力解决时，街道、居委会组织市场力量为该小区提供物业服务，联合政府职能部门（例如工商、税务、消防部门等）多次与居住在小区内的当事人协商解决。②市级、区级政府在统一部署下，运用财政资金对辖区内特定小区进行专项维护。专项维护的特点是，政府专门划拨财政资金，在特定年份针对特定类型的小区进行集中维护。政府作为治理主体的这种参与方式具有非常态性，与政府作为常规治理主体参与社区日常事务治理有所不同。例如，北京市政府2012年印发《北京市老旧小区综合整治工作实施意见》，决定"十二五"时期对全市1582个，建筑面积5850万平方米老旧小区开展综合整治。整治范围为1990年（含）以前建成的，建设标准不高、设施设备落后、功能配套不全、没有建立长效管理机制的老旧小区（含单栋住宅楼）；1990年以后建成的，存在上述问题的老旧小区，由各区县政府另行制定综合整治方案。整治内容为建筑物本体和小区公共部分。

低：政府作为基础社会事务的管理者和公共服务的提供者。街道和居委会代表政府实行普遍意义上的社会管理和公共服务职能，例如民事调解、社会治安、劳动就业、卫生医疗、计划生育、优抚救济、青少年教育、外来人口管理等工作。这是政府行使行政职能、参与社区治理的基础部分，与社区类型无关。

3. 居民自治组织

高：作为核心治理主体。单个居民自治组织作为主导性的治理主体，有专人从事自治工作，整合各种资源，组织居民对小区事务进行管理。例如，北京市部分单位制小区中的居民自治组织，发挥了以民主方式动员居民参与社区自治、对小区公共事务进行自我管理、沟通居民与单位以及居民与政府的作用。此时，自治组织不仅组织居民对公共事务进行民主决策，还组织人员对日常事务进行管理。

中：作为治理主体之一，但发挥作用程度有限。在街道、居委会的组织动员下，部分单位制小区成立了小规模的自治组织，但由于住宅楼所属单位分散、单位不发挥作用、人员结构复杂等原因，自治组织仅在较低程度上管理小区，自治作用的发挥不够充分。

低：无自治组织。既没有居民自发成立的自治组织对小区进行全面、统一的自我管理，也没有能在较低自治程度上发挥作用的自治组织，小区的公共事务的运行仅在最低程度上维持。

4. 市场

高：市场规则作为小区治理的主要机制之一。例如，商品房小区中，物业公司以市场规则对小区安保、环境卫生、维修等进行全面管理，业主需承担远高于传统单位制小区卫生费的物业费。北京市的老旧单位制小区较少引进专门的物业公司按照商品房小区的管理方式进行全方面管理。

中：市场机构为小区提供公共服务。引入专门的市场机构，对小区公共事务的某一方面进行管理。例如单位制小区委托停车管理公司对小区内的私人车辆进行管理，引进物业公司组织垃圾清运等，但不承担全方位的物业服务。

低：社区商业机构为私人居民提供有偿服务。社区家政、维修、养老护理等机构为私人住户提供相关有偿服务，这时，市场机构与居民个人之间产生市场交易行为，并未与居民共同体或其代理人进行交易。

五 单位制小区的治理机制

单位制小区类型、治理主体、治理机制和治理评价的对应关系如表 5-3 所示。其中，治理主体的参与程度以上文中所列高、中、低代替。

表 5-3 单位制小区的类型、治理主体、治理机制及评价

单位类型		治理主体				治理机制分类（共分 5 类）	治理评价
		单位	政府	居民自治组织	市场		
延续多年的单一单位大院	单位作用完全保持	高	低	低	低	1. 单位包办	民生 1，安全 1，尊严 1
	单位作用有所保持	中	低	高	低	3. 自治组织主导、单位协助	民生 1，安全 1，尊严 1
	单位作用基本消退	低	中	中	中	5. 主导主体缺失	民生 2，安全 2，尊严 2
建筑物年代有别的多单位小区	有多数户单位，且仍在供给福利	中	中	高	中	4. 自治组织主导、单位协助、市场参与	民生 1，安全 1，尊严 2
	无多数户单位，部分单位仍供给福利	中	中	低	中	5. 主导主体缺失	民生 2，安全 2，尊严 2
	无多数户单位，无单位供给福利	低	中	低	中	5. 主导主体缺失	民生 2，安全 2，尊严 2
新单位制小区	空间单元相对独立，单位较好发挥福利供给作用	高	低	低	中	2. 单位主导、市场机构协助	民生 1，安全 1，尊严 1
	空间单元不独立，单位较难发挥福利供给作用	中	低	低	中	5. 主导主体缺失	民生 1，安全 1，尊严 2

注：治理评价中，1 代表较高，2 代表一般。

从表 5-3 中单位类型和治理主体作用强弱的对应关系可见，治理机制可分为 5 类。

第一类单位包办社区治理，在延续多年的强势单位大院中可见。这类单位的性质特殊、封闭性较强、组织力量强大，历经了市场化浪潮的冲击和企事业单位改制之后仍基本延续了原有单位制的传统，不仅持续供给与居住相关的福利，而且通过组织力量对居住小区进行全方面管理。这类社区以部队大院这类性质较为特殊的居住院落为典型，与其他类型的居民社区区别较大，市场机构和自治机构的进入程度较低、进入难度较大。

第二类为单位主导、市场机构协助，见于单位组织力量强大的新单位制小区。与延续多年的单一单位大院不同，新单位制小区建于住房供给市场化改革之后，一方面单位通过争取资源建房，以多种方式提供给职工，另一方面，此时的单位主导不再意味着全盘包办，而主要是提供管理需要的经济资源，小区管理的部分职能，例如物业维护、停车管理等外包给市场机构。

"新单位制"住房的福利房性质，也影响到新单位制小区的治理。笔者调研的 H 社区，部分小区（大院）有程度不同的新单位制成分，其中单位能够较大程度发挥作用的为两个 2000 年左右建成的比较规整的"新单位制"小区（大院），N 院由两个央企共同建设和使用，E 院由附近的两个区级行政单位共同建设。此类小区，在治理上福利色彩比较浓。小区物业由单位聘请，实际上该物业企业也脱胎于建设单位的房管、后勤部门，本单位员工家庭的物业费由单位作为福利统一支付给物业企业。此类小区没有业委会，物业企业既承担物业服务功能，又在一定程度上代表单位对员工的居住生活进行管理服务。但此类小区面临的问题是，随着房产交易的不断发生，外单位人员不断入住，这部分人的权益保障在一定程度上处于空白。

单位能够一定程度供给福利的小区为 M 院，该院院内部分高层楼栋每一栋由一个单位单独购买。其管理方式为，首先空间上进行隔离，用栅栏把楼栋与小区其他部分隔开，并在入口处设置门禁；其次单位设一个传达室，派驻一个后勤物业人员全天值班，该员工除了提供维修等物业服务，还充当门卫和单位信息传递员。

从单位仍能较好地供给福利的新单位制小区可见，单位可视为小区治理的主导者，市场力量发挥协助作用。由于"新单位制"住房供应本身具有福利化性质，相关小区治理也存在明显的福利化倾向，或者物业费由单位支出，或者物业管理直接由单位提供。相应地，居民自治组织、业委会等居民自我组织形式几乎不存在。同时，由于缺乏计划经济时期街居制的群众自我管理传统，街道和居委会在此类小区中的渗透很薄弱。相比延续多年的老单位制小区，新单位制小区的传统力量较为薄弱。

第三类为自治组织主导、单位协助，可见于单位作用有所保持的单一单位大院。这类大院中，部分大院建立了居民自治组织主导小区事务治理，其中典型的自治组织由原有的家委会转变而来，单位制的制度传统以新的面目出现，此时的单位不再直接发挥组织作用，而是延续福利供给、提供不确定性资金支持的方式间接参与小区治理。

课题组田野调查中的 J 小区便为此类。J 小区为独栋单一单位大院，也是该街道众小区中治理效果良好的典型大院。院内只有一栋楼房，建于1993 年，为 F 单位向当时的处级干部分配的住房。独栋楼房构成一个居住小区，并且由一个单位管辖，这一空间形态的完整性、封闭性以及人员活动的密集性为社区自治的有效开展提供了有利的空间条件。F 单位为大型国有企业，历史悠久，现仍在运营中。截至 2014 年 11 月，J 小区共有住户 156 户，其中租房户 36 户，买房户 30 余户；常住人口 600 余人，其中单位老住户 400 余人，其余为新买房入住者和租房客。单位老住户均已退休。

J 小区的治理主体由居民党总支和居民组构成，现由街道统一称为邻里中心，形成了书记、主任、楼层长的人员设置。居民党总支 K 书记 2008年经居民选举上任，2007 年退休前曾在 F 单位从事 30 多年党务工作；居民组 T 主任 2009 年退休后上任，也曾在 F 单位工作 17 年。每层楼设一位楼层长，共 20 名楼层长，主要职责是定期清洁所负责楼层的楼道、清除小广告等。楼层长会议被视为该小区的最高权力机构，凡涉及小区治理的重大事项必经楼层长会议讨论决定，如召开过 3 次楼层长会议讨论院内机动车位使用及管理问题。

单位制的历史传统在单位干部能人治理的权威性和有效性、组织资源的持续提供、熟人社区的沟通成本低等方面为本小区的治理提供了有利条件。

（1）受人尊敬的老干部、长期共处的老邻居通过选举进入邻里中心这一治理主体，增强了治理主体的权威性。K 书记退休前曾在 F 单位从事了

30 多年党务工作，积累了丰富的工作经验和组织资源。任内制定和完善了居民组长责任制、楼层长责任制、例会制度、楼层长例会制度和文教活动室管理制度以及财务管理公示制度。书记采用召开座谈会、楼道内挂意见箱、黑板说明等方式就相关问题征求居民意见，并把工作情况多方式地告知居民。能人治理的特征体现在，能人不仅善于制定规章制度、厘清社区治理的流程，而且能够把握组织运作逻辑，坚持不懈地积极获取组织资源。K 书记戏称"会哭的孩子有奶吃"，在争取单位对楼梯维修资金支持时，直接向集团领导办公室提交申请。楼层长也多为 F 单位的老干部。K书记、T 主任和各位楼层长不仅是单位的老职工，还都是本楼的老住户，彼此熟悉信任，能够履行服务和动员居民的职责。

（2）在本地精英的争取下，F 单位持续提供组织资源，包括维修基金和其他零星的组织资源。2012 年，K 书记撰写报告请楼里居民集体签字后提交集团领导并多番争取，F 单位最终提供了 120 余万维修资金，用于装修楼内外墙以及楼顶防水保温，解决了私人住宅公共区域维护资金二次募集难题。大笔公共维修基金是老旧小区治理中最稀缺的资源，而 F 单位最终提供了这一资源，发挥了单位制小区单位对社区最有力度的积极作用。虽然住户中三分之一并非 F 单位的老住户，也搭便车享受了这一资源。此外，单位的工会、老干部处通过物质资源调拨等方式支持社区的文体活动和共同体营造。

（3）熟人社会的群体基础降低了群体动员的沟通成本。该栋楼的老住户均为 F 单位干部，既是多年的老同事，也是多年老邻居，构成了相互了解、互动紧密的熟人社会，这种多年延续的共同体意识为小区自治动员打下了良好基础。尽管小区住户中已有相当一部分为新购房业主和租房客，熟人老同事为共同体的主要构成这一延续多年的传统在一定程度上抵消了日趋增长的人员异质性。

另外，单位制的历史传统在未来是否能长久发挥作用存在不确定性，尤其是资源和能人供给的可持续性等方面存在挑战。F 单位对 J 小区社区治理的作用跟单位制全盛时期发挥的作用并不等同，单位的福利供给可称为有所保持，而不是完全供给。首先，单位大额维修资金供给是社区治理精英多番争取所得，并且单位供给能力跟企业的支付能力有直接关系。在调研中，K 书记谈到，争取到 120 万的维修资金得益于企业当年的经济效益，"要搁在今年就不行了"。单位提供的外部资源是基于单位产权基础和长期制度实践的历史合法性，但这种合法性在新住户不断入住和单位营利能力不稳定的现实条件下不再稳固。其次，单位不再是唯一的福利供给渠道，以街道办事处为代表的政府相关机构，针对特定类型小区进行专项投入，在该小区的治理中也投入了大量财政资金，用于硬化地面、更换自行车棚顶、修建地面排水设施、安装照明设备和棋牌桌，并且装修邻里中心、制作橱窗、购置办公家具，为居民自治组织提供办公条件，但目前自上而下的专项行动名义对老旧小区的硬件条件改善比较有限。此外，依托单位干部进行能人治理同样也是难以长期持续的。随着老住户、老职工的老龄化程度持续加剧以及新购房住户和住房户的不断入住，加上单位老干部年龄增大，难以有足够的体力和精力从事社区治理工作。

第四类为自治组织主导、单位协助、市场参与，在有多数户单位的多单位，且仍在供给福利的小区和单位力量消退的新单位制小区中都有出现。这一类与第三类的区别在于，当小区规模大、专职管理人员有限等情况出现时，小区的部分治理职能外包给市场机构，小区的自治组织和市场机构通过协商，在治理事务有效运转和所需成本之间寻找最优平衡，并将市场机构获得的一部分收入纳入小区公共事务的经费之中。

田野调查中的 D 小区便为此类。D 小区是四家单位的家属院，共 750户，常住人口 2000 余人，流动人口 500 余人。在 11 栋居民楼中，6 栋为 X单位家属楼，其余 5 栋属 3 个单位所有，均为国有企业或事业单位。X 单位家属楼的住户中，老员工占 2/3，剩下的已卖出或租出。

2011 年 D 小区开始实行准物业化管理，准物业委员会对院内的汽车、绿化、保洁、维修、治安进行综合管理，体现了自治组织的主导性。2013年 D 小区准物业委员会被统一命名为邻里中心，在街道统一安排的硬件投入下，办公环境和居民的活动区域得到改善。准物业管委会现有 2 名正式工作人员，均为 X 单位的退休职工。此外还有委员 7 人。另有 36 个楼门，各楼门一位楼门长，楼门长的职能为收取卫生费、督促门前三包等，工作形式为义务制，无收入。楼门长的人选为老年人中相对较为年轻且热心做事的居民。

单位协助作用在这一多单位小区中表现为，X 单位为主要单位，该单位作为国有事业单位的实力仍然维持至今，该单位仍在承担公共区域的部分费用，其他单位为非主要单位，实力和规模与 X 单位相比显得较为弱小。X 单位对 D 小区的跨单位福利供给主要体现在两个方面：一是承担每年数万元垃圾处理费。其他 3 个单位进驻本院之前，X 单位便已承担这笔费用。入驻以后，仍按历史方式处理，尚未改为共同承担。这与 X 单位与其他单位在本院的历史合作有关，曾有 X 单位在本院出地，某一单位出资为双方盖楼。二是提供私人住宅设施维修的人力资源。楼体、管道、公共设备由各单位派人维修，入户维修则由 X 单位维修队承担，私人承担费用。由于 X 单位的办公楼临近本院落，小区跟 X 单位维修队协商，有维修需要时，到场维修，公共区域不收取费用，但户内维修依价格表收费。提供稳定的维修人力资源，这也是单位对小区的一种支持，节省了单位选用维修工人的时间和经济成本。

由于单位仍在发挥资源供给的作用，本小区中市场力量的参与为中等程度，自治组织用低成本的方式在特定领域引入特定市场力量，而并未将物业维护全部外包。首先，D 小区楼房、户数及人口数更多，相应地，物业维护（包括保洁、维修、绿化、车辆管理等）所需的资金支出更多。邻里中心（准物业管委会）的做法是，收取居民上缴的卫生费雇两位保洁员和一位绿化员。此外，私人汽车拥有量相比 A 院更多，这也直接增加了管理难度。由于邻里中心只有两位专职工作人员，没有余力管理全院车辆，管委会将大约 70 个停车位的停车管理外包给公司，将返还的 1.5 万元管理费用于绿化维护。绿化耗资也是小区公共空间物业维护的一笔大额支出，包括种草，买割草机维护，种树养树，买剪枝机等机器，浇水，秋天清运枯树枝等，由雇用的绿化员负责。此外还修建凉亭供居民休闲娱乐。

在传统对单位制小区治理的影响这一问题上，同为单位制住宅小区，D 小区与上文中的 J 小区存在相似之处。单位人的熟人社会属性降低了管理难度，邻里中心的治理精英从单位进入社区，有效地承担了管理职能。此外，D 小区准物业管委会委员表示，随着聘请的保洁员、绿化员工资上涨，未来面临不断上调卫生费的压力，小区居民因多年来适应了缴纳较低卫生费用，不容易接受该费用上涨。

第五类为主导主体缺失，见于虽部分单位仍供给福利但无多数户单位的多单位小区，既无单位供给福利，又无多数户单位的小区以及空间单元不独立，单位的福利供给作用难以发挥的新单位制小区。由于小区内单位构成分散，且没有数量占多数的居民来自某一家仍能发挥作用的单位，无法运用原有单位制的组织传统，再加上单位分散、弱小，权属和责任分割，无法发挥主导作用。而单位组织传统难以发挥作用时，自治机构也难以建立，进一步使得合适的市场力量难以引入，这时小区内容易出现治理主体缺失，只能依靠居委会干部设法在最低程度上维持该社区的公共服务。

以笔者调研的新单位制小区 I 小区为例，该栋楼由多个单位购买，每个单位购买两层至五层不等，社区干部称之为"多产权单位楼房"。在这种情况下，单位无法提供单独的服务，只能依托小区的整体物业服务。该楼房由一个物业公司提供整体物业服务，但是服务项目不多，包括保洁、楼面外立面的保养，但由于空间不封闭，不提供保安服务，相应地，物业费也较低，由各自单位负担，这使得该栋楼的卫生、治安状况都不够理想。

多单位住宅聚集在同一小区空间，且无多户数单位的格局可以视作以空间形式体现的单位制传统的一大劣势。尤其是当多个单位职工共同居住于一座住宅楼时，首先，公共部分涉及的产权单位多，实力有别，有些单位甚至已不复存在，对楼内居民的福利供给存在差异，有的单位仍为职工承担物业费，全楼缴费不统一的情况增加了物业公司收取物业费的难度；其次，楼内公共设施如电梯、管道等具有不可分割性，在涉及公共设施维修等问题时难以获得统一的方案，而监管部门规定，更换电梯等行为必须获得所有产权单位的同意；最后，由于住户不集中在单个单位，熟悉程度低，在受到出租、出售的影响之后，更难以形成有适当规模的老单位住户群体，向单位争取资源。因此，多单位楼房的空间分割与单位弱势共同导致治理上的困难。

六 单位制小区的治理评价

小区类型、治理主体、治理机制和治理评价的对应关系如表5-3所示。表中对延续多年的单一单位大院和新单位制大院这类单位力量仍然较为强大的居住小区内的治理评价较高，小区的民生、安全、尊严均处于较高水平；多单位小区内的评价标准则与是否有占主体地位的单位以及单位力量强弱有关，在无多数户单位的多单位小区中，民生、安全、尊严的评价均处于中等水平，低于单一单位大院和新单位制大院。

单位制小区的治理机制及治理评价可以概括为：单位主导以及居民自治组织主导、单位协助的单位制小区的治理评价较高，因为单位继续发挥了福利供给的作用，降低了居民需为物业维护承担的成本，居民不需要按照市场规则承担费用，并且治理主体的组织相对有力，治理的推进相对稳定。相比之下，多单位小区在单位权属分割、无主导单位时，治理主体缺失，小区治理评价降低。首先，单位的变迁乃至破产或者多单位权属分割、责任模糊使得房屋公共部分的维护出现了责任主体缺失；其次，单位福利和单位组织功能的退出与居民在历史上曾经不同程度享用福利的传统习惯之间出现了悖谬的情况，老单位住户被动地转向了业主，难以接受按市场规则管理小区的安排，承担比居住福利时代高出一截的物业维护费用，因而市场机构难以进入；再加上由于多单位小区内的人员异质性强，难以形成自治组织，共同导致了此类小区治理主体的缺失和治理评价水平一般。

七 讨论

总结上文的分析可见，单位制小区的传统是单位制小区治理机制的重要基础条件。传统可概括为结构性特征和精神习性两方面，结构性特征指的是资源供给、组织基础和群体生态三个方面，分别表示单位给职工提供跟居住相关的福利，单位的人事组织基础为社区能人治理的权威性提供了保障，单位制小区的老邻居老职工长期共处形成了熟人社会；精神习性方面的传统则表现为两个方面，一是集体主义传统，二是居住服务的市场化意识淡薄。

单位制小区的传统、单位力量强弱和小区的空间形态三者共同影响了治理机制的形成，详见图 5-1 所示。首先，传统保留加上单位实力强，并且空间未造成稀释作用时，第一类和第二类治理机制形成，分别是单位包办社区治理以及单位主导社区治理、市场力量协助；其次，传统保留、单位实力减弱、空间形态完整有力时，自治组织发挥主导作用，这是第三类治理机制；再次，传统保留、单位实力减弱并且空间稀释作用发生时，适用的是第四类治理机制，即自治组织主导，市场力量协助；最后，当传统中仅有居住服务的市场化意识淡薄这一精神习性保留，而其他有利于社区整合的传统不再发挥作用，此时单位作用已消失，再加上分散的空间造成的稀释作用，社区治理无主导主体，职能在市场力量的协助下在较低程度上维持。

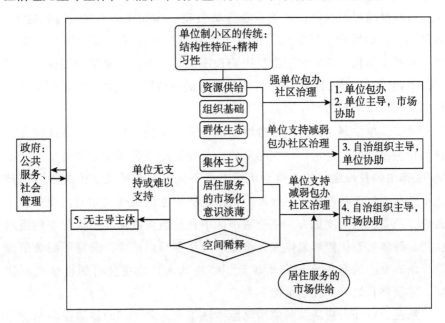

图 5-1　单位制小区的传统及治理机制

基于以上分析，可进一步探讨的问题包括以下几个方面。

第一，从资源禀赋来看，单位制住宅在房改以后经历了产权变更，但住宅公共部分的权属问题较为复杂，再加上单位自身的改制、变迁，使得单位、房改后已购房职工、从市场上购买已购公房的业主之间的权利义务关系远比商品房小区中基于业主私人产权的情况模糊。《北京市职工购买公有住宅楼管理办法》规定，将公有住宅楼房出售给个人时，"计算共用建筑面积，应将电梯间、电梯工休息室、配电室、高压水泵房、设备层、地下室、楼房内供暖锅炉的建筑面积扣除"。[①] 而商品房的公摊面积则包含

---

① 《北京市职工购买公有住宅楼管理办法》，1992 年 5 月 30 日北京市人民政府京政发 35 号文件，根据 2007 年 11 月 23 日北京市人民政府第 200 号令修改。

这部分，可见公有住宅出售以后，公共部分的所有权与商品房住宅存在不同之处。该文件还规定："职工购买的住宅楼房，供暖费用、燃气设施维修更新费用的收取，按职工承租公有住宅楼房的办法执行。电梯、高压水泵的运行、维修及更新费用，由售房单位负担。"可见单位在公共设施上的责任。对于中央在京单位已售公房，国务院机关事务管理局也规定了原单位在没有约定的情况下需承担部分物业费用。"对于购买公有住房的职工，其与原房屋产权单位在物业服务费负担主体和收费水平上有约定的，从其约定；如果没有约定的，仍由职工和原产权单位共同负担物业服务费，即职工承担区域清洁卫生费用和秩序维护费用，其余的费用由原产权单位承担。"[①] 这是制度改革不完全导致的历史遗留，实践中随时间变化出现的新问题不断与之产生摩擦。

第二，单位制小区有效的自治组织是基于单位制传统，包括结构性特征和精神习性两个方面，建立起来的，与商品房小区基于业主身份这一市场/法律主体身份建立的业委会组织有所不同。随着单位制传统随时间推进不断减弱以及新购房业主搬入，自治组织成立的难度实际上比商品房小区成立业委会的难度更大。单位制小区中自治组织既需利用传统中的组织优势、群体生态优势和集体主义价值观的留存得以成立，又需不断突破传统、培养业主的身份意识和市场意识、将新入住业主整合到社区共同体中，才能将自治工作长期维持下去。

第三，市场力量是在弱的结构性传统下介入的，同时遭遇强的精神习性传统的对抗。当单位作用逐渐减弱，自治组织强大且空间形态集中有利时，对市场力量的依赖并不大，然而当自治组织力量有限，尤其是空间形态分散、居住人员规模较大时，必须依赖市场力量协助解决小区治理中的停车、清洁等问题。然而，尽管房改以后职工身份已向业主身份转变，但传统的购买居住服务的意识淡薄，精神习性的转变需要经历较长时间。此时，对市场力量的依赖和市场意识的淡薄之间形成了张力，这构成了单位力量减弱、空间形态复杂的老单位制小区的核心治理难点，反过来，这种难点对自治组织的有效运行带来挑战。未来，对单位制小区而言，需在自治组织培育的基础上，结合小区情况，与市场机构开展适度合作，渐进式

---

① 国务院机关事务管理局：《央产房上市相关政策解答》，http://www.ggj.gov.cn/zfggs/zfggs-fwjy/201202/t20120210_276746.htm，2012年2月10日。

地推进市场机构在小区治理中的辅助作用。

第四，从社区自治的角度看，政府是单位制小区中弱传统的补救者，同时，政府作为公共服务的提供者和社会管理的主导者，对社区治理施加影响。当单位制的传统只剩下居民的市场意识淡薄这一类并且空间形态复杂不利于居民整合时，自治组织难以建立，此时，代表政府的街道和行使部分政府职能的居委会发挥补位作用，协助聘用人员或小规模市场机构，维持最低程度的物业水平。此外，政府也会以专项整治的方式，集中提供财力对符合其政策范围的小区加以整改，此时，政府在小区治理中的作用与社区自治机构自下而上的治理不同，是以行政指令的方式自上而下统一推进。在单位制小区的治理中，由于已房改住宅的产权已归个人所有，小区治理主体应为基于该产权身份的业主和业主联合组织，政府需肯定自治组织的主导作用，厘清历史政策的空白和不明之处，创造宽松的宏观政策和法律环境，引导自治组织发挥职能，同时，在提供公共服务和实行社会管理时，充分考虑社区自治的需要。

参考文献

薄大伟，2014，《单位的前世今生——中国城市的社会空间与治理》，柴彦威、张纯、何宏光译，东南大学出版社。

陈荞，2014，《百个老小区将试点自治，试点小区将获至少 6 万元补贴》，《京华时报》3 月 21 日。

郭于华等，2012，《居住的政治——B 市业主维权与社区建设的实证研究》，《开放时代》第 2 期。

李骏，2009，《住房产权与政治参与：中国城市的基层社区民主》，《社会学研究》第 5 期。

乔永学，2004，《北京"单位大院"的历史变迁及其对北京城市空间的影响》，《华中建筑》第 5 期。

第六章

老旧街区社区治理的案例与分析
——以 DZL 街道为例

北京旧城大量存在的老旧街区保留着不同社会历史时期的文化和建筑，是北京作为历史文化名城的重要组成部分，记载着北京城的兴衰起伏。从新中国成立初期的古都风貌保护渐渐让位于城市建设，到改革开放后尤其是 20 世纪 90 年代，北京老旧街区处于大规模的改造阶段，街区传统面貌发生了较大改变。随着城市化进程的推进，通过吸取以往不同发展阶段的经验教训，北京市加快了老旧街区保护和更新改造的步伐，保护和更新改造的理念、内容、方式和方法都在发生变化。随着保护思想的转变，当前，北京老旧街区在注重传统物质层面保护的同时逐渐转向对人文、社会层面的关注，发挥多元主体作用，建立"公共参与"的长效机制，通过加强整体保护，推动老城功能重组。

一　新中国成立初期的古都风貌保护
渐渐让位于城市建设

老旧街区所在的旧城是北京城市的核心地带，作为首都功能核心区承担了政治、经济、文化等诸多重要的城市功能，也是北京市人口居住密度最高的地区。新中国成立初期，国家经济建设刚刚起步，北京市的房屋和人口问题并不十分突出。面对"梁陈方案"和以旧城为中心的城市建设，北京总体规划确立了以旧城为中心的发展战略，充分利用老旧街区内的传统建筑，在旧城改造的基础上建设新首都。在国家财力有限的情况下，北京市政府将城市建设的重点集中在市政建设、道路交通、大型公共建设等方面，对住房的建设和维护则放到了次要地位。

自 20 世纪 50 年代开始，北京几次编制和调整城市总体规划，在 1957 年和 1958 年的北京城市总体规划编制中，提出保护北京城的古都风貌，要求"对古代遗留下来的建筑物采取有的保护、有的拆除、有的迁移、有的改建，区别对待的方针"（北京市规划委员会，2004）。此时针对古都风貌保护的争议，突出集中在牌楼和城墙的存废，建筑物的外观和样式等几个方面。但在贯彻 1956 年中央成都会议精神的形势下，明显加快了旧城改建速度的部署，主要采用就地改造、插建和占用空地的方式，在一些王府和保存较好的四合院，着手成立各级行政办公机构。大量的行政办公职能安排在北京旧城区，传统的历史街区风貌开始发生变化。这一时期，大量的历史街区和文物古迹场所被占用，成为国家部门和单位用地、教育科研用地和工业用地。在明确的政策导向指引下，北京作为生产性城市开始大力发展工业。"新中国成立后的 30 年北京的工业以每年 19% 的速度递增，覆盖冶金、矿山、化工、印刷、医药等行业……开始出现了数千个街道工厂，分布在城市居民区中"（陈军，2009），以就近解决居民的就业问题。随着大量居民进入旧城，北京历史街区开始新一轮的社会变革。

随着城市建设进程不断推进，城市建设政策也在不断调整，保护北京城古都风貌的政策取向，不得不让位于城市经济建设的需要。从 1949 年新中国成立到 20 世纪 60 年代初，北京市为进行国家经济建设，共迁移居民 52000 余户，基本上做到了及时安置，对群众反映的拆迁安置问题进行了回访和妥善解决（陈荣光，2005）。从新中国成立初期到 20 世纪 60 年代中期，尽管政府期望能通过历史街区的改造提高居民生活水平，但由于客观条件和公共财力的限制，真正实施改造的只有十年国庆工程的少数地段，建设总量相对较小。

20 世纪六七十年代开始，随着城市人口的增长，北京住房需求激增，一系列以解危解困为目的的应对性住房建设项目应运而生。政府采取经租房等方式，将大量新增人口安置并挤进私人住宅和院落。随着人口持续增长，特别是大量"知青"返城后使住房变得更加困难，政府只好鼓励单位和居民采用见缝插针、"滚雪球"等方式，以房屋加建、改建等增加容积率的方式来解决居住问题，并大量搭建简易楼房。由此，传统的老旧街区一点点被挤占，胡同四合院也慢慢演变成大杂院。由于对老旧街区的保护理念得不到真正的落实，这种局部性蚕食逐渐扩大，不断改变着北京城原有的城市空间布局，城市风貌遭到一定程度的破坏。房租低廉，很难做到以租养房，房管部门只能勉强维持运转，老旧街区内市政基础设施紧张，居住矛盾开始显现，危房大量增加，加剧了街区建筑密度和风貌损毁程度，增加了拥挤程度和保护难度，也为以后的大规模危旧房屋改造埋下了伏笔。

新中国成立之后的前30年，在首都北京的各类城市规划中，受各种因素和条件的制约，对老旧街区保护理念不是很明确，对历史文化资源的重要性缺乏充分的认识。在这个时期，北京旧城形成了日后社会结构和空间结构的基础，城市中心的功能开始多元化，但由于城市建设的总体规模有限，老旧街区整体风貌变化不大。在1982年的国家总体规划中，国务院公布了第一批24个历史文化名城的名单，北京市排在首位。总体规划明确指出："对古都风貌的保护不仅要保护古建本身，而且要保护其周围环境，还要从整体上考虑保护北京特色。"（北京市规划委员会，2004）但此时的保护对象还更多表现在文物保护方面，新中国成立30年以来缺乏保护意识的应急式改造，导致历史街区出现了大量的危旧房屋。随后不久，北京城便开始更大规模的城市建设和改造。

二　20世纪80年代末至90年代，北京城大规模的危旧房改造

北京老旧街区整体大规模改造始于20世纪80年代中后期，这是改革开放以来北京旧城更新改造的第一个阶段，也是由政府行政干预的大拆大建时期。此时老旧街区的突出矛盾是房屋面积、数量与功能不能满足日益增长的居民需求，街区居民强烈要求住房改造。"到了1980年代，北京旧城的建筑存量已经从解放初期的1000万平方米，发展到了3000多万平方米。"（董光器，1998）"旧城的平房四合院内的违章搭建建筑，也使原来50%左右的建筑密度增加到了70%甚至更高。"（Zhang，Jie，1997）政府也试图通过改良建筑形式和改善基础设施，提高人均居住面积，进而提升

居住质量。

1986 年，在国务院公布第二批历史文化名城之际，历史街区的概念也正式出台，随之而来的是全国各大城市对于老旧街区的保护和改造热潮。1987 年左右，东城区菊儿胡同、西城区小后仓和原宣武区东南园三个典型街区，率先作为危旧房改造的试点，拉开了北京老旧街区更新改造的序幕。这些试点项目由政府主导，非常注重社会效益，但由于资金有限和进展缓慢，更新改造的规模并不大。从 1988 年起，我国修改宪法和土地管理法，承认土地出租合法，土地使用权可以转让，尤其是 1990 年以后土地作为生产要素进入市场，对于城市建设和发展产生根本性影响。随着我国"城市革命"的来临，北京经济社会进入了快速发展阶段，资本市场展现出前所未有的活力，房地产市场开始兴起，老旧街区也因此进入了整体性大规模更新改造时期。

伴随着土地使用制度的变革，在政府与资本市场的主导下，北京旧城区位优势越发明显，成为房地产开发商纷纷争夺开发的"黄金地段"。而在 1990 年的北京市旧城危旧房屋中，危房约占 1/3，政府为了吸引资金和改善城市面貌，也急需建设和改造旧城，正是在这样的背景下，拉开了北京市大规模危旧房改造的序幕。与此同时，老旧街区保护的序幕也在旧城拉开。1990 年，北京市政府将旧城包括的南锣鼓巷、什刹海、国子监等在内的 25 个街区，划定为历史文化保护街区，并提出了保护与改造的具体要求，这一举措被称为"国内首创"（单霁翔，2015）。随后，一系列历史文化街区保护规划相继出台。1993 年北京市政府推出城市总体规划，第一次比较系统地编制了历史文化名城保护方案，从文物保护单位切入，到历史文化保护区，再到历史文化名城的整体保护，共三个维度层层展开。这次的城市规划虽然是保护理念的一次重要提升，但是与 20 世纪 90 年代大规模的危旧房改造相比，老旧街区的保护工作依旧进展缓慢，更多还是停留在图纸规划层面，其改造速度和规模远远超过保护的力度。

"自 1990 年至 2000 年，北京市累计开工危改小区 168 片，竣工 53 片，竣工面积达 1450 万平方米，拆除危旧房屋 499 万平方米，动迁居民 18.4 万户，累计完成投资约 469 亿元。"（宋晓龙，2006）"危改逐渐演变成对北京旧城的大规模商业性房地产开发，改造目标也发生了从'人'到'土地'的深刻转变。"（方可，2000）尽管这一时期旧城大规模改造的出发点，是为了改善老旧街区居民的生活条件，也在一定程度上解决了老旧街区的居住面积、居住质量和居住环境等方面的尖锐矛盾和问题。但从历史风貌保护的角度看并不理想，一大批割裂城市历史文化传统的多层建筑拔地而起，破坏了历史街区传统的街巷格局、空间肌理和建筑形态，造成了传统文化的断裂和独特性的丧失。

"开发带危改"一般都采用货币拆迁的方式，老旧街区内被拆除的危旧房屋多改为商业金融用地，居民被动接受决策和安排，大量居民不得不迁到城外，或回迁至拥挤的高层高密度楼房。这一做法背离了改善街区居民生活条件的初衷，消解了老旧街区原有的居住形态、人口和社会结构，引发了街区居民与政府、开发商之间的矛盾，遭到了部分居民的抵触。与此同时，各老旧街区保护与改造的力度和程度并不一致，其结果就是街区现有的居住和生活条件参差不齐。居住人口最密集的大片老旧街区，因为开发难度大，改造成本过高，加之商业价值低，迟迟未能得到有效改善，导致街区居民整体生活环境进一步恶化。

20世纪90年代以来，在政府与市场主导下，北京老旧街区的改造盲目借鉴西方国家的城市建设经验，忽略了对历史文化和人文、社会环境等因素的考虑。大规模改造导致大面积保存完好的街区被成片拆除，街区风貌的整体性遭到极大破坏，造成了不可修复的文化损伤。老旧街区原本构成了居民生活多元化的公共空间，充满活力和生机，但"千城一面"的结果是丧失了老北京的传统文化气质。尽管打着复兴传统文化的旗帜，但对传统文化进行片面商业化的改造，产生了诸如酒吧街、商业旅游街等许多变异的街区。20世纪50至70年代，伴随老旧街区改造进入旧城的多为行政机构，而90年代以来以大拆大建为特征的老旧街区改造，涌入的则是大量的商业和办公建筑。商业和金融机构高度聚集，导致大量商业经济活动引入旧城，使旧城的功能定位日趋模糊，不仅加剧了老旧街区的拥挤程度，也给保护和发展带来了不利影响。

北京老旧街区不分"危"、"旧"，统一规划，成片拆除重建的大规模改造方式，一直延续到21世纪初。在日益增长的文化保护和社会保护的双重压力下，历史街区更新改造中涉及的人口与社会问题越来越受到广泛关注。以往的大规模改造模式饱受争议，举步维艰，促使政府、社会和学界展开反思，文化保护并不仅仅是形式上的历史建筑保护，还需要关注生活在其中的居民。随着保护思想的转变，老旧街区在注重传统物质层面保护的同时，逐渐加大对人文、社会层面的关注，老旧街区更新改造也进入了居民参与、注重文化复兴和社会治理并重阶段。

三　2000 年至今，推动老旧街区传统文化再生产和社会治理

跨入 21 世纪后，随着城市化进程的不断推进，北京先后提出了建设国际化大都市和"世界城市"的目标，迫切需要城市建设进入一个高水平发展阶段。历经大拆大改，从 1949 年到 2005 年间，旧城内胡同数量急剧减少，四合院的面积从近 3/4 减少到不足 1/3（欧阳文等，2012）。老北京的胡同到 2003 年仅剩 1571 条，到 2007 年剩 1243 条，到 2009 年只有不足 1000 条（崔健，2009）。经过近半个世纪的演变，老旧街区的老住户逐渐分化为由不同社会阶层、不同经济条件的人构成，各自按需求私搭乱建的房屋，其规模大小不一，质量和档次各有差距。随着旧城房屋的衰败与人口膨胀，老旧街区不同程度上出现衰败迹象，原住居民呈现出老龄化和贫困化特征，局部街区出现绅士化现象，社区发展缺乏活力。老旧街区的破落状况已经严重滞后于北京经济社会的快速发展，无论从维护城市风貌还是从改善民生需求的角度，北京历史街区新一轮的保护和改造都已刻不容缓。

北京历史文化保护区的概念自 1993 年开始明确，1993 年、1999 年、2004 年前后几次编订保护规划，划定了北京旧城内 33 片历史文化保护区。以 2005 年为分水岭，2005 年之前属于北京老旧街区大规模改造阶段，2005 年以后，在吸取以往经验教训的基础上，北京市从根本上调整了危旧房屋改造的思路和方式，取而代之的是多样化的人居环境建设和对历史街区可持续发展的追求。2005 年 1 月，国务院批复了《北京市城市总体规划（2004～2020）》，3 月，北京市出台了《北京历史文化名城保护条例》。随着保护条例的出台，北京市停止了延续多年的以拆除为主要方式的危旧房屋改造，整体保护改造思路逐渐明确并达成共识。由此，北京市旧城整体保护首次被当作政策法规予以明确，"政府主导，保护为主"的思想逐步确立。

随着对城市属性和老旧街区治理思路的逐步明确，在新的城市总体规划指导下，2006 年出台的《北京旧城规划》，进一步从法律法规上保障了对历史街区的整体保护方针。2010 年 10 月，北京市成立了北京历史文化名城委员会，标志着北京老旧街区的保护和改造工作进入一个新的发展阶段。此后，北京老旧街区的保护和更新改造，开始将空间形制与特定的地方社会结构有机结合起来，以期实现北京地方文化的再生产。这一阶段在老旧街区保护和文化重建的基础上，对社会治理提出了更高的要求，这也是北京市委市政府近年来着力试图解决的重点问题之一。为此，北京市纷纷推出了各种社会治理的新实践，如西城区在什刹海、白塔寺和 DZL 三个街区开展的人口疏散、腾退和改造的试验。其中，尤以 DZL 街道的更新改造最为典型。

四　西城区 DZL 街道的个案调查研究

（一）DZL 反映了北京城变迁的历史文化痕迹

DZL 是北京旧城中重要的历史街区，也是北京城市文化多样性和悠久历史的重要组成部分，它代表的不仅是老北京市井商业街区和古老的城市肌理，还有更加丰富的历史文化内涵。历史上，DZL 的形成发展与北京城的建立和不断扩延基本同步。作为北京城最早的商业区，DZL 建于明代永乐十八年，至今已有近 600 年历史。自明朝开始，这里就成为了各地物资流通、信息人员交流的中转站，形成了独具特色的商业文化。清末及民国以来，DZL 地区成为北京城综合型的商业中心和金融中心，商业文化、戏曲文化和会馆文化在此得以汇聚弘扬。社会的安定、商业经济的繁荣、文化的发达为 DZL 的繁盛提供了适宜的生态文化环境。这片方寸之地成为了老北京城乃至全国数一数二的繁华区域和商贸中心。

解放后，DZL 仍一度是北京最繁华最具传统特色的商业街。至今保留着瑞蚨祥绸布店、同仁堂药店、六必居酱园、内联升鞋店、张一元茶庄、亨得利钟表店、庆乐戏院等京城百年老字号。DZL 附近的廊房二条、廊房三条、钱币胡同、劝业场等还基本保持着原有老旧街区胡同的空间特色，并有较多的历史遗存。新中国成立之后，城市改造陆续开始。1958 年北京市政府将正阳门外西南侧的一块地域正式定名为 DZL 街道。1965 年前后，北京市对 DZL 地区进行了一次大的整顿，将部分胡同或是对名称进行了变更或是将一些街巷进行了合并，大体形成了我们现在看到的 DZL 地区的街道面貌。

经过了几百年的沉浮，DZL 逐渐没有了昔日的繁盛。DZL 的衰落，外界关注更多的是其经济上的衰败，而忽略了它所沉淀的历史和文化内涵。在那些四通八达却又封闭的胡同和四合院中，宽窄各异的胡同所联系的不仅是四合院，还有居住在胡同院落中形形色色的人们，大人物的悲欢离合，小人物的喜怒哀乐都沉浸在胡同里。人和胡同、四合院相互辉映，相互融合，最终构成了一个古老的北京城。旧城改造改变了老北京的风貌，在推土机下一片片历史街区被推平，包括胡同和四合院在内的很多传统建筑被写上大大的"拆"字。城市文化空间遭到破坏，随之而来的是社区关系网络和文化记忆的渐行渐远，以及城市记忆的消失。

（二）DZL 街道社区结构的现状与问题

2014 年 3 月，清华大学社会学系 DZL 社区营造团队开始了在西城区 DZL 街道的调查活动。DZL 街道共有 1.26 平方公里，有 DZL 西街社区、三井社区、延寿寺社区等 9 个社区。2013 年底，DZL 街道办事处在辖区内开展了基础性的房屋人口普查工作，包括对房屋的产权性质、居住状态以及人口的年龄、户籍、工作单位、居住地、居住性质等基本信息的调查。截至 2013 年底，除了前门西河沿社区，DZL 街道其他 8 个社区的人口合计有 27417 人。其中，有 1663 人不常在此居住，529 人属于腾退状态，两者共计所占比例约 8.1%。因此，DZL 街道这 8 个社区的实际常住人口约为 25225 人。若加上前门西河沿社区，可以推测 DZL 街道的常住人口约为 3 万人，人口密度约为 2.3 万人/平方公里。

常住人口是由人户同在、人在户不在（指北京户籍的人）与外地流动人口三部分人群组成。在 8 个社区的 25225 人中，人户同在的北京户籍人口有 12532 人，占 49.7%；人在户不在的本地人口有 4396 人，占 17.4%；外地流动人口有 8297 人，占 32.9%。其中，外地流动人口又以煤市街东社区和三井社区为最多，这两个社区所在的煤市街和延寿街两条商业街聚集了大量从事小买卖的外地流动人口。本次调查研究主要针对 12532 个人户同在的本地人口和 8297 个外地流动人口这两个群体进行分析和阐述。

在统计资料的基础上，本章以访谈材料作为基本论述的补充。2014 年 3～5 月，清华大学社会学系 DZL 社区营造团队在三井社区的耀武胡同进行了深度访谈。耀武胡同有院落 43 个，登记户籍 152 户，每个院落平均约有 7 户。清华社区营造团队深度访谈了 27 户（约占户数的 1/10），其中几户访谈多次，1 户拒访。对耀武胡同居民进行的深度访谈，集中关注五个问题：（1）生计的问题，包括居民家庭的人口情况、工作状态、个人及家庭收入、日常生活及开销，等等；（2）对未来生活的想象，包括居民对自己的私人空间、胡同公共空间、是否愿意搬迁或腾退、平移等诸多问题的看法；（3）在地生活，也即是居民的街角生活、胡同人一天的生活轨迹，包括工作、休闲、交往、人际关系、与居委会的关系，等等；（4）社会组织的进入和运作情况；（5）本地人与外地人间的关系。这些定性访谈材料将作为定量分析的重要补充内容，以弥补统计数字存在的不足。

1. 年龄结构：本地人的老龄化与外地人的年轻化

对 20462 人（占总体的 81.1%）的年龄进行分组统计，DZL 地区常住人口平均年龄为 46.5 岁，众数是 51 岁。对比外地流动人口，年龄特征表明本地人与流动人口之间的巨大差异。

本地人的平均年龄是 52.5 岁，老龄化现象严重。同时以 50 岁到 65 岁的中老年人为主体；而 30 岁到 50 岁这一年龄段的人群数量锐减，如图 6-1 所示。从具体比例来看，65 岁以上的老年人口占 20.1%，其中 75 岁以上的高龄人口占 11.6%，高龄人口中女性所占比例较高。对中年人群来讲，50～55 岁的人口数量占 15.7%，55～60 岁占 16%，60～65 岁占 11.4%。青年人口数量锐减，30～35 岁人口数量仅有 6%，35～40 岁人口数量最少，仅占 3.9%，40～45 岁占 4.4%。

本地人口老龄化严重、青年人口数量锐减的年龄结构，与大量年轻人搬离 DZL 地区有密切的关系，而留下来的一般都是经济上弱势的群体。

流动人口的年龄结构与本地人口相反，呈现以青壮年为主的特征，如图 6-2 所示。流动人口的平均年龄是 37.4 岁，主要集中在 20～50 岁，占流动人口的比例为 80.8%。其中，25～30 岁的人数最多，占 18.7%，其次是 30～35 岁、35～40 岁、40～45 岁，分别占 15.2%、14.1%、14.2%。相反，65 岁以上的老人和 15 岁以下的儿童比例都较低，分别仅占流动人口总数的 2.5% 和 2.2%。流动人口以年轻人为主，同 DZL 地区的业态有密切的关系。

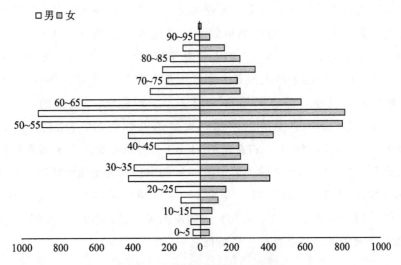

图 6-1　本地人口的年龄金字塔

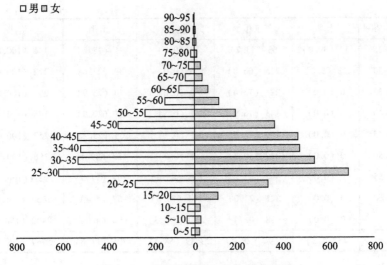

图 6-2　外地流动人口的年龄金字塔

2. 工作与生计

结合对 DZL 街道 8 个社区年龄在 18 ~ 60 岁之间的 8665 个劳动力（占劳动力总数的 57.6%）的统计分析，DZL 街道适龄劳动力处于工作状态的人口占 70.6%，提前退休和无业的人数比例接近 30%。其中，提前退休的人数为 1229 人，占劳动力比重的 14.2%；无业人数为 1155 人，占劳动力的 13.3%。在工作状态方面，仍存在本地人与外地人之间的巨大差异。

本地人口以退休工人为主，无业人员比例大。本地人的就业状态以退休为主，无业人群所占的比例也较大。本地人年龄在 18～60 岁之间的 3424 个劳动力中，仅有 48.4% 的人口处于工作状态，有 30.2% 的本地人提前退休，17.6% 的本地人没有工作。从表 6-1 可以看出，5964 个 20 岁以上的本地人口中，退休人口占 58.5%，主要是 60 岁以上的人。但在 50～55 岁、55～60 岁年龄组中也有大量的退休人口，分别占 45.6%、73.5%。无业人口 704 人，占总体的 11.8%，并且在每个年龄段都有较大的比例。其中，45～50 岁的人群中 39.1% 的本地人处于无业状态，其次是 40～45 岁占 25.7%，甚至 25～30 岁、20～25 岁年龄组中无业人口的比例都达到了 27.6% 和 17.8%。可见，退休比例高、就业率低、家庭收入欠佳是 DZL 街道居民经济状况的主要特征之一。

表 6-1 本地人不同年龄人群的就业状态

单位：人，%

年龄（岁）	上学	工作	退休	无业	总计
20～25	57（39.0）	63（43.2）	0（0.0）	26（17.8）	146（100.0）
25～30	18（5.6）	215（66.8）	0（0.0）	89（27.6）	322（100.0）
30～35	0（0.0）	221（75.4）	0（0.0）	70（23.9）	291（100.0）
35～40	0（0.0）	143（76.9）	1（0.5）	41（22.0）	185（100.0）
40～45	0（0.0）	186（73.5）	1（0.4）	65（25.7）	252（100.0）
45～50	0（0.0）	232（59.3）	1（0.3）	153（39.1）	386（100.0）
50～55	0（0.0）	397（42.8）	423（45.6）	107（11.5）	927（100.0）
55～60	0（0.0）	221（21.0）	775（73.5）	57（5.4）	1053（100.0）
60～	0（0.0）	18（0.7）	2288（95.3）	96（4.0）	2402（100.0）
总计	75（1.3）	1696（28.4）	3489（58.5）	704（11.8）	5964（100.0）

同时，对本地常住人口中的退休人群与就业人群职业特征的分析表明：退休人群以工人为主，就业人群以商业服务业从业人员为主，也有部分人员是行政单位及公司等的办事人员、职员。具体情况如下。

首先，退休人群在退休前的职业和现在的生计状况。

对本地人中的 298 名退休人员职业的统计分析表明，47% 在退休前是各类制造业的工人，主要包括电工仪器仪表制造（31人）、纺织服装鞋帽制造（24人）、各类设备制造（20人）、电器机械及器材制造（10人）、化工制品制造（7人），等等。这个统计结果在对DZL街道耀武胡同的访谈中得到验证。耀武胡同的老人退休前的工作单位有制药厂、电池厂、文教用品厂、玉器厂、玻璃厂、皮件厂、内燃机厂等，这也同北京在20世纪50年代至70年代作为生产性城市大力发展工业密切相关。新中国成立后的30年北京的工业以每年19%的速度递增，覆盖冶金、矿山、化工、印刷、医药等行业，并在"大跃进"时期即开始出现了数千个街道工厂，分布在城市居民区中。这些企业主要分布在北京南城，并形成了许多工业区和宿舍区，使南城成为工人较为集中的地区。DZL地区的平房也因此大量作为公房分配给了当时的工人作为宿舍。

北京自从20世纪80年代开始城市功能调整"退二进三"之后，不少工厂搬迁或破产，也使得部分工人只好买断工龄提前退休，这也是造成现今DZL街道大量本地人提前退休以及无业人口比例大的原因之一。根据访谈，这些提前退休的人员之后有打零工、开餐馆等种种创业经历。据初步统计，有11.4%的本地人在退休前有从事过百货、服装、医药等商品的零售业。退休人员在退休前的职业除了制造业工人外，还有少量的人员从事行政管理、交通运输、教育和医疗等职业。从比例上来看，10.7%的人在退休前曾在政府部门的街道、社区、邮局等社会管理与服务部门以及税务等经济管理部门工作；9.1%的人退休前在公共交通公司、汽车公司、铁路部门、出租公司等交通运输部门工作；7.4%的人在退休前有较高的文化水平，并曾在研究机构、大中小学校、文艺创作表演单位工作过。

退休人员的收入目前以退休金为主，且收入支出大致相抵。根据在耀武胡同进行的访谈，被访的五六十岁以上的北京人基本都有每月2000~3000元的退休金，个别能达到3000元多一点。老两口收入合计每个月5000~7000元。其他收入可能是房租、低保等。但因为老年人普遍身体不好，家庭最大的开支是医药费用，其次是伙食费用每月1000~2000元。身体好的话手头就稍微宽松些，身体不好的，生活就比较拮据。由于部分中青年人也没有工作，靠吃低保生活，老人的退休金还需要补贴子女，这让部分家庭的经济状况变得更为糟糕。

其次，在业人员的职业和生计状况。

本地人在 18～60 岁年龄组之间的 3424 个劳动力中，仅有 48.4% 的人口处于工作状态。DZL 街道 20 岁以上处于就业状态的有 1273 人，就业状况呈现多元化的趋势。其中，各类食品制造、文化教育用品制造、纺织服装制造等制造业从业人员占 14.5%，这与 DZL 地区有不少食品老字号以及琉璃厂地区有大量文化制品销售有关。各类百货、超市、服装、药品及食品等零售业从业人员占 12.6%；在街道、社区、邮局等政府各部门相关的工作人员占 12.4%；公交车、地铁、汽车、出租车等交通运输业的从业人员占 11%。此外，教育行业从业人员占 7%，金融银行保险业的职员占 5.7%，旅游住宿行业从业人员占 5.3%，餐饮业占 5%，医疗行业占 3.1%，电信业占 2%，媒体行业占 1.5%……这些数字表明，尽管本地劳动力就业的比例不到一半，但其职业类别已经改变了 DZL 地区以往以工人为主的就业形态，开始向商业服务从业人员、办事人员、专业技术人员等方面发展。

就在业人员的收入情况来看，结合访谈材料，与他们同住的父母对其收入的整体感觉是：够花，但要省着用。

最后，外地人以低端商业服务业为主，收入不高。

DZL 地区有外地流动人口 8297 人，占常住人口的 32.9%。外地人的来源呈现多元化趋势，几乎涉及全国各省。但总体上，河北、河南、安徽、黑龙江四省的人口还是相对较多，分别占 15.8%、14.7%、14.5% 和 10.6%。这也使得外地人的聚集呈现一定的地缘和乡缘关系，并以家庭流动为主。

表6-2　外地流动人口不同年龄人群的就业状态

单位：人，%

年龄（岁）	上学	工作	退休	无业	总计
0～15	69（93.2）	5（6.8）	0（0.0）	0（0.0）	74（100.0）
15～20	18（10.6）	147（86.5）	0（0.0）	5（2.9）	170（100.0）
20～25	7（1.6）	401（91.8）	0（0.0）	29（6.6）	437（100.0）
25～30	0（0.0）	804（92.0）	0（0.0）	70（8.0）	874（100.0）
30～35	0（0.0）	665（90.8）	0（0.0）	67（9.2）	732（100.0）
35～40	0（0.0）	632（91.2）	0（0.0）	61（8.8）	693（100.0）
40～45	0（0.0）	683（92.7）	0（0.0）	54（7.3）	737（100.0）

年龄（岁）	上学	工作	退休	无业	总计
45～50	0 (0.0)	451 (90.2)	0 (0.0)	49 (9.8)	500 (100.0)
50～55	0 (0.0)	215 (76.8)	17 (6.1)	48 (17.1)	280 (100.0)
55～60	0 (0.0)	85 (54.8)	42 (27.1)	28 (18.1)	155 (100.0)
60 以上	0 (0.0)	35 (16.2)	121 (56.0)	60 (27.8)	216 (100.0)
总计	94 (1.9)	4123 (84.5)	180 (3.7)	471 (9.7)	4868 (100.0)

外地流动人口以青壮年为主，绝大多数都处于就业状态。根据对 4503 个在 20～60 岁年龄组的劳动力进行调查统计，有 89.4% 处于工作状态，无业人口的比例为 9.1%。根据年龄结构分析流动人口的就业状态，如表 6-2 所示，50 岁以上人群的无业比例较高，在 17% 以上；20～50 岁的人群 90% 以上都处于工作状态，仅有不到 10% 的人没有工作，这部分人主要是在家做家务、看孩子的妇女。

从外地就业人员的从业类别来看，91.2% 是商业服务业人员。对 3443 个流动人口的职业类别进行调查表明：42.3% 的人从事各类零售批发业，主要包括百货、工艺美术品及收藏品、服装、食品饮料等；19.3% 的人从事餐饮业服务，包括各类餐厅、快餐店、早餐铺等；9.2% 的人从事美容美发、照相扩印、物业管理、清洁服务等诸多居民生活服务业；7.5% 的人从事旅行社及住宿业。此外，还有各 1% 左右的外地人分别从事交通运输、物流快递、建筑业、新闻出版等其他行业。从从业形态来看，外地人大部分都是服务员的务工身份，还有少部分是自己开店从事小本的个体经营。在街巷胡同里掏厕所、打扫卫生、收废品、开杂货店的大多都是外地人。

外地流动人口的收入普遍不高，经济状况也同 DZL 的居住条件密切相关。租住 DZL 胡同里的平房，一间 10 平方米的房子租金一个月 500～600 元。以 DZL 街道耀武胡同访谈的两个个案为例：

个案一：来自河南的夫妻。丈夫 38 岁，从事修家具的工作，妻子在耀武胡同开小卖部。全家年收入 7 万～8 万元，而年支出 4 万～5 万。

个案二：来自黑龙江的夫妻。丈夫 55 岁左右，之前开车，现无业领低保。妻子退休，在天安门附近做小生意。全家一个月的收入约 2300 元，支出约 1500 元，勉强维持生活。

3. 房屋与居住

根据对 DZL 街道耀武胡同居民的访谈，新中国成立后 DZL 地区的发展经过了五个阶段，第一阶段，1949 年解放军进城；第二个阶段，1956 年公私合营，私房充公，工人进院；第三阶段，1966 年"文化大革命"，私房主被批，房屋产权收归国有；第四阶段，1976 年唐山大地震，自家加固房屋，私搭滥建开始；第五阶段，1980～2004 年政府发还房屋产权，但因为"带户退还"等诸多原因，导致产权归还的情况很少。经过上述发展阶段后，DZL 地区房屋的产权结构非常复杂，形成了以公房为主的状况。根据对前门西河沿社区和三井社区的初步统计，在 4685 间房屋中，公房占56.8%，私房占 32.4%，单位房占 10.7%。不同社区的产权结构略有不同。例如，三井社区的公房比例高于平均水平，达到 66.5%；前门西河沿社区的私房比例较高，达 40.1%。因为产权复杂等诸多原因，导致 DZL 街道绝大部分房屋年久失修、破旧不堪。

作为老旧平房街区，DZL 街道的人口密度高，居住拥挤，平均每户的居住面积不足 15 平方米。同时，由于没有下水，院落内没有卫生间，且渗水严重。各家都在院内搭建了厨房，但仍无法解决洗澡等问题，需使用公厕和公共浴室。居住的拥挤、基础设施的欠缺和物质环境的破败，是导致大量中青年人搬走的原因。这同前面提到的 30～50 岁人群数量锐减一致，也体现在房屋的利用情况之上。

DZL 房屋的使用存在四种状态：人户一致、无人、有人无户和出租。房屋的使用结构与人口结构基本一致。根据对三井社区 2231 间房屋的初步统计，44.5% 的房屋人户一致，5.8% 的房屋有人无户，24.6% 的房屋用于出租；25% 的房屋是无人户，处于空置状态。这就表明公房出租的情况比较突出，这就为大量外地流动人口的聚集提供了空间条件，继而为公房管理与房屋维护带来困难，并进一步造成老旧平房街区物质环境的衰败。另外，大量的房屋空置，有的是因为部分人口的搬离，也有一部分是政府前一阶段腾退政策的结果。造成的房屋利用率不高，也会进一步引起环境的退化。

大量的外地流动人口在 DZL 街道租房居住，与本地人比邻而居，但二者之间依旧存在隔阂。北京本地人还是愿意和北京人交往，平日里互相走动也较频繁，与外地人之间更多的是一种互惠互利的利益共同体。

自 2012 年起，DZL 街道推进了以北京国际设计周带动的杨梅竹斜街改造试验，积极与在地居民及商家合作共建，"自愿式腾退"与"多方参与共建"的方式赢得了广泛认可，已经开始向社区共同治理阶段过渡，成为新时期北京老旧街区更新改造与社会治理相得益彰的典型案例。在 DZL 街道的杨梅竹斜街，目前，原有的 1700 多户居民，按照自愿腾退的原则，已经迁走了 500 多户，约占 1/3。大量的建筑师、设计师和社会学家开始介入基于社区与民生的老旧街区改造模式的探索。北京历史文化保护区的面积为 19.67 平方公里，户籍人口密度约为 2.3 万人/平方公里，这样旧城改造就将涉及约 100 万人的基本民生问题。西城区已制订出人口疏解计划，平均每年疏解出 3000 户人口，以改善居民居住条件，缓解中心城区日渐增大的人口压力（巩铮，2014）。西城区政府也希望能通过杨梅竹斜街建设改造取得的经验，带动整个 DZL 地区的保护和文化重建，使之成为老北京文化的重要展示平台。

这一时期的老旧街区保护和改造目标，就是在空间改造的基础之上，切实修补街区社会生态及提升居民的居住水平，在达成经济与社会效益的同时，实现传统文化的复兴。地方政府反思过去排斥甚至驱逐居民，单纯依靠政府与市场为主导的做法，强调居民全程参与所在街区更新改造的过程，不断减少行政干预的程度，注意商业市场的有限度加入，重视迎合街区居民个体的需要，让政府、市场和居民共同探索北京老旧街区更新改造的新模式和新方法。在保护历史建筑的同时保护传统文化，建立起新老居民、传统与新兴业态相互混合，社会资源共同参与，不断更新、和合共生的社区，实现从以往的管理支配模式向新的共同治理模式转变。

五　发挥多元主体作用，建立　　"公共参与"的长效机制

从世界城市发展历史来看，老旧街区传统风貌的保护方法多种多样，各个城市都存在一个自我发展和更新改造的过程。从法国的巴黎、英国的伦敦、意大利的罗马等西方城市，到东京、香港、上海等东方城市，都经历过发展、改造、保护、更新和再发展的循环过程。20 世纪初，英国就开

始了以拆除重建为主的清除贫民窟及内城复兴运动。二战以后，西方许多国家开展了以大规模改造为主的城市更新运动。20世纪五六十年代是西方各国又一次迅猛发展的时期，对城市土地的需求不断高涨，从而导致了大规模的城市土地开发。大规模改造为主的城市更新运动受到了来自各方的质疑和批评。在批评与反思中，从20世纪70年代开始，内容与形式单一，以开发商为主导的大规模改造计划逐步退出历史舞台，取而代之的是多样化的人居环境建设和对社区可持续发展的追求。当前我国的旧城改造，与美国等西方发达国家的城市更新运动早期阶段有些相似，有一定的共性，但在剧烈的社会转型期，我国以北京为代表的特大城市旧城改造内容更复杂，任务更艰巨。

当前，北京老旧街区所在的旧城，约占北京市0.6%的土地面积，却承载着全市约12.3%的人口。首都功能核心区的人口密度是全市各区县中最高的，历史街区已陷入了极度拥挤的境地。据统计，目前在历史文化街区范围内，居住在平房区的常住人口不少于30万人（林培，2015），老旧街区经历了从新中国成立初期持续至今的人口膨胀，20世纪七八十年代的院落插建，以及90年代的大型房地产项目开发建设，旧城的平均容积率与新中国成立初期相比涨幅巨大，但市政基础设施建设却一直未能跟上城市发展的步伐。同时，外来流动人口的大量涌入使得街区人口更为密集，人口疏解压力越来越大，老旧街区内许多居民家庭的人均居住面积不足10平方米。北京的老旧街区虽然在历史上经历过一段繁荣时期，但由于社会的变迁，生产生活方式的改变影响了原有的经济功能和社会生活，曾经辉煌的街区在当前不可避免地面临着人口密度高、人口结构复杂、治理难度大等各种复杂的问题。面对北京老旧街区内房屋、道路、基础设施的破败，改造更新势在必行。

"十三五"（2016~2020年）时期以及今后较长的一段时间内，将是北京市经济社会转型、城市发展格局调整的关键时期，经济结构调整与改善民生成为北京城市发展的战略任务。因此，需要进一步在充分保护历史文化遗产的同时，让全体居民共享改革开放成果，寻求老旧街区的可持续发展。随着我们对保护历史文化遗产的不断深入理解，要深入探索北京市老旧平房街区保护、更新和发展的新思路以及新模式，发挥多元主体作用，建立"公共参与"的长效机制。

在老旧街区规划和改造过程中，首先，必须做到既要保护各种物质文化遗产、街巷肌理、城市结构和整体风貌，又要延续老旧街区的生命力。历史街区是城市不可再生的宝贵资源，不能一味地把具有千百年深厚文化底蕴的老旧街区，仅仅定位成改造的对象，而是要强调旧城需要保护、需要有机更新的一面。在保护历史风貌的前提下，努力改善居民的基础设施，逐步提高生活质量和街区的环境质量，使其满足现代化生活的需求。对于不符合整体历史风貌的建筑要适当改造，恢复原貌。与此同时，注重社区生活和社会结构的延续，将生活在胡同院落里的居民也视为保护的重要部分，而不是简单的一走了之。

其次，要进一步完善老北京旧城更新的模式，实现可持续发展。在政府与市场主导的基础上，加入社区公共参与的力量。以往老旧街区的居民在城市改造过程中的参与程度极其有限，维护自身权益的胡同老居民往往以"钉子户"的负面形象出现。因此，为避免快速城市化进程中出现的城市文化危机，在老旧街区改造和更新过程中，积极调动街区居民参与社区共建和社区营造，保护历史街区传统文化的原真性和延续性，传承老北京文化和激发出街区活力。在老旧街区保护和更新改造过程中，如何能找到一个有利于各方的参与方式和发展路径，进而实现治理效果最大化仍然是一大难题。作为街区主人，原住居民是街区保护最持久、最可靠的力量，最大限度满足居民民生需求，鼓励居民广泛积极参与街区保护和更新改造，是老旧街区永葆活力和凝聚力的关键所在。政府作为公共利益的维护者，在以人为本、民生优先的思路下，必须发挥主导作用。总体思路是政府主导，科学规划，整体保护，统筹发展，社会参与，分步实施。通过"自上而下"与"自下而上"相结合，从"自愿腾退"到"合作共建"，整合资源促进多方协作，建立起"公共参与"的长效保障与反馈机制。

最后，发挥多元主体的作用，通过多方协作实现利益平衡。老旧街区是长期发展起来的，其各个时代的建筑质量和风貌也参差不齐，加之后期居民自发的改建扩建，使得院落边界、产权边界也混乱不清。随着人们对老旧街区文化传统保护的日益关注，转变政府或企业单方面的投入，防止以平衡资金成本为导向的过度商业旅游开发，借助社会的力量推动历史文化街区的复兴和可持续发展。通过借助公益组织的资金援助和技术支持，发挥其第三方调解作用。最近，西城区推出旧城改造的"城南计划"，大量的建筑师、社会学者开始介入基于社区与民生的老旧街区改造模式的探索。可通过让利益相关方都参与到老旧街区设计定位、规划编制和项目实施的讨论中，达成共识，形成合力，尽可能实现利益均衡，从而尽可能保持老北京的文化多样性和历史痕迹。

六 结语

1949年新中国成立后，北京历史文化名城的保护与首都城市建设始终处在矛盾不断产生和调适过程中。随着城市化进程的加速，北京城市建设不断发展，老旧街区保护的理念、内容、方式和方法都在发生变化，但保护与发展始终是北京老旧街区发展面临的长久主题。2015年4月21日，国家住房和城乡建设部和国家文物局公布了我国第一批中国历史文化街区名单，有三千年建城史和八百年建都史的北京，只有皇城历史文化街区、DZL历史文化街区和东四三条至八条历史文化街区这三个历史街区入选。主要原因就在于这三个历史街区的保护与改造，能够较为真实地体现出其原有的价值特性和历史定位，并能较好地改善民生，惠及居民。

随着城市化进程的加速，北京老旧街区保护的理念、内容、方式和方法都在发生变化，经历了由探索、纠正到逐步成熟的历史过程，其间不断总结经验教训并不断调整工作方式。经过了以经济建设为主的"旧瓶装新酒"、以拆危扩建为主的"安居优先"，再到整体保护和更新并重，进而既要保护各种物质文化遗产和街巷肌理的整体风貌，又要延续历史街区的社会结构和生命活力，建构政府、居民、市场三方合力的共同治理新机制，走出一条旧城新容的自我更新之路。老旧街区保护与改造涉及物质、社会、人口、经济等多方面的复杂问题，民生改善是其中根本，要充分调动居民的主体性和积极性，将居住改善与产业发展相结合，将历史资源与新兴文化相结合，推动老城功能重组，为老旧街区注入发展的新动力，实现老旧街区物质风貌、社会文化环境和生活方式的共同有机更新。

"历史文化街区既是历史文化名城的有机组成部分，又是特殊类型的文化遗产，还是广大居民日常生活的场所，因此历史街区的保护必然是一个动态的长期的过程。"作为"世界都市计划的无比杰作"（梁思成，

2001)，作为历史文化名城，北京老旧街区是一个活的有机体，虽然不适宜大拆大改大建，但是仍然需要一定的新陈代谢，需要在可持续发展的基础上，探求城市的更新与发展。既要保护遗产、传承文化，又要改善环境、惠及民生，由此，实现北京老旧街区经济效益、文化效益和社会效益的和合共生，达到经济发展、文化复兴与社会和谐。

参考文献

北京市规划委员会，2004，《北京古都风貌保护的历史沿革》，《北京观察》第 9 期。

陈军，2009，《北京工业发展 30 年：搬迁、调整、更新》，《北京规划建设》第 1 期。

陈荣光，2005，《20 世纪 50 年代北京旧城改建中的拆迁与安置工作》，《北京党史》第 2 期。

董光器，1998，《北京规划战略思考》，北京建筑工业出版社。

单霁翔，2015，《历史文化街区保护》，天津大学出版社。

宋晓龙，2006，《北京名城保护：20 世纪 80 年代后的主要进展和认识转型》，《北京规划建设》第 5 期。

方可，2000，《当代北京旧城更新——调查·研究·探索》，中国建筑工业出版社。

欧阳文、薛蕊、汤羽扬，2012，《以人口疏解为前提的北京四合院更新改造初探》，《北京规划建设》第 6 期。

崔健，2009，《北京胡同保护规划研究》，《北京规划建设》第 6 期。

巩峥，2014，《西城每年疏解人口 3000 户》，《北京日报》1 月 9 日，第 4 版。

林培，2015，《北京：留住历史街区的原汁原味儿》，《中国建设报》8 月 11 日。

梁思成，2001，《北京——都市计划的无比杰作》，载《梁思成全集》，中国建筑工业出版社。

Zhang, Jie. 1997. "Informal Construction in Beijing's Old Neighborhood." *Cities*, Vol. 14（2）.

第七章

城中村社区治理的案例分析

　　城中村治理是社区治理的重要内容之一。本研究选择一个位于五环外的城中村 MN 村作为样本，详细分析了居民的社会经济情况、生活满意度和村民社区治理的参与意愿。本分析基于问卷调查获得的定量数据。为了更全面反映当前社会治理的效果，在生活满意度分析中还加入了长期居住本村的流动人口问卷数据分析结果，从而提高结论的代表性。

一　城中村的禀赋特征

（一）区位

　　一般来讲，北京市的城中村位于五环以内的城市建成区。随着现代城市建设和商品房开发，市场化动力下土地价格获得大幅度提升，北京市城区土地更是寸土寸金。伴随近年城市空间的拓展，北京市城区的土地价值逐渐凸显出来，其区位等级居于各类社区的顶端。

　　除此以外，北京市还有一类城中村。这类城中村离城市中心区略有一段距离，但因为各种历史原因，其周边已经完成城市开发，从而形成一类城乡结合部城中村。

　　本研究中的 MN 村相比于老城区的城中村，因地处五环以外，区位优势不明显。属于城中村中区位优势较低的一类，可以定位为中等。

（二）资源

鉴于区位的不同，城中村的资源也可以相应区分为两类。

第一类位于内城区，其资源价值与土地价值成正比。属于资源等级中的高端者。

另一类因为距离内城区较远，鉴于土地市场上级差地租的存在，其资源等级不如第一类的内城区传统街区，在等级划分上定位中等。

本研究中的 MN 村地处五环以外，附近为工厂宿舍区，交通比较方便，符合资源中等的定位。

（三）传统

治理传统上，城中村属于街居体制的治理模式，传统政治社会治理手段占主导地位，属于治理传统较高的等级。

MN 村社区党支部、居委会建设完备，治理传统也属于此列。

二 城中村的治理方式

（一）政府

城中村以现代街居体制治理为主。城中村普遍存在村委会或建立了居委会，社区治理以村委会或居委会为主体。实际社区治理中，居（村）委会党支部、居（村）委会和社区工作站作为社区正式组织，承担较多的治理责任。

在城中村治理中，政府的治理作用大。

城乡结合部城中村因为受政府主导的改造工程影响，其治理具有一定的特殊性。修缮改造作为社区变迁的一个重要节点，成为社区治理过程中的核心事件。修缮改造过程由国资公司主导，政府负责监督，社区居委会配合工作，社区居民理性参与。虽然有多种力量参与进来，但是其政府主导的治理模式依然居于突出地位。

（二）市场

作为市场力量的代表，物业服务公司在城中村中提供的服务不多。社区（村）卫生、治安等事项较多依赖街居体制下街道政府提供的治理资源。

在城中村中，市场的治理力量小。

（三）社会

城中村的社会组织发育较迟缓。社区（村）社会组织多为文体类自我娱乐型，同时依赖社区居（村）委会的组织和管理，其活动资源、活动项目都有赖于社区居（村）委会提供，社会力量在社区治理中发挥的作用不显著。

在城中村中，社会力量在社区治理中的作用小。

总体来看，城中村的治理主体中，以政府类组织（包括居委会、村委会）为主，市场力量和社会力量居于次要地位，其治理类型属于政府主导型：政府 > 市场 > 社会。

MN 村的情况符合上述分析。该村已经完成整体转制，村民全部转为市民，其社会治理以社区居委会为主，同时由居委会组织社区内居民进行文体活动，调动居民社会参与的积极性。

三　何种城中村：研究样本的基本情况

本研究以 MN 村为分析样本。该村地处五环之外，附近是大型工厂区，工厂宿舍就毗邻村落而建。MN 村已经完成整体转制，村民都转为了市民，村落建立了居委会。

本研究依据的定量内容来自 2016 年 5 月问卷调查获得的数据。

MN 村一共有 1500 户左右，但是其中有很多挂名户籍，本地实有户数约 800 户。本次调查采取拉网式普查法，每一户居民都是调查样本，并在集中调研后用了一个多月的时间补充调查，以求最大限度的无所遗漏。调查共获得有效样本 756 份。

（一）MN 村居民的社会人口学特征

本部分包括调查对象的性别、年龄、教育、职业和家庭规模。

1. 性别构成

性别问题有效问卷 735 份中，男性 352 人，占样本总量的 47.9%，女性 383 人，占样本总量的 52.1%。调查样本男女性别比基本均衡（见图 7 - 1）。

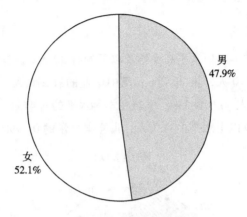

男
47.9%

女
52.1%

图 7 - 1 性别比例

2. 年龄分布

数据显示，样本年龄 20 岁以下有 8 人，占 1.1%，20 ~ 29 岁 50 人，占 6.7%；30 ~ 39 岁有 63 人，占 8.4%；40 ~ 49 岁有 108 人，占 14.5%；50 ~ 59 岁有 282 人，占 37.8%；60 岁以上 236 人，占 31.6%（见图 7 - 2）。

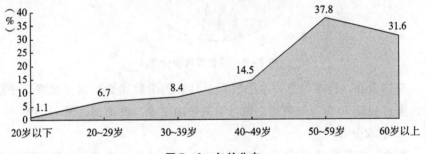

图 7 - 2 年龄分布

调查对象年龄均值为 54.41，众数为 60，这意味着 60 岁人口在样本中数量最多。从比例来看，50 岁以下一共占 30.7%，调查样本总体年龄偏大，原因大体有两个：首先是本村居民老龄化状况的一个反映，村中老年人口占比例很高；其次受问卷调查实施时段的影响，部分青年人口在调查时点并不在家，无法接受调查，这也是在集中调查后又进行一个月的补充调查的原因，要尽量把能找到的青年人口纳入调查范围，通过问卷反映他们的希望和欲求。

与年龄相关的另一个调查数据是本地居住年限。调查显示，调查对象在本地居住的平均时间为39.18年，以居住30年的人数最多。可见村庄以土著老居民为主。

3. 教育程度

调查显示，样本学历水平在小学及以下的有80人，占样本的10.7%；受过初中教育的有270人，占36.2%；高中毕业的有216人，占29.0%；达到大专水平的有76人，占10.2%；学历在本科水平的有41人，占5.5%；教育程度达到研究生及以上水平的有7人，占样本总量的0.9%（见图7-3）。

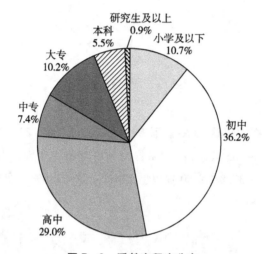

图7-3 受教育程度分布

总体来看，样本受教育水平较低，只有极少数接受过高等教育，中小学水平占到近76%，如果加上相当于高中的中专，该比例达到83.3%。

4. 职业分布

样本职业分布比较广泛，问卷中的十三个职业都有涉及。根据调查数据，党政机关或事业单位干部有19人，占2.6%；企业/公司的干部/管理者16人，占2.2%；专业技术人员（科、教、文、卫）有18人，占2.5%；普通工人有84人，占11.6%；一般职员（党政机关、企事业单位）24人，占3.3%；私营企业主21人，占2.9%；商业/服务业从业人员12人，占1.7%；个体从业人员17人，占2.4%；军人/警察1人，占0.1%；离退休人员397人，占55.0%；失业、下岗人员58人，占8.0%；家务劳动者15人，占2.1%；学生4人，占0.6%；其他36人，占5.0%（见图7-4）。

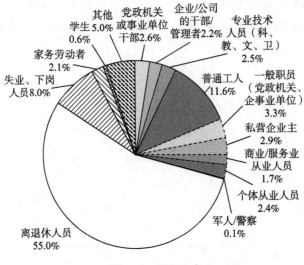

图 7-4 职业分布

从统计结果看，样本职业分布有以下特征：首先是离退休人员较多，占一半强，这与样本的年龄结构一致；其次是普通工人较多，占一成以上，与村庄靠近大型国企工厂的地理位置相符合；最后是样本职业分布较分散，代表性比较广泛。

就业地点。与职业相关的另一个问题是是否在本地就业。调查显示在本地就业的有 368 人，占 51.8%；不在本地就业的有 342 人，占 48.2%（见图 7-5）。

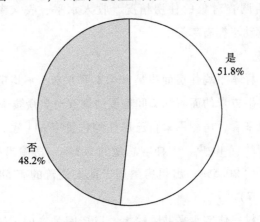

图 7-5 是否在本地就业

5. 家庭规模

调查显示，样本家庭平均规模为 3.91 人。样本家庭以三口之家为主，有217户，占到28.9%；其次五口之家和四口之家，分别有149户和134户，占19.8%和17.8%；两口之家有93户，占12.4%；另有单人户46户，占6.1%（见图7-6）。

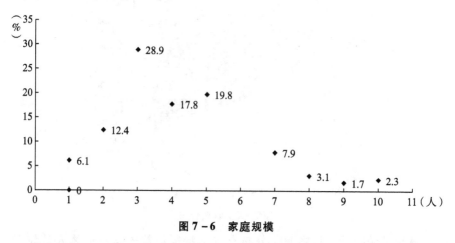

图7-6　家庭规模

数据显示，调查对象报告的家庭规模较大，三口人（含）以下家庭占47.4%，四口人（含）以上家庭占到52.6%，值得注意的是6口人以上家庭也达到15%。

（二）MN村居民的社会经济特点

本部分包括调查对象的住房情况、收入水平、收入来源、汽车拥有率、自行车或电动车拥有率等。

1. 住房情况

调查显示，样本平均住房面积是114.3平方米，平均房屋数量是5.84间，以占有100平方米的面积和2间房屋的调查对象最集中。

从使用情况来看，房屋用来自己居住的村民有611家，占81.0%；房屋用来自己经营的有40户，占样本总量的5.3%；房屋出租居住的有155家，占调查样本的20.5%；出租房屋用于他人经营的有58家，占样本的7.7%（见图7-7）。

总体来看，村民住宅水平差距较大，以2间为主的一般家庭住宅规模和平均住宅面积100平方米以上的数据差距较大，似乎存在一定的住房集中现象；与观察相比较，出租房屋的比例似乎略低，这可能与一部分房东并不居住在自己的房屋有关，本报告调查对象是本地居民，若房东不在，其出租的房屋情况在本报告中即无法显示。

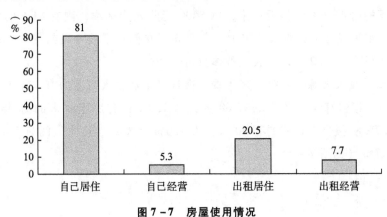

图 7 - 7　房屋使用情况

2. 收入

收入问题分为收入水平和收入来源。

（1）收入水平。调查显示，报告月收入在 1500 元以下的有 38 人，占样本总量的 5.1%；报告收入在 1500～3000 元的有 309 人，占 41.5%；收入在 3001～5000 元的有 256 人，占 34.4%；收入在 5001～8000 元档次的有 41 人，占 5.5%；收入达到 8001～10000 元的有 17 人，占 2.3%；收入超过 10000 元的有 12 人，占 1.6%；另外报告享受低保的有 20 人，占 2.7%；回答"无收入"的有 51 人，占 6.9%（见图 7 - 8）。

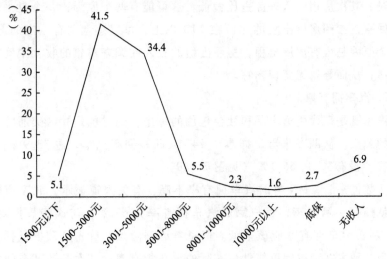

图 7 - 8　收入分布

总体来看，村民收入有以下几个特征：低收入人数较多，收入在 3000 元以下的占 46.6%，接近一半；以 5000 元收入为标准，则有 81% 的人收入在此水平线之下；收入较集中，主要表现在低水平收入段的集中，高收入群体很小，8000 元以上收入群体只占 3.9%。

（2）收入来源。从收入来源看，报告以工资收入为主的有 474 人，占 62.7%；报告有经营收入的有 60 人，占 7.9%；有房租收入的有 96 人，占 12.7%；报告有社保的有 30 人，占 4.0%；选则 "其他" 的有 141 人，占 18.7%（见图 7-9）。

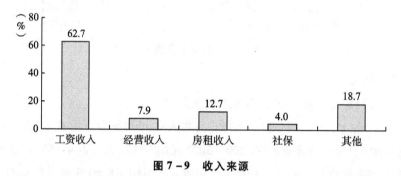

图 7-9　收入来源

鉴于收入问题比较敏感，历来是问卷调查的高难区，数据往往和实际生活产生出入。从本调查来看，收入来源有几个特点：首先从结构上看，工资收入、经营收入、房租收入和社保都占相当的比例，并未出现大面积的回避。其次房租收入来源占比偏低，这可能有两个原因：一个是主观上有所回避，参照房屋出租的比例在 20% 以上，可以感觉到有一定的保留。另一个原因是虽有房屋出租，房屋出租的收入在调查对象的收入中确实不占主体，从而导致无意识漏答。

3. 汽车拥有率

汽车既是现代生活水平和社会地位的标志，同时也是社区交通等多种问题的源头。从调查来看，样本中 247 人回答拥有汽车，占 33.9%；482 人回答 "没有"，占 66.1%（见图 7-10）。

从数据来看，MN 村的汽车拥有率不高，有关报道显示，北京市每四个人就拥有一辆汽车，百户家庭汽车拥有率为 63 辆，与这些数据对比，MN 村村民汽车拥有率应该很低。但是考虑到两点：首先是数据低估，问卷因为各种主客观原因可能低估实际的汽车拥有率。其次是社区空间饱和度，以 MN 村的现有空间来看，几乎没有多少可供停车场建设的空地，社

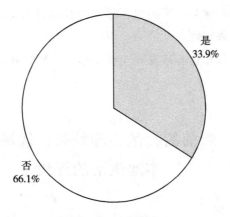

图 7 – 10　汽车拥有率

区内道路物理状况和使用状况都不容乐观，所以调研显示的汽车拥有率不高并不意味着由此引发的一系列问题可以乐观估计。

分析显示，汽车拥有率没有性别和年龄差异，但是教育和收入差异显著，受教育程度越高、收入越高的汽车拥有率越高。

4. 自行车或电动车拥有率

调查对象中有 388 人报告有自行车或电动车，占 53.4%；338 人报告没有上述两种车辆，占 46.6%（见图 7 – 11）。

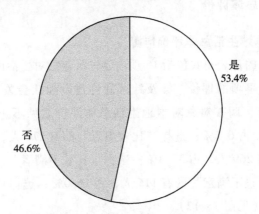

图 7 – 11　自行车或电动车拥有率

据新华网报道，截至 2013 年底，中国自行车社会保有量为 3.7 亿辆，电动车社会保有量为 1.8 亿辆，两者合计 5.5 亿辆，大概平均每 2.4 个人拥有一辆。与此相比，MN 村这两类车辆的保有量并不高。与汽车问题类似，这里还是要考虑到数据低估和具体社区的空间使用情况。对 MN 村来说，这两类车辆的问题与汽车类似，都要结合本地的交通实际来考虑，不能仅仅从绝对量上来定性。

分析显示，自行车拥有率没有性别、年龄、教育和收入差异，社会分布比较均匀。

四　当前的社区治理效果：居民对本地生活的评价

社区治理的效果应该由居民评判，其对本地生活的评价是反映社会治理成就的核心指标。

居民对本地生活的评价不但影响他们自己的生活感受和态度，也会反映出他们对本地治理的评价。为了测量本地居民对本地生活方方面面的感受，研究设计了本地生活满意度评价量表。本部分主要依据量表获得的数据完成。量表涉及居民对本地生活的各种物理和社会条件的评价，以下综述后分类说明。

（一）生活总体评价

1. 居民对本地生活总体评价均衡

调查中使用的量表一共包括 16 项内容，既包括对生活的总体评价，也包括对不同生活事项的评价，涉及社区硬件建设和社会关系的诸多方面。从调查数据来看，调查对象对本地生活总体评价意见不一。选择"很满意"的有 48 人，占 6.7%；选择"比较满意"的有 170 人，占 23.6%；选择"一般"的有 269 人，占 37.4%；选择"比较不满意"的有 112 人，占 15.6%，选择"很不满意"的有 115 人，占 16.0%；选择"说不清"的有 5 人，占 0.7%（见图 7 – 12）。

总体上看，表示满意的占 30.3%，与明确表示不满意的比例类似，后者的比例为 31.6%。可见本地居民对社区生活总体评价态度较分散，满意与不满意人群比例相当，没有形成压倒性意见。

2. 不同人群对本地生活总体评价差异

卡方分析显示，对本地生活的总体评价受到性别、年龄和受教育程度

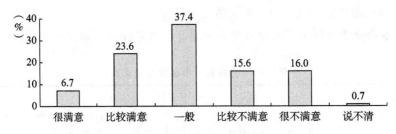

图7-12　生活总体评价

的影响。

（1）女性居民较男性居民满意度低

总体评价与性别的关系见表7-1。

表7-1　总评价＊性别交叉制

			性别		合计
			男	女	
总评价	很满意	计数	29	17	46
		占比	8.6%	4.7%	6.6%
	比较满意	计数	81	85	166
		占比	23.9%	23.5%	23.7%
	一般	计数	109	154	263
		占比	32.2%	42.5%	37.5%
	比较不满意	计数	57	52	109
		占比	16.8%	14.4%	15.5%
	很不满意	计数	59	53	112
		占比	17.4%	14.6%	16.0%
	说不清	计数	4	1	5
		占比	1.2%	0.3%	0.7%
合计		计数	339	362	701
		占比	100.0%	100.0%	100.0%

卡方检验显示的显著度为0.028，表明在5%置信度下，对本地生活总体评价受到性别差异的影响。结合表7-1数据分析，总体上看，女性居民的满意度要低于男性居民。

（2）越年轻的居民对本地生活越不满意

本调查还分析了不同年龄组对本地评价的差异（见表7－2）。

表7－2　总评价∗年龄分组交叉制

			年龄分组						合计
			20岁以下	21~30岁	31~40岁	41~50岁	51~60岁	61岁以上	
总评价	很满意	计数	5	5	4	8	5	18	45
		占比	3.5%	3.9%	3.8%	10.1%	4.9%	20.0%	6.9%
	比较满意	计数	34	31	22	17	24	30	158
		占比	23.9%	24.0%	20.8%	21.5%	23.3%	33.3%	24.3%
	一般	计数	58	43	45	31	35	22	234
		占比	40.8%	33.3%	42.5%	39.2%	34.0%	24.4%	36.1%
	比较不满意	计数	14	25	20	13	19	9	100
		占比	9.9%	19.4%	18.9%	16.5%	18.4%	10.0%	15.4%
	很不满意	计数	31	24	15	8	19	10	107
		占比	21.8%	18.6%	14.2%	10.1%	18.4%	11.1%	16.5%
	说不清	计数	0	1	0	2	1	1	5
		占比	0.0%	0.8%	0.0%	2.5%	1.0%	1.1%	0.8%
合计		计数	142	129	106	79	103	90	649
		占比	100.0%	100.0%	100.0%	100.0%	100.0%	100.0%	100.0%

卡方分析显示的显著度为0.000，表明在5%置信度下，不同年龄组对本地评价有非常显著的差异。结合表7－2可以看出，低年龄组对本地持积极评价的明显低于高年龄组，表明各年龄段对本地评价存在显著差异。

（3）受教育程度越高的居民对本地满意度越低

总体评价与教育的分析，如果直接用不同教育水平的统计结果进行分组，则因为分类过细导致数据分布无法满足统计分析的要求，为充分观察教育水平对本地评价的影响，在具体分析过程中，我们对教育水平进行了再分组，按照小学、中学和大学三个档次对调查对象的教育水平做了再编码。分析结果见表7－3。

表 7 - 3 总评价 * 教育新分组交叉制

			教育分组			合计
			小学	中学	大学	
总评价	很满意	计数	10	30	8	48
		占比	13.5%	6.5%	4.6%	6.8%
	比较满意	计数	20	114	35	169
		占比	27.0%	24.6%	20.2%	23.8%
	一般	计数	20	182	64	266
		占比	27.0%	39.2%	37.0%	37.4%
	比较不满意	计数	9	75	27	111
		占比	12.2%	16.2%	15.6%	15.6%
	很不满意	计数	13	60	39	112
		占比	17.6%	12.9%	22.5%	15.8%
	说不清	计数	2	3	0	5
		占比	2.7%	0.6%	0.0%	0.7%
合计		计数	74	464	173	711
		占比	100.0%	100.0%	100.0%	100.0%

卡方分析显示的显著度为 0.008，表明在 5% 置信水平下，教育程度对本地居民的生活总体评价有非常大的影响。结合表 7 - 3 可以看出，教育水平越高的居民对本地的满意度越低。

（二）生活具体评价

我们还分析了本地居民对社会各种具体事项的评价，表 7 - 4 给出了按照满意度（很满意）从高到低排列的统计结果。

表 7 - 4 对本地生活事项的评价

单位：%

	很满意	比较满意	一般	比较不满意	很不满意	说不清
邻里关系	16.4	30.6	36.8	9.3	5.4	1.6
供电	14.5	39.3	29.1	10.1	6.4	0.7
房屋结构	11.7	22.5	33.6	16.1	14.4	1.6
采暖	10.1	27.4	33.6	16.6	11.5	0.9
通信	9.1	26.4	30.2	17.3	15.9	1.2

续表

	很满意	比较满意	一般	比较不满意	很不满意	说不清
供水	9.0	26.2	25.2	18.0	21.3	0.3
下水	7.6	20.2	25.5	18.9	27.5	0.3
生活总体评价	6.7	23.6	37.4	15.6	16.0	0.7
与外来人口关系	6.3	20.8	42.6	10.3	8.2	11.7
交通	5.0	16.3	25.5	21.5	30.8	0.8
治安	3.8	17.0	33.1	20.2	24.7	1.2
社会福利	3.0	13.6	33.7	16.5	21.3	11.9
绿化	2.6	9.1	26.2	17.3	39.7	5.2
社会服务	2.3	14.0	34.0	16.6	20.7	12.4
教育	1.6	15.8	33.4	18.6	16.6	14.0
停车	1.5	6.0	18.0	20.5	45.2	8.8
环境	1.1	9.3	23.4	19.8	45.5	0.9

可以看出，本地居民对邻里关系、供电、房屋结构、采暖和通信等方面满意度较高，都达到了三成以上的满意度，且满意度超过不满意度；最不满意的方面包括环境、停车、教育、社会服务和绿化，很满意和比较满意的不到两成，比较不满意和很不满意的接近或超过四成，不满意度较高；其他如供水、下水、交通、治安和社会福利等方面，不满意率也超过满意率，说明本地生活在这些方面可改进的空间仍然很大。

对统计数据进行因子分析发现，调查对象对本地生活评价的十七项内容可以分成四个独立的因素：

第一个因素包括供电、供水、下水、采暖、通信和房屋结构，反映的是对本地各种生活设施的评价；

第二个因素包括交通、停车、环境、绿化和治安，反映的是对社会服务的评价；

第三个因素包括社会服务、社会福利和教育，反映的是对福利服务的评价；

第四个因素包括对邻里关系以及与外来人口关系的评价，属于社会关系方面。

分析显示，四个因素的重要性不同。对生活设施的评价对总体满意度的影响最大，其次是社会服务评价，福利服务和社会关系的评价分居第三和第四。

本部分将对这四个因素下的每个事项进行详细分析。

1. 生活设施满意度

如上所述，社会设施满意度对居民的整体满意度影响最大，是居民对本地社会生活评价的基础。本部分包括对供电、供水、下水、采暖、通信和房屋结构满意度统计和分析。

总体来看，不同群体对于生活设施满意度不存在性别差异，年龄差异和教育差异显著，收入差异只表现在房屋结构上。老年人对供电、供水、通信、采暖和房屋结构普遍满意度较高，对下水满意度低；教育差异主要表现在对通信、采暖和房屋结构的评价上，教育越高评价越低。高收入群体对房屋结构满意度较高，这可能基于其具有较高的改善居住条件的能力。

以下是具体分析。

（1）供电满意度

对供电的满意度比采暖高，表示很满意的有 107 人，占 14.5%；比较满意的有 291 人，占 39.3%；态度一般的有 215 人，占 29.1%；比较不满意的有 75 人，占 10.1%，很不满意的有 47 人，占 6.4%。态度模糊，选择"说不清"的有 5 人，占 0.7%（见图 7-13）。

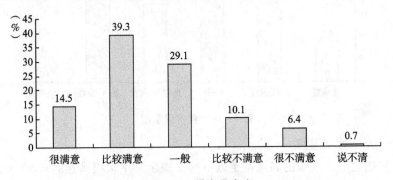

图 7-13　供电满意度

供电的总体满意度超过一半，达到 53.8%。相比之下，不满意的只有不到两成，为 16.5%。可见在这个项目上，村民的态度比较积极，评价相对较高。

分析发现，供电的满意度不存在性别、教育和收入差异。有年龄差异，高龄人群满意度高于低龄人群。

（2）供水满意度

对供水的满意度比供电低很多。表示很满意的有 67 人，占 9.0%；比较满意的有 195 人，占 26.2%；认为供水一般的有 187 人，占 25.2%；对供水比较不满意的有 134 人，占 18.0%；158 人对供水很不满意，占 21.3%；另有 2 人态度模糊，选择了"说不清"，占 0.3%（见图 7 - 14）。

总体来看，对供水的态度不如对供电积极，这从两个层面可以看出来：对供水的不满意度超过满意度，比例是 39.3% 对 35.2%，相比于对供电的态度差别较大；其次，态度模糊，选择"说不清"的较少，可见从生活经验出发，居民对此项问题的判断有一定的依据和基础，态度比较明朗。

分析发现，供水的满意度与供电类似，不存在性别、教育和收入差异。有年龄差异，高龄人群满意度高于低龄人群。

老年人对供电、供水满意度高更可能是因为其对生活有个历史性的对比，对他们来说对现实的要求标准要低于一般年轻人，对偶尔的不便的情绪反应要比年轻人克制。

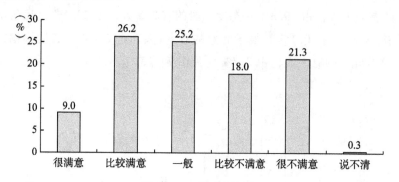

图 7 - 14　供水满意度

（3）下水满意度

相比之下，下水的满意度更低一些。表示对下水很满意的有 56 人，占到 7.6%；比较满意的有 150 人，占到 20.2%；表示一般的有 189 人，占到 25.5%；对下水比较不满意的有 140 人，占 18.9%；很不满意的人高达 204 人，占 27.5%，态度模糊的有 2 人，占 0.3%（见图 7 - 15）。

相比于供水，下水的累计满意度更低，只有 27.8%，不满意度则达到 46.4%。如果说供水问题因为部分村民居住在地势较高区域，自来水上水较困难，问题带有局部性，那么下水问题如此普遍的不满意度，明显要比供水问题更严重。这也与调研中了解到的本地市政排水设施比较落后有一定关联。

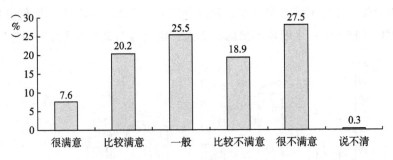

图 7 - 15　下水满意度

分析发现，下水的满意度与供电类似，不存在性别、教育和收入差异。有年龄差异，高龄人群满意度低于低龄人群。老年人满意度低可能是基于长期居家生活的体验。

（4）采暖满意度

对采暖的态度，表示很满意的有 75 人，占 10.1%；表示比较满意的有 203 人，占 27.4%；表示一般的有 249 人，占 33.6%；对采暖比较不满意的有 123 人，占 16.6%；很不满意的有 85 人，占 11.5%；表示"说不清"的有 7 人，占 0.9%（见图 7 - 16）。

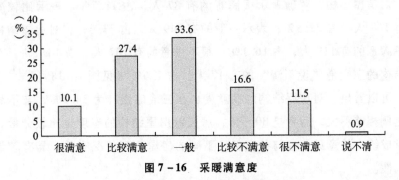

图 7 - 16　采暖满意度

采暖的累计满意度为 37.5%，比不满意的比例高了近一成，后者的比例是 28.1%。看来居民对采暖的评价较积极，虽然仍有近三成的人表示不满意。

分析发现，采暖满意度不存在性别和收入差异。年龄和教育差异显著，年龄越大的居民满意度越高，教育程度越高的人满意度越低。

（5）通信满意度

从调研数据来看，居民对通信的态度也比较分散。表示很满意的有67人，占9.1%；比较满意的有194人，占26.4%；态度一般的有222人，占30.2%；比较不满意和很不满意的分别有127人和117人，比例分别为17.3%和15.9%；表示说不清的有9人，比例为1.2%（见图7－17）。

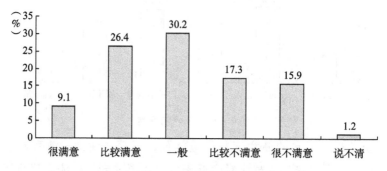

图7－17　通信满意度

通信设施的满意度比较均衡，满意和不满意的比例相当。累计满意的比例为35.5%，累计不满意的比例为33.2%，差别不大。

分析发现，通信满意度不存在性别和收入差异。年龄和教育差异显著，年龄越大的居民满意度越高；教育程度越高的人满意度越低。

（6）房屋结构满意度

对房屋结构，明确表示很满意的有87人，占11.7%；表示比较满意的有167人，占22.5%；表示一般的有249人，占33.6%；对房屋结构比较不满意的有119人，占16.1%；很不满意的有107人，占14.4%，对房屋结构的态度是"说不清"的有12人，占1.6%（见图7－18）。

可以看出，对房屋结构的满意度也在三成略强，为34.2%，与不满意的比例相差不大，后者是30.5%，居民对房屋结构的态度也比较分散，没有形成统一的意见。这与各家各户不同的房屋物理状况有关，具有较强的随机性。

分析发现，房屋结构满意度不存在性别差异。年龄、教育和收入差异显著，年龄越大的居民满意度越高，教育程度越高的人满意度越低，高收入群体满意度高。

老年人对通信、采暖和房屋结构满意度高，一方面是老年人对生活的要求标准较低，比如对通信网络信号的要求弱于时时有上网需求的年轻

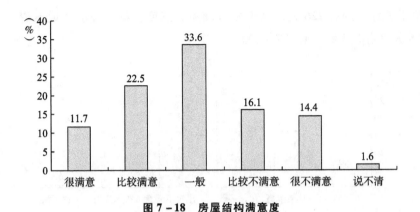

图 7-18 房屋结构满意度

人；另一方面也因为其对传统生活方式的适应程度要高，如对房屋结构和采暖的较高满意度正反映其长期生活习惯的适应作用。高教育程度居民对以上三点都有较低的满意度，正反映出教育带来的生活方式和观念转变，导致其对生活设施的要求也发生变化，从而提出更高的改进需要。高收入群体对房屋结构满意度高，可能是因为其有经济实力对住房按照自己的需要进行改造之后的心态反映，并非因为其对普遍现状的认识，此问题还需要进一步求证。

2. 社会服务满意度

社会服务满意度对总体满意度的影响仅次于生活设施，完善社会服务对改善本地居民的生活感受有重要价值。本部分包括居民对交通、停车、环境、绿化和治安的评价。

总体来看，对生活服务满意度各群体不存在性别差异，存在一定的年龄差异、教育差异和收入差异。其中，对交通和环境的满意度不存在任何群体差异，社会态度比较一致。不同年龄群体对停车和绿化问题态度不一致，老年人对停车问题更敏感，年轻人更关心绿化问题。在停车问题和治安问题的判断上，表现出一定的教育差异：受教育程度越高的居民满意度越低。低收入群体对停车问题满意度较高，对治安问题评价较低。

以下是对各个方面的具体分析。

（1）交通满意度。

调查显示，居民对交通满意度较低。回答"很满意"的有 37 人，占 5.0%；选择"比较满意"的有 120 人，占 16.3%；认为交通"一般"的有 187 人，占 25.5%；对交通"比较不满意"的有 158 人，占 21.5%；

"很不满意"的有 226 人，占比为 30.8%；态度模糊，表示"说不清"的有 6 人，占 0.8%（见图 7 - 19）。

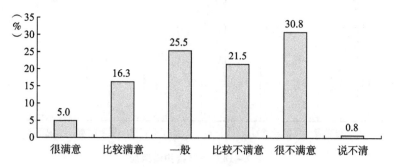

图 7 - 19　交通满意度

总体来说，对于 MN 村地区的交通状况，居民的累计满意度只有 21.3%，累计不满意度达到 52.3%，超过一半，充分显示此地交通问题的严峻性。

分析显示，本地居民对交通的满意度不存在性别、年龄、教育和收入差异，社会态度分布均衡，大家都不满意。

（2）停车满意度

调研显示，停车问题满意度最低。只有 11 人选择了"很满意"，占 1.5%；44 人选择了"比较满意"，占 6.0%；选择"一般"的有 132 人，占 18.0%；选择"比较不满意"的有 151 人，占 20.5%；明确表示"很不满意"的高达 332 人，占 45.2%；有 65 人态度模糊，选择了"说不清"，占 8.8%（见图 7 - 20）。

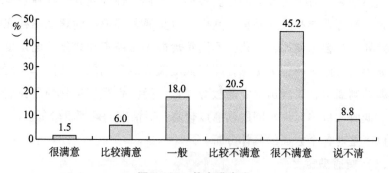

图 7 - 20　停车满意度

停车问题非常严重。不足一成（7.5%）的满意度和高达 65.7% 的不满意度，充分说明了 MN 村停车问题的严重程度。

分析显示，本地居民对停车的态度没有性别差异。存在年龄差异、教育差异和收入差异，年龄越大的居民满意度越低，受教育程度越高的人越不满意，低收入群体的满意度高于高收入群体。

老年人长期在社区生活，对社区内停车造成的出行不便感受更深；高教育程度、高收入群体往往是汽车拥有者，其对停车问题的不满意更多可能来自亲身体验。

（3）环境满意度

统计显示，村民对环境的满意度也不高。选择"很满意"的只有 8 人，占 1.1%；选择"比较满意"的有 69 人，占 9.3%；认为村内环境"一般"的有 173 人，占 23.4%；对村内环境"比较不满意"的有 146 人，占 19.8%；"很不满意"的有 336 人，占 45.5%；7 人态度模糊，占 0.9%（见图 7-21）。

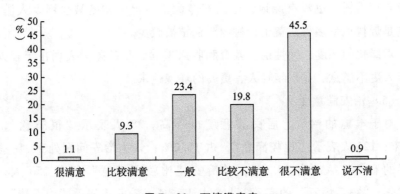

图 7-21 环境满意度

环境总体满意度低。累计满意率只有 10.4%，不满意率高达 65.3%，统计数据是本地居民对环境问题的直接表达，充分说明村民对环境问题的意见很大。

分析显示，本地居民对环境的态度比较一致，不存在性别、年龄、教育和收入差异。

（4）绿化满意度

根据调研数据，绿化满意度也很低。对绿化"很满意"的只有 19 人，占 2.6%；表示"比较满意"的有 67 人，占 9.1%；认为绿化"一般"的有 193 人，占 26.2%；对绿化"比较不满意"的有 127 人，占 17.3%；"很不满意"的有 292 人，占 39.7%；有 38 人表示"说不清"，占 5.2%

（见图 7 - 22）。

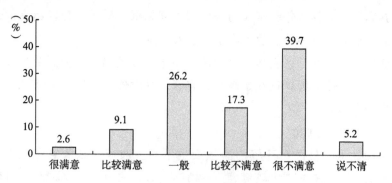

图 7 - 22　绿化满意度

可以看出村民对绿化问题意见较大，累计满意率只有 11.7%，不满意率为 57%，显示出群众在此问题上的一致性。受空间条件限制，MN 村基本没有行道树，也没有绿地，虽然背靠大山，但山体植被也不令人满意，尤其是近村地带多裸露黄土，村内绿色植被较少。

对绿化的态度，无性别、教育和收入差异，年龄差异表现在年轻人较老年人更不满意，显示年轻人有更高的环境追求。

（5）治安满意度

对于本地的治安，居民满意度也不高。28 人表示"很满意"，占 3.8%；126 人表示"比较满意"，占 17.0%；认为治安问题处于"一般"水平的有 245 人，占 33.1%；对治安"比较不满意"的有 150 人，占 20.2%；"很不满意"的有 183 人，占 24.7%；有 9 人表示"说不清"，占 1.2%（见图 7 - 23）。

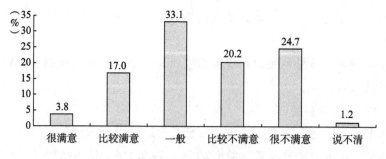

图 7 - 23　治安满意度

治安问题满意度比交通的满意度差不了多少，累计满意度只有 20.8%，累计不满意的比例在 44.9%。治安问题同样是本地的焦点问题。

分析显示，治安问题不存在性别、年龄差异。教育和收入差异显著，教育程度越高满意度越低，收入越低满意度越低。教育程度高满意度低的原因可能是来自对社会上生活安全信息更多的接受和比对，态度产生于社会比较。收入低者满意度低可能来自对生活环境的直观感受和生活经验，小偷小摸发生在人群杂乱之地，这可能在某种程度上与低收入者的生活环境重合。

3. 福利服务满意度

福利服务是影响居民总体满意度的第三位因素，尤其对有老年人、儿童的家庭，这方面的感受需重点关注。本部分包括居民对社会服务、社会福利和教育的评价。

总体来看，对社会福利的感受各群体差异较大，无论是性别群体，还是年龄和收入群体都表现出一定的独立判断。女性对社会福利的满意度低于男性；年轻人对社会服务和社会福利的评价较低；教育程度越高的人对本地教育满意度越低；高收入群体更关心教育水平，低收入群体更关心社会福利。

以下是具体分析。

（1）社会服务满意度

根据调查数据，社会服务的总体满意度也不高。对社会服务问题表示"很满意"的有17人，占2.3%；表示"比较满意"的有103人，占14.0%；认为社会服务"一般"的有250人，占34.0%；回答"比较不满意"的有122人，占16.6%；态度是"很不满意"的有152人，占20.7%；觉得"说不清"的有91人，占12.4%（见图7-24）。

总体来看，社会服务的满意度不高，累计满意率只有16.3%，不满意率为37.3%。居民对这个问题的理解有一定的模糊性，回答说不清的比例较高，占12.4%，显示出居民对社区社会服务不了解，或者日常接触得少，或者在认识上没能把一些社区的服务性活动理解为社会服务。

分析显示，社会服务满意度不存在性别和教育差异。年龄和收入差异显著：年龄越轻的居民满意度越低，收入越低的人满意度越低。

这可能与社会服务认知有关：年轻人和低收入者更明确意识到应该获得社会服务。

（2）社会福利满意度

统计分析显示，社会福利满意度也不高。根据问卷数据，针对社会福

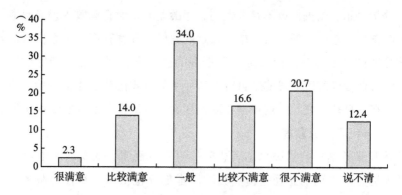

图 7 - 24　社会服务满意度

利满意度问题，调查对象中选择"很满意"的只有 22 人，占 3.0%；选择 "比较满意"的有 101 人，占 13.6%；选择"一般"的有 250 人，占 33.7%；对福利"比较不满意"的有 122 人，占 16.5%；表示"很不满 意"的有 158 人，占 21.3%；回答"说不清"的有 88 人，占 11.9%（见 图 7 - 25）。

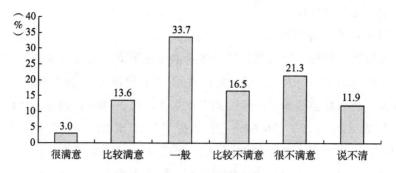

图 7 - 25　社会福利满意度

　　与教育问题类似，居民对社会福利问题同样有满意度低、部分人态度模 糊的问题。总体满意度只有 16.6%，累计不满意率为 37.8%，整体满意度不 高。态度模糊人群达到 11.9%。满意度低也同样可以用样本人群年龄比较大 来解释，老年人的需求多，对社会福利要求高，对集体福利水平自然容易滋 生不满情绪；同时村民对社会福利的边界不十分清晰，对社会福利待遇的种 类没有明确的定位，容易导致一部分人无法表达清楚感受和态度。

　　分析显示，社会福利满意度无教育差异。性别差异、年龄差异和收入 差异显著：女性满意度低于男性，年轻群体满意度较低，低收入群体满意 度也低。与社会服务满意度类似，年轻人和低收入者可能有更多的需求心理，女性作为传统社会的弱势群体，对社会福利也有更多的期待，而当前的社会福利提供很难满足他们的需求，从而导致这三个群体满意度较低。

（3）教育满意度

数据显示，教育满意度较低。对教育"很满意"的有 12 人，占 1.6%；对教育"比较满意"的有 116 人，占 15.8%；246 人认为教育"一般"，占 33.4%；对教育"比较不满意"的有 137 人，占 18.6%；很不满意的有 122 人，占 16.6%；103 人表示"说不清"，占 14.0%（见图 7－26）。

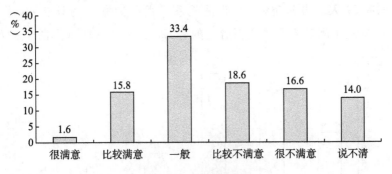

图 7－26　教育满意度

总体来看，有两个现象值得注意：首先是教育满意度低，累计满意率只有 17.4%，不满意率为 35.2%；其次是态度模糊的人比较多，高达 14% 的村民选择了"说不清"。这可以理解为：教育问题对每个家庭的影响是有阶段性的，有适龄学生的家庭对这类问题比较敏感，没有适龄学生的家庭相对而言对教育问题就会缺乏感受，鉴于样本中一人家庭、二人家庭占据一定的比例，有一部分村民对这类问题没有明确的感受和意见也在情理之中。

分析发现，教育满意度不存在性别和年龄差异。教育和收入差异显著：受教育程度越高的人满意度越低，收入越高的人满意度越低。高教育和高收入导致的对教育的高要求在村落环境中获得满足的机会相对较少，从而导致满意率较低。

4. 社会关系满意度

社会关系满意度是影响生活总体满意度的第四位因素，本地居民对社区社会关系的评价较高。本部分包括居民对邻里关系以及与外来人口关系的评价。

总体来看，对社会关系的评价不受性别、年龄和收入的影响。教育对社会关系的评价影响主要表现在对外来人口的感受上：教育水平越高的居民对外来人口的评价越低。

以下是具体分析。

（1）邻里关系满意度

调查数据显示，MN村村民对邻里关系的满意度较高。122人对邻里关系"很满意"，占16.4%；228人对邻里关系"比较满意"，占30.6%；认为邻里关系"一般"的有274人，占36.8%；表示对邻里关系"比较不满意"的有69人，占9.3%；对邻里关系"很不满意"的只有40人，占5.4%；对这个问题表示"说不清"的有12人，占1.6%（见图7-27）。

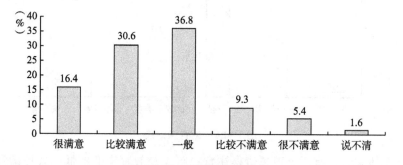

图7-27　邻里关系满意度

总体上看，MN村村民对邻里关系的满意度比较高，累计满意率达到47%，反映村落式居住方式、长期的邻里相处产生了积极的社会效果，村庄社会关系整体比较和谐。相比之下，累计不满意率只有14.7%，是一个比较低的水平。

分析发现，邻里关系满意度无性别、年龄、教育和收入差异。

（2）与外来人口关系满意度

调查显示，村民与外来人口的关系表现出一定的超脱性。对与外来人口关系的评价，表示"很满意"的有47人，占6.3%；表示"比较满意"的有155人，占20.8%；认为关系"一般"的有317人，占42.6%；回答"比较不满意"的有77人，占10.3%；选择"很不满意"的有61人，占比8.2%；认为"说不清"的有87人，占11.7%（见图7-28）。

总体来看，村民对与外来人口关系的评价不高，累计满意率只有27.1%，但值得注意的是累计不满意率也不高，只有18.5%，大多数人简单表示"一般"，这是一个比较中庸的表达，显示出村民与外来人口的接

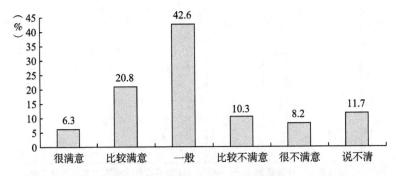

图 7-28　与外来人口关系满意度

触程度不深，彼此间没有实质性的情感交流；同时一成以上人口态度的模糊性也反映出村民与外来人口的接触少、交流不深的特点，结合实际调研过程中多次听到村民表示对外来人口不了解这一情况，可以佐证以上判断有一定的合理性。

与外来人口关系的满意度无性别、年龄和收入差异。不同的教育群体态度差异显著：教育程度低的居民满意度高。教育程度低的居民往往不会用更抽象的标准来评价别人，对外来人口的要求也会相应降低，从而对其多一分同情理解，采取比较积极的态度。

（三）外来人口的生活评价

为全面反映居住于本社区的居民对社区治理的评价和感受，研究还对社区内居住的外来人口进行了问卷调查。以下分析即基于问卷调查的数据。

与居民类似，外来人口对本地的评价不但影响他们自己的生活感受和态度，也会反映出他们对社会治理的态度和评价。为了测量外来人口对本地生活方方面面的评价，本调查设计了本地生活满意度评价量表。量表涉及外来人口对本地生活的各种物理和社会条件的评价。

1. 生活总体评价

调查显示，外来人口对本地生活的总体评价结果为：表示"很满意"的有22人，占7.8%；表示"比较满意"的有104人，占36.7%；表示"一般"的有124人，占43.8%；选择"比较不满意"的有15人，占5.3%；选择"很不满意"的有10人，占3.5%；回答"说不清"的有8人，占2.8%（见图7-29）。

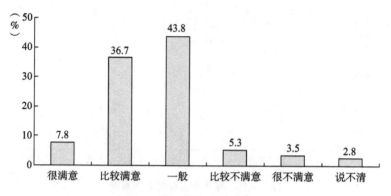

图 7 - 29　生活总体满意度

总体来看，满意度不高。累计满意度为 44.5%，不到一半。

外来人口对生活的总体评价不受性别、年龄、教育和收入因素影响。

对外来人口统计数据进行因子分析，同样发现调查对象对本地生活评价的十七项内容可以分成四个独立的因素：

第一个因素包括供电、供水、下水、采暖、通信和房屋结构，反映的是对本地各种生活设施的评价；

第二个因素包括交通、停车、环境卫生、绿化和治安，反映的是对社会服务的评价；

第三个因素包括社会服务、福利保障和教育资源，反映的是对福利服务的评价；

第四个因素包括对邻里关系以及与本地人关系的评价，属于社会关系方面。

分析显示，四个因素的重要性不同。对生活设施的评价对总体满意度的影响最大，其次是社会服务评价，福利服务和社会关系的评价分居第三和第四。

从统计结果来看，外来人口对本地社会关系和生活设施满意度较高，对社会服务和福利服务评价较低。按满意度来排序，邻里关系、供电、与本地人关系、供水、下水、通信、交通和治安的累计满意率都超过 50%，是外来人口满意度较高的项目；教育资源、绿化、停车、社会服务和福利保障的满意率都不足 30%，是外来人口满意度较低的项目。

外来人口对本地生活各种事项的评价见表 7 - 5。

表7-5　外来人口对本地生活评价

单位：%

	很满意	比较满意	一般	比较不满意	很不满意	说不清
生活总体评价	7.8	36.7	43.8	5.3	3.5	2.8
房屋结构	10.8	36.1	35.8	6.6	6.9	3.8
采暖	10.1	41.5	26.1	10.1	8.0	4.2
供电	25.6	47.0	18.6	5.3	2.8	0.7
供水	21.6	44.3	19.2	8.4	5.9	0.7
下水	19.7	43.0	21.5	6.0	8.1	1.8
通信	15.2	47.3	21.9	8.5	5.3	1.8
交通	14.2	36.1	27.4	11.5	9.7	1.0
治安	13.6	42.0	23.4	9.4	9.1	2.4
停车	4.5	17.8	19.9	16.8	27.6	13.3
绿化	5.9	17.4	27.4	10.8	28.5	10.1
环境卫生	6.6	27.8	31.9	11.8	19.8	2.1
教育资源	6.6	19.5	20.9	7.0	11.5	34.5
福利保障	2.4	10.1	18.8	8.0	25.8	34.8
社会服务	3.8	15.3	22.6	8.0	20.2	30.0
邻里关系	32.9	43.4	18.2	1.0	1.0	3.5
与本地人关系	28.0	38.1	25.9	0	1.0	7.0

分析发现，总体来看，流动人口对生活的评价内部差异不大，没有表现出明显的群体差异。性别基本没有影响，年龄只在对福利保障事项判断上产生了影响，老年人更不满意；教育程度在对教育资源的判断上有影响，教育程度越高对本地教育资源的满意度越低；收入水平在对停车问题的判断上产生影响，高收入者对停车更不满意。

以下按照生活设施、社会服务、福利服务和社会关系四个维度，对每一个策略项目进行具体统计分析。

2. 生活设施满意度

（1）供电满意度

调查显示，外来人口对供电的满意度最高。73人表示"很满意"，占25.6%；134人表示"比较满意"，占47.0%；认为供电"一般"的有53人，占18.6%；对供电"比较不满意"的有15人，占5.3%；"很不满意"的有8人，占2.8%；2人"说不清"，占0.7%（见图7-30）。

供电的满意度很高，累计达到 72.6%，可见就此项内容来说，本村的
基础设施建设和保障工作有一定成效。不满意的仅仅占极少数（8.1%），
考虑到出租房屋的现状，这种情绪的产生可能与租住房屋的具体情况有
关，不反映总体的服务水平。

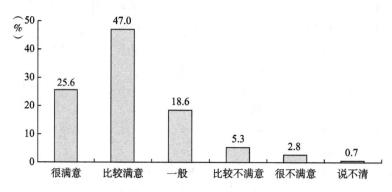

图 7 - 30　供电满意度

分析发现，各性别、年龄、教育和收入组评价无差异。

（2）供水满意度

供水的满意度也很高。根据问卷调查的数据，对供水"很满意"的有
62 人，占 21.6%；"比较满意"的有 127 人，占 44.3%；表示供水"一般"
的有 55 人，占 19.2%；24 人对供水"比较不满意"，占 8.4%；17 人对供水
"很不满意"，占 5.9%；2 人选择"说不清"，占 0.7%（见图 7 - 31）。

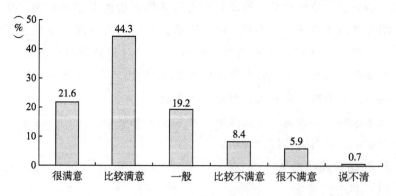

图 7 - 31　供水满意度

供水的累计满意率达到 65.9%，水平较高。考虑到山坡上房屋受水压影
响不得不定时供水的实际情况，有 14.3% 的人对供水不满意也可以理解。

分析发现，各性别、年龄、教育和收入组评价无差异。

（3）下水满意度

外来人口对下水的满意度也较高。根据问卷数据，56 人对下水"很满意"，占 19.7%；122 人"比较满意"，占 43.0%；表示"一般"的有 61 人，占 21.5%；对下水"比较不满意"的有 17 人，占 6.0%；有 23 人"很不满意"，占 8.1%；有 5 人"说不清"，占 1.8%（见图 7-32）。

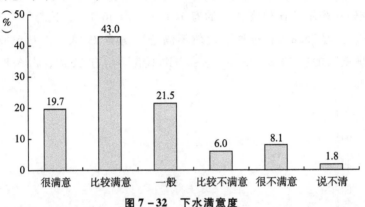

图 7-32　下水满意度

下水累计满意率达到 62.7%，水平比较高。考虑到本村相对老化的市政设施，有 14.1% 的人表示不满意也在情理之中。

分析发现，各性别、年龄、教育和收入组评价无差异。

（4）通信满意度

对通信设施的满意度也不低。问卷数据显示，对通信"很满意"的有 43 人，占 15.2%；"比较满意"的有 134 人，占 47.3%；回答"一般"的有 62 人，占 21.9%；表示"比较不满意"的有 24 人，占 8.5%；"很不满意"的有 15 人，占 5.3%；选择"说不清"的有 5 人，占 1.8%（见图 7-33）。

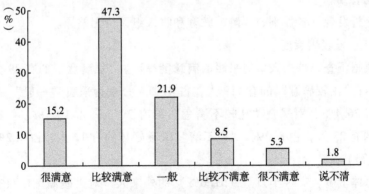

图 7-33　通信满意度

累计满意率为 62.5%，比较高。不满意率比较低，只有一成多一点（13.8%）。看来本地通信信号死角应该比较少，覆盖得比较全面。

分析发现，各性别、年龄、教育和收入组评价无差异。

（5）房屋结构满意度

对房屋结构的满意度，调查结果如下：表示"很满意"的有 31 人，占 10.8%；表示"比较满意"的有 104 人，占 36.1%；选择"一般"的有 103 人，占 35.8%；选择"比较不满意"的有 19 人，占 6.6%；选择"很不满意"的有 20 人，占 6.9%；"说不清"的有 11 人，占 3.8%（见图 7－34）。

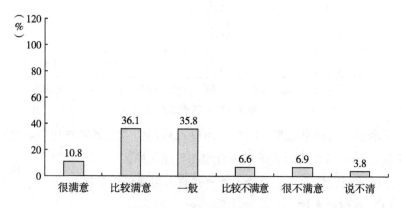

图 7－34 房屋结构满意度

总体来看，虽然整体满意度没有超过一半（46.9%），但是不满意率也不高，只有一成多一点（13.5%），大多数人态度比较中庸。这可能与租房者的心态有关，毕竟是临时居住，属于过客，总体要求不高，比较容易将就着住。

分析发现，各性别、年龄、教育和收入组评价无差异。

（6）采暖满意度

根据调查，外来人口对采暖的满意度尚可。"很满意"的有 29 人，占 10.1%；"比较满意"的有 119 人，占 41.5%；认为采暖"一般"的有 75 人，占 26.1%；对采暖"比较不满意"的有 29 人，占 10.1%；"很不满意"的有 23 人，占 8.0%；"说不清"采暖好坏的有 12 人，占 4.2%（见图 7－35）。

总体上看，有一半以上（51.6%）的外来人口对采暖满意。只有不到两成（18.1%）的人明确表达了不满。还有一部分人态度模糊，这与居住

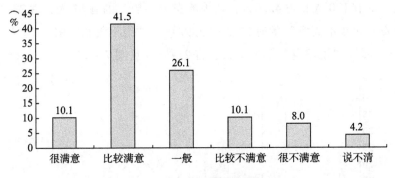

图 7 - 35 采暖满意度

年限有关，一部分人居住时间尚短，没有经历采暖季节，自然无法评价。

分析发现，各性别、年龄、教育和收入组评价无差异。

3. 社会服务满意度

（1）交通满意度

对交通的满意度尚可。数据显示，表示"很满意"的有 41 人，占 14.2%；"比较满意"的有 104 人，占 36.1%；认为交通"一般"的有 79 人，占 27.4%；有 33 人"比较不满意"，占 11.5%；有 28 人"很不满意"，占 9.7%；回答"说不清"的有 3 人，占 1.0%（见图 7 - 36）。

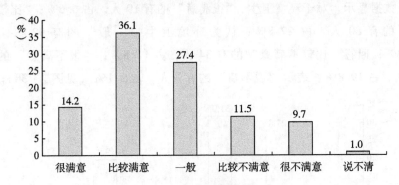

图 7 - 36 交通满意度

累计满意率为 50.3%，一半人比较满意。明确表示不满意的占两成略多（21.2%）。考虑到外来人口在做出评价时比较中庸的态度，这个比例也不算太低。

分析发现，各性别、年龄、教育和收入组评价无差异。

（2）治安满意度

调查结果显示，对治安表示"很满意"的有 39 人，占 13.6%；"比较满意"的有120人，占42.0%；认为治安"一般"的有67人，占23.4%；对治安"比较不满意"的有27人，占9.4%；"很不满意"的有26人，占9.1%；回答"说不清"的有7人，占2.4%（见图7-37）。

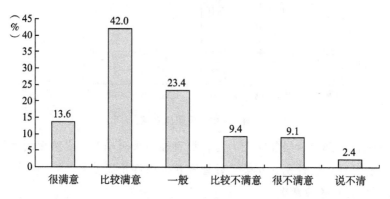

图7-37 治安满意度

统计分析显示，外来人口对治安的累计满意度为55.6%，显示出较高的满意率。

分析发现，各性别、年龄、教育和收入组评价无差异。

（3）环境卫生满意度

数据显示，对于环境卫生，"很满意"的有19人，占6.6%；"比较满意"的有80人，占27.8%；认为环境卫生"一般"的有92人，占31.9%；回答"比较不满意"的有34人，占11.8%；"很不满意"的有57人，占19.8%；表示"说不清"的有6人，占2.1%（见图7-38）。

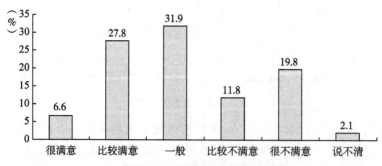

图7-38 环境卫生满意度

相对来说，对于环境卫生的态度对比较鲜明，形成三分天下的局面：满意率、一般和不满意率分别为：34.4%、31.9%和31.6%，可以说各执己见。

分析发现，各性别、年龄、教育和收入组评价无差异。

（4）绿化满意度

绿化问题满意度也不高。17人表示"很满意"，占5.9%；50人"比较满意"，占17.4%；选择"一般"的有79人，占27.4%；"比较不满意"的有31人，占10.8%；"很不满意"的有82人，占28.5%；29人"说不清"，占10.1%（见图7–39）。

对绿化的累计满意率只有23.3%，不满意率达到39.3%。考虑到外来人口整体上比较中庸的态度，实际的不满意率可能更高。

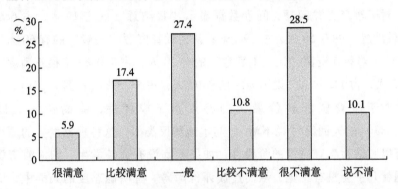

图7–39 绿化满意度

分析发现，各性别、年龄、教育和收入组评价无差异。

（5）停车满意度

问卷调查的数据显示，与居民一致，流动人口对停车的满意度也很低。对停车表示"很满意"的有13人，占4.5%；"比较满意"的有51人，占17.8%；认为停车"一般"的有57人，占19.9%；选择"比较不满意"的有48人，占16.8%；"很不满意"的有79人，占27.6%；回答"说不清"的有38人，占13.3%（见图7–40）。

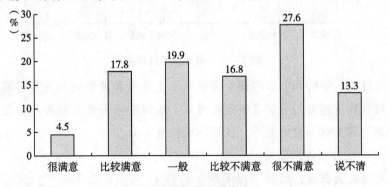

图7–40 停车满意度

停车的累计满意率只有 22.3%。虽然不如本地居民态度极端，但 44.4% 的累计不满意率也充分说明停车问题给大家留下了较差的印象。

分析发现，各性别、年龄和教育组评价无差异，收入对停车满意度有显著影响：收入越高的人满意度越低。这可能与高收入者有实际停车需求有关，此满意度是他们真实的感受和表达。

4. 福利服务满意度

（1）教育资源满意度

对于教育资源问题，问卷数据显示"很满意"的有 19 人，占 6.6%；"比较满意"的有 56 人，占 19.5%；认为教育资源"一般"的有 60 人，占 20.9%；对教育资源"比较不满意"的有 20 人，占 7.0%；"很不满意"的有 33 人，占 11.5%；"说不清"的有 99 人，占 34.5%（见图 7-41）。

对于教育资源评价最大的特点在于模糊性，有高达三成以上（34.5%）的人回答"说不清"。与本地居民类似，这种现象发生的原因大概可以归结为教育需求的阶段性，如果家庭没有适龄学生，则对教育资源问题就几乎会没有感觉，从而造成评价障碍。有明确态度的人群中，满意率（26.1%）要超过不满意率（18.5%），可见作为外来人口，对本地教育资源的评价比较积极。

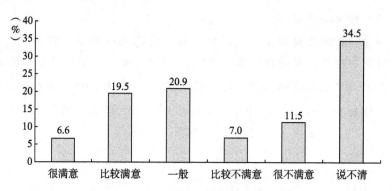

图 7-41 教育资源满意度

各性别、年龄和收入组评价无差异。受教育程度影响对教育资源的评价：教育程度越高的受访者满意度越低。这反映出受教育程度高的受访者的预期与现实有一定的差距，从而形成较低评价。

（2）社会服务满意度

对于社会服务，表示"很满意"的有 11 人，占 3.8%；"比较满意"

的有 44 人，占 15.3%；认为社会服务"一般"的有 65 人，占 22.6%；"比较不满意"的有 23 人，占 8.0%；"很不满意"的有 58 人，占 20.2%；"说不清"的有 86 人，占 30.0%（见图 7-42）。

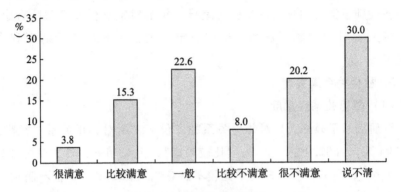

图 7-42　社会服务满意度

社会服务的累计满意率不足两成（19.1%），认同度不高。同样有三成的模糊选择，似乎暗示社会服务体系对外来人口的纳入有所欠缺，当然此判断还需要进一步验证。

分析发现，各性别、年龄、教育和收入组评价无差异。

（3）福利保障满意度

数据显示，对福利保障"很满意"的有 7 人，占 2.4%；"比较满意"的有 29 人，占 10.1%；认为福利保障"一般"的有 54 人，占 18.8%；"比较不满意"的有 23 人，占 8.0%；"很不满意"的有 74 人，占 25.8%；"说不清"的人达到 100 个，占 34.8%（见图 7-43）。

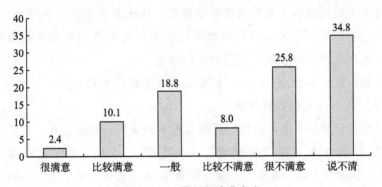

图 7-43　福利保障满意度

对福利保障的满意度不高，满意率只有 12.5%，不满意率达到

33.8%，对比较鲜明。与教育资源评价一样，此处也有三成以上（34.8%）外来人口选择了"说不清"，外来人口与相关福利保障实践隔绝可能是造成无法评价的一个原因。

各性别、教育和收入组评价无差异。年龄对福利保障满意度有影响：年龄越大者对此项越不满意。这在一定程度上反映出实际的福利供给不足。

5. 社会关系满意度

（1）邻里关系满意度

调研揭示了外来人口对邻里关系的评价。表示对邻里关系"很满意"的有94人，占32.9%；124人"比较满意"，占43.4%；52人认为邻里关系"一般"，占18.2%；3人"比较不满意"，占1.0%；"很不满意"的有3人，占1.0%；10人回答"说不清"，占3.5%（见图7-44）。

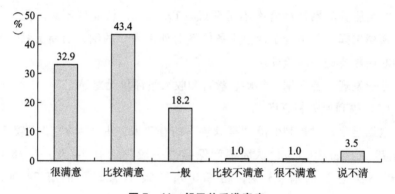

图7-44 邻里关系满意度

外来人口对邻里关系的满意度非常高，累计满意率达到76.3%。可见在人际关系层面，外来人口在本地居住和工作没有遇到很多的社会排斥，本地居民对外来人口表现出一定的接纳和包容。

分析发现，各性别、年龄、教育和收入组评价无差异。

（2）与本地人关系满意度

外来人口对与本地人关系的评价也是本调研的一个关注点。数据显示，80人对与本地人关系"很满意"，占28.0%；109人"比较满意"，占38.1%；认为与本地人关系"一般"的有74人，占25.9%；"很不满意"与"比较不满意"的共有3人，占1.0%；"说不清"的有20人，占7.0%（见图7-45）。

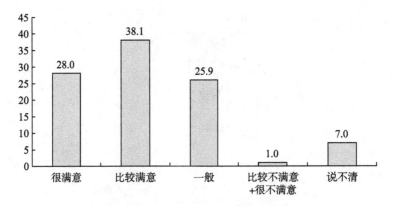

图 7 - 45   对与本地人关系的评价

总体来看，外来人口对与本地人关系的评价满意度比较高，累计满意率达到 66.1%，不满意率只有 1%。虽然略弱于对邻里关系的评价，也表现出非常乐观的态度。

分析发现，各性别、年龄、教育和收入组评价无差异。

五   社区治理中的社会参与

社会参与是反映社区治理效果的重要内容和指标。

鉴于本研究中社区正处于更新改造过程中，对其社会参与的测量既包括日常参与的内容，也包括其对本次修缮改造的认知与参与意愿。

(一) 日常参与

1. 日常公共参与意愿

调查结果显示，明确表示"希望"参与社区公共问题治理的有 535 人，占 72.4%；表示"不希望"的有 121 人，占 16.4%；回答"说不清"的有 83 人，占 11.2%（见图 7 - 46）。

从统计数字可以看出，居民对社区事务的参与意愿比较强烈，三分之二的人有参与愿望，表现出本地居民有较好的主体意识和参与习惯，如果善加引导、利用，是可以发挥一定积极作用的社会力量。

分析显示，性别和收入对参与意愿没有影响，年龄和教育造成一定的

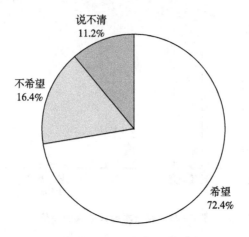

图 7 - 46　日常参与意愿

参与意愿差异。年轻人总体上参与意愿超过老年人，教育程度越高的居民参与意愿越高。

2. 社区活动参与频率

参与意愿固然重要，参与习惯也需要考虑。如果没有实际的参与经验，而只是主观上有参与意愿，则其在社区治理和修缮改造中可能发挥的作用也要仔细评估。调查显示，有 152 人表示过去"经常参与"社区组织的活动，占 20.5%；有 178 人选择"偶尔参与"，占 24.1%；"没参与过"的有 382 人，占 51.6%；"说不清"的有 28 人，占 3.8%（见图 7 - 47）。

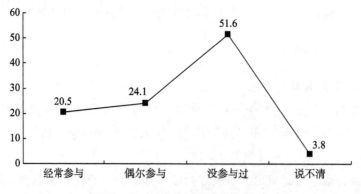

图 7 -47　日常社区活动参与频率

通过与参与意愿对比可以发现，MN 村居民实际参与行动要远远低于其参与意愿。这可能因为某些社区活动无法与居民的实际兴趣点对接，不能充分调动群众的参与热情，化愿望为行动；更可能的情况或许是表达意愿比较容易，而实际参与社区活动需要时间、精力的投入，而这些往往容易成为限制参与行动的因素，造成意愿与行为之间显著的差距。

分析显示，性别和收入对参与度没有影响，年龄和受教育程度造成一定的参与差异。总体来看，年轻人参与较多，受教育程度高的群体参与度超过受教育程度低的群体。

（二）改造认知与参与意愿

1. 改造责任认知

责任认定意见比较集中：认为是"政府责任"的有 612 人，占 81.5%；认为是"村委会责任"的有 134 人，占 17.8%；认为是"开发公司责任"的有 100 人，占 13.3%；认为是"全体村民的责任"的有 98 人，占 13.0%；表示"说不清"的有 82 人，占 10.9%（见图 7 - 48）。

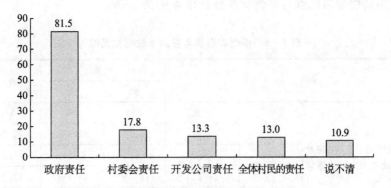

图 7 - 48　改造责任认知

分析显示，性别对改造责任的认知没有影响，年龄、受教育程度和收入对判断有一定影响。年轻人对政府责任的认同度超过老年人，年龄对其他事项认知没有影响。教育程度对政府责任认知有影响，总体来看，受教育程度高的认同度高，但受过中等教育者的认同度似乎还高过受过高等教育者的认同度。收入越低的居民越倾向于认同政府责任和开发公司责任。

2. 修缮改造参与意愿

表示"愿意"的有 529 人，占 72.4%；表示"不愿意"的有 85 人，占 11.6%；选择"说不清"的有 117 人，占 16.0%（见图 7 - 49）。

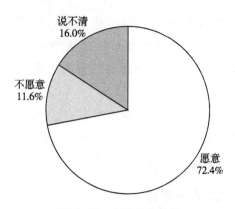

说不清
16.0%

不愿意
11.6%

愿意
72.4%

图7-49　改造参与意愿

3. 不同群体的参与改造意愿差异

统计分析显示，参与改造的意愿与性别、年龄、收入、居住年限、参与历史、总体满意度有关；与教育、住房面积、是否在本地就业等因素关系不大。

（1）男性居民的参与热情高过女性居民

不同性别居民参与热情交互分析结果见表7-6。

表7-6　修缮改造参与意愿＊性别交叉制

			性别		合计
			男	女	
如果有机会，您是否愿意参与此次 MN 村的修缮改造？	愿意	计数	260	252	512
		占比	76.0%	68.3%	72.0%
	不愿意	计数	42	41	83
		占比	12.3%	11.1%	11.7%
	说不清	计数	40	76	116
		占比	11.7%	20.6%	16.3%
合计		计数	342	369	711
		占比	100.0%	100.0%	100.0%

卡方分析的显著度为0.006，表明在5%的置信水平下，居民性别与参与意愿间显著相关。结合表7-6数据分析可知，男性居民的参与热情明显高于女性居民。

（2）年龄越大的居民参与热情越高

年龄与参与意愿的关系的交互分析结果见表7-7。

表 7 - 7　修缮改造参与意愿 * 年龄分组交叉制

			年龄分组						合计
			20 岁以下	21 ~ 30	31 ~ 40	41 ~ 50	51 ~ 60	61 岁以上	
如果有机会，您是否愿意参与此次 MN 村的修缮改造？	愿意	计数	2	32	37	69	218	167	525
		占比	28.6%	66.7%	62.7%	65.7%	79.3%	73.2%	72.7%
	不愿意	计数	1	6	10	15	24	28	84
		占比	14.3%	12.5%	16.9%	14.3%	8.7%	12.3%	11.6%
	说不清	计数	4	10	12	21	33	33	113
		占比	57.1%	20.8%	20.3%	20.0%	12.0%	14.5%	15.7%
合计		计数	7	48	59	105	275	228	722
		占比	100.0%	100.0%	100.0%	100.0%	100.0%	100.0%	100.0%

卡方分析的显著度为 0.012，表明在 5% 的置信水平下，居民的年龄与参与意愿高度相关。结合表 7 - 7 数据可知，年龄越大的人参与热情越高。

（3）高收入的人群参与热情低，低收入群体的参与热情高

收入与参与意愿的交互分析结果见表 7 - 8。

表 7 - 8　修缮改造参与意愿 * 月收入交叉制

			平均月收入								合计
			1500 以下	1500 ~ 3000	3001 ~ 5000	5001 ~ 8000	8001 ~ 10000	10000 以上	低保	无收入	
如果有机会，您是否愿意参与此次 MN 村的修缮改造？	愿意	计数	25	225	181	24	8	8	16	34	521
		占比	71.4%	75.5%	72.1%	63.2%	50.0%	72.7%	80.0%	68.0%	72.5%
	不愿意	计数	4	31	39	1	3			4	84
		占比	11.4%	10.4%	15.5%	2.6%	18.8%	0	10.0%	8.0%	11.7%
	说不清	计数	6	42	31	13	5	3	2	12	114
		占比	17.1%	14.1%	12.4%	34.2%	31.3%	27.3%	10.0%	24.0%	15.9%
合计		计数	35	298	251	38	16	11	20	50	719
		占比	100.0%	100.0%	100.0%	100.0%	100.0%	100.0%	100.0%	100.0%	100.0%

卡方检验的显著度为 0.016，表明在 5% 的置信水平下，居民收入与参与意愿高度相关。但不同收入组别的参与意愿趋势不同，无法简单概括。

为更准确观察收入对居民参与意愿的影响，我们对收入进行了重新分

组。根据本村居民实际收入情况，分成3000元以下低收入组、3001~5000元中等收入组和5001元及以上高收入组，分组后的分析结果见表7-9。

表7-9　修缮改造参与意愿＊收入重新分组交叉制

			收入重新分组			合计
			3000元以下	3001~5000元	5001元以上	
如果有机会，您是否愿意参与此次MN村的修缮改造？	愿意	计数	300	181	40	521
		占比	74.4%	72.1%	61.5%	72.5%
	不愿意	计数	41	39	4	84
		占比	10.2%	15.5%	6.2%	11.7%
	说不清	计数	62	31	21	114
		占比	15.4%	12.4%	32.3%	15.9%
合计		计数	403	251	65	719
		占比	100.0%	100.0%	100.0%	100.0%

卡方分析显示显著度为0.000，表明在置信水平为5%的情况下，居民收入与参与意愿显著相关。结合表7-9数据可知，收入越高的群体对地区改造的参与意愿越低。

（4）日常参与程度较高的人参与改造的意愿也强

本报告还分析了日常参与程度对改造参与意愿的影响，结果见表7-10。

表7-10　修缮改造参与意愿＊参与度交叉制

			参与度			合计
			经常	偶尔	从不	
如果有机会，您是否愿意参与此次MN村的修缮改造？	愿意	计数	127	119	269	515
		占比	85.8%	68.0%	71.5%	73.7%
	不愿意	计数	9	28	44	81
		占比	6.1%	16.0%	11.7%	11.6%
	说不清	计数	12	28	63	103
		占比	8.1%	16.0%	16.8%	14.7%
合计		计数	148	175	376	699
		占比	100.0%	100.0%	100.0%	100.0%

卡方分析的显著度为0.003，表明在5%的置信水平下，日常参与度与改造参与意愿高度相关。从表7-10数据可以看出，日常参与程度越高的

居民对改造的参与意愿也越高。

（5）居住年限越长的居民参与意愿越强烈

居住年限与参与意愿的分析结果见表7-11。

表7-11 修缮改造参与意愿＊居住年限交叉制

			居住年限分组						合计
			10年以下	11～20年	21～30年	31～40年	41～50年	51年及以上	
如果有机会，您是否愿意参与此次MN村的修缮改造？	愿意	计数	13	13	18	95	57	294	490
		占比	61.9%	48.1%	64.3%	72.0%	82.6%	75.2%	73.4%
	不愿意	计数	5	7	6	15	4	37	74
		占比	23.8%	25.9%	21.4%	11.4%	5.8%	9.5%	11.1%
	说不清	计数	3	7	4	22	8	60	104
		占比	14.3%	25.9%	14.3%	16.7%	11.6%	15.3%	15.6%
合计		计数	21	27	28	132	69	391	668
		占比	100.0%	100.0%	100.0%	100.0%	100.0%	100.0%	100.0%

卡方分析的显著度为0.024，表明在5%的置信水平下，居住年限与参与意愿紧密相关。结合表7-11数据，总体上看，居住年限越长的居民参与意愿也越高。

（6）对本地生活越不满意的人越希望改造

本地生活满意度与参与意愿的关系见表7-12。

表7-12 修缮改造参与意愿＊本地生活满意度交叉制

			本地生活满意度						合计
			很满意	比较满意	一般	比较不满意	很不满意	说不清	
如果有机会，您是否愿意参与此次MN村的修缮改造？	愿意	计数	32	111	181	86	92	3	505
		占比	71.1%	66.1%	69.9%	77.5%	82.9%	60.0%	72.2%
	不愿意	计数	7	34	27	11	4	1	84
		占比	15.6%	20.2%	10.4%	9.9%	3.6%	20.0%	12.0%
	说不清	计数	6	23	51	14	15	1	110
		占比	13.3%	13.7%	19.7%	12.6%	13.5%	20.0%	15.7%

		本地生活满意度						合计
		很满意	比较满意	一般	比较不满意	很不满意	说不清	
合计	计数	45	168	259	111	111	5	699
	占比	100.0%	100.0%	100.0%	100.0%	100.0%	100.0%	100.0%

卡方分析的显著度为 0.005，表明在 5% 的置信水平下，居民的本地生活满意度与其参与意愿高度相关。结合表 7 - 12 数据分析，满意度越高的人参与意愿似乎也高。

4. 修缮改造参与方式

愿意"参加讨论"的有 391 人，占 52.1%；希望"共享信息"的有 340 人，占 45.3%；表示希望"参与论证决策"的有 166 人，占 22.1%；希望"参与项目设计"的有 77 人，占 10.3%；选择"其他方式"的有 69 人，占 9.2%（见图 7 - 50）。

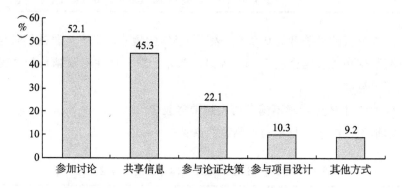

图 7 - 50　改造参与方式

分析显示，性别、年龄、教育和收入都会影响到参与方式的选择。希望参加讨论者中男性更多；20 岁以下和 50 岁以上群体更愿意参与项目设计；受教育程度越高的人越愿意参与论证决策；低收入群体更希望参加讨论，高收入群体更愿意参与论证决策。

讨论：城中村治理的价值实现

改造中城中村在安全、民生和尊严三个治理价值实现上具有不同的效果。

安全。安全大体分为环境安全、社会安全和心理安全。环境安全方面，居民总体上对社区硬件评价不低，只是对村庄排水存在一些疑虑。社会安全的实现程度相对较低，居民对社区治安的满意度较低。这主要受到本地大量外来人口聚居的影响。心理安全方面，居民对改造前景虽然较有信心，但是对改造后的生活选择仍存在某些不确定因素。

民生。民生保障尚有欠缺。社区停车、绿化等软件建设仍存在不足；村民福利满意度较低；居民对公共服务的期待还有较大的满足空间。

尊严。如果以社区治理中的意愿表达和参与频率来衡量居民尊严感的实现，则改造中社区治理的尊严实现仍有待完善。居民日常治理中的参与频率较高，公共事务参与不足。尤其相比于较高的参与意愿，参与行动仍显欠缺。

在资源禀赋与治理方式匹配上，政府主导型治理方式对改造城中村有一定的现实合理性。鉴于社区改造较高的资本投入和巨大的补偿成本，很难找到合适的市场主体承担修缮改造责任。但是在充分认识到政府主导作用的前提下，如何吸纳市场主体和社会主体参与到改造治理中来，仍然是未来要解决的问题。首先涉及改造资金的募集。政府投入毕竟有一定的限度，无法独自承担动辄上百亿的工程资本需求，这是市场主体进入的契机。其次，为了保障改造后获得较好的社会效果，广泛听取社区居民的意见和意愿，挖掘更多的参与渠道也是必要的措施。本研究的样本在实践中已经充分考虑到以上两方面，如何寻找合适的操作路径则正在审慎选择。倘能如此，则对提高治理过程中的居民尊严感，满足民生需求会有很大的帮助，从而有助于更全面实现社区治理的价值。

第八章

农村社区治理的案例与分析

一 农村社区的概念与内涵

（一）概念

2006 年 10 月，中央十六届六中全会提出："全面开展城市社区建设，积极推进农村社区建设，健全新型社区管理和服务体制，把社区建设成为管理有序、服务完善、文明祥和的社会生活共同体。"[①]

党的十七大做出统筹城乡发展、推进社会主义新农村建设的重大决策，为农村社区建设提供了更广阔的前景。

党的十八大明确将城乡发展一体化作为解决"三农"问题的根本途径。

农村社区建设是我国农村基层组织与管理方式的重要变革和创新，旨在构建新型的农村社会生活共同体，加快实现农业现代化、改善农民生活、缩小城乡差距，促进农村社区与整个社会的融合。

目前，学界对农村社区的概念、内涵有不同理解和认识，比较有代表性的有以下几种：（1）农村社区是指以自然村或行政村为主的，包括乡镇管辖区域和村民小组范围的社会生活共同体。（2）农村社区指农村各级居民点，即乡政府所在地、乡辖集镇和不同规模的村庄。（3）农村社区分为乡镇和村两个层次。（4）农村社区是有广阔地域，居民聚集程度不高，以

---

① 《关于构建社会主义和谐社会若干重要问题的决定》，https://baike.baidu.com/item。

村或镇为活动中心，以从事农业活动为主的社会生活共同体。（易国锋，2010）（5）农村社区又称农村共同体，或乡村社区、村落社区，是社区的一种基本类型，是以农业生产为主要谋生手段，由一定的人群、一定的地域、一定的生产和生活设施、一定的管理机构和社区成员的认同感等要素构成的区域社会共同体。（张璇，2013）

对于农村社区的特性，学者也有不同的关注点（李长健，2009）。有的学者强调农村社区有一个共同的中心点，如盖尔平1915年在《一个农业社区的社会解剖》中指出，"农村社区是由一个交易中心与其周围散居的农家合成的，要划定这样一个社区，最好是利用那个交易中心的交易行为所能达到距离，在其最远处画下记号，将这些记号连接起来形成了一个圆圈，圆圈以内就是一个农村社区"。有的学者以血缘关系为基础划定农村社区，李长健认为农村社区是以从事农业的人们为主体基于农村的血缘关系与地缘关系而组成的一种联合，按共同居住、相互关系、有共同的认同感和归属感的标准而建设。还有学者以农民经济活动范围为边界定义农村社区，李芹、马广海认为农村社区既不是一个血缘家庭，也不是一个社会组织，而是以农业为主要活动聚集起来的人们的生活共同体（李芹等，1999）；郑杭生也认为农村社区是居民以从事农业生产为主要谋生手段的区域社会（郑杭生，1999）。费孝通则揭示了农村社区的实质：礼治秩序，没有陌生人的社会即熟人社会；无为政治，基层社会结构的一根根私人联系构成的网络（费孝通，2006）。

随着近年来农村社区理论和实践的不断发展，新型农村社区主要作为一种基层治理主体，承担了整合农村资源、推行社区化服务管理模式、提供均等化的公共服务、促进农村经济现代化转型、加强基层民主建设以及培育农村社会组织等职能。

（二）北京农村社区发展概况

根据自然地理、人口及经济发展情况，北京农村地区大致分为三类，即近郊（朝阳、石景山、丰台和海淀）、平原地区（通州、顺义、昌平和大兴）和山区（门头沟、房山、平谷、怀柔、密云和延庆）。这三类地区之间存在着较大的差别。近郊地区农村地域小，人口稠密，经济较发达；平原地区农村人口较多，经济发展水平居中；山区农村地域广，人口少，经济欠发达（北京市财政局农业处，2012）。

近年来，北京农村社区建设不断取得进展。2005 年 10 月，中共十六届五中全会做出"建设社会主义新农村"的决定，提出了"生产发展、生活宽裕、乡风文明、村容整洁、管理民主"新农村建设的要求。2006 年，在中央一号文件《国务院关于推进社会主义新农村建设的若干意见》的推动下，北京市的规划重点逐步转移到新农村规划中来，加大对农村基础设施、基本公共服务、基本社会保障的投入。"十一五"规划明确提出"统筹城乡发展，建设社会主义新农村"的任务，用城镇化、新农村建设双轮驱动推进城乡一体化发展，发展中心城、新城、小城镇、新型农村社区等四级城镇体系。从 2010 年起，全面启动城乡结合部 50 个重点村城市化工程；优化布局 42 个重点小城镇，完善镇域规划体系，建立监测评价体系，设立 100 亿元规模的小城镇发展基金，一大批基础设施和公共服务设施项目相继实施；通过试点开展新型农村社区建设，探索郊区城镇化和新农村建设协同发展的新途径。2011 年，市政府出台《关于开展新型农村社区试点建设的意见》，前后设置 48 个新型农村社区试点，通过开展新型农村社区试点建设，转变农村经济发展方式，促进优质资源和要素向农村转移，实现农民充分就业和人口集聚，提高农村地区公共服务水平，探索郊区城镇化和新农村建设协同发展的新途径。2012 年，民政部推动"农村社区建设典型示范社区创建活动"，每个区县重点培育，全面铺开打造管理规范、服务完善、设施健全、特色鲜明的农村典型示范社区活动，并制定《北京市农村社区建设指导标准（试行）》，就农村社区政府、市场和社会各方面的建设给予指导性意见，作为北京农村社区建设的实施依据。

表 8 - 1　《北京市农村社区建设指导标准（试行）》

项目	目标要求	指 导 标 准
一 社 区 管 理 体 制	（一）完善农村社区管理体制	1. 社区（村）党组织设置合理、体系健全，充分发挥在农村社区建设中的领导核心作用，领导社区村（居）委会、社区服务站依照各自职责开展工作；
		2. 社区村（居）委会在社区（村）党组织领导下依法履行自治职能，宣传国家法律法规和党的政策，维护村（居）民权益，动员、组织村（居）民参与社区建设，及时向政府部门反映村（居）民意愿和要求；

项目	目标要求	指 导 标 准
一 社 区 管 理 体 制		3. 社区服务站在社区（村）党组织和村（居）委会的领导下开展工作，提供服务，实现任务统一安排、场地统一使用、经费统一调配、人员统一管理，定期向社区（村）党组织和社区村（居）委会汇报工作；
		4. 建立了由社区（村）党组织和社区村（居）委会负责人牵头，驻区单位、社区社会组织参加的农村社区议事协商机构，发挥协调联动作用，协调落实农村社区建设相关事务。
	（二）健全农村社区民主管理制度	5. 健全社区（村）党组织领导的充满活力的村（居）民自治机制，完善村（居）委会直接选举制度，规范村（居）民会议、村（居）民代表会议制度，健全村（居）务公开和民主管理制度；
		6. 实行城乡按相同人口比例选举人大代表，扩大农村居民在区县、乡镇人大代表中的比例；
		7. 坚持"两推一选"，扩大参加选举范围，村（居）民代表依法产生，村（居）民代表会议制度健全，每季度至少召开一次，与社区村（居）民有关的重大事项经民主讨论决策，深化民主选举、民主决策、民主管理、民主监督，推进村（居）民自治制度化、规范化、程序化；
		8. 建立村务监督委员会，加强村（居）务公开民主管理制度建设，将农村社区建设的各项资金补助和公益事业经费的使用纳入村级民主决策和村务公开范围；
		9. 建立群众利益表达机制，畅通民意反映渠道，通过设立民意接待室、举办民情恳谈会等方式，让居民群众以理性、合法、便捷的方式表达意见和利益诉求；
		10. 社区村（居）民在农村社区建设中发挥主体作用，积极主动参与社区志愿组织和志愿服务活动，形成了邻里和睦守望相助的和谐邻里关系和良好社区氛围。
	（三）培育社区社会组织	11. 通过政府购买服务、项目化运作等方式，培育和发展民间中介组织、行业协会、专业经济组织协会和社区志愿者组织，大幅增加了社区社会组织总量，每个社区至少拥有 3 个登记备案的社区社会组织；
		12. 优化社会组织结构，建立社区社会组织服务监督评价机制，提高了社区社会组织服务农村居民生产生活的能力和水平；
		13. 共青团、妇联、残联、红十字会、志愿者协会等组织发挥了提供服务、反映诉求、规范行为的作用，依法开展慈善、捐助、救助以及其他为群众服务的活动；
		14. 大力发展以农民专业合作社为主体的农村经济合作组织，提高了农民群众的组织化程度和参与市场竞争、抵御市场风险的能力，推动农村经济有序健康发展。
	（四）推动驻区单位参与	15. 驻区单位与社区建立了多种形式的资源共享、共驻共建机制，自觉服务和服从于农村社区建设的整体要求，充分挖掘、调动和整合内部资源积极参与、支持农村社区建设，为社区办实事；
		16. 驻区单位与农村社区建立结对帮扶关系，以资金、技术、信息、志愿服务等方式投入农村社区建设。

145

续表

项目	目标要求	指 导 标 准
二社区基础设施	（五）加强农村社区办公和服务用房建设	17. 社区办公和服务用房能够满足服务需求，具备水、电、暖、卫、通信、信息网络等正常使用功能，配备了能够满足工作需要的电脑、打印机、电话、传真机、复印机等办公设备；
		18. 按照"统一形象标识、统一项目设置、统一运行流程、统一服务规范、统一资源调配"的要求，建成了面积不低于50平方米的社区服务站，服务站办公和服务用房相对独立使用，其所在地交通便利，服务半径合理，便于提供服务和为居民办事；
		19. 农村社区办公和服务用房外部环境整洁、形象美观，内部区域划分合理，服务设施完善；
		20. 社区办公经费标准合理，拨付及时，来源稳定可靠，制定了科学的社区办公经费使用管理规范和相应的监督制度。
	（六）加强农村社区基础设施建设	21. 完善社区基础设施，建设党员活动场所、文化室、图书室、卫生室、连锁便利店、村（居）民议事所、全民健身设施以及农村法律服务室、社区警务站等公共服务设施；
		22. 社区公共服务设施布局合理、功能整合、配套齐全，室内外文体活动场所设备完好，使用安全方便，利用率高；
		23. 设施建设和维护所需资金和人员落实到位，制定了设备日常维护与定期更新的计划；
		24. 实施了农村社区道路硬化、河道整治、卫生改厕、村庄绿化等社区整治建设工程，建立了农村社区街路、供水管网、公厕、路灯等基础设施的长效管护运行机制。
三社区服务	（七）明确社区服务站的工作职责，规范社区服务站的运行管理	25. 社区服务站积极协助乡镇政府做好与居民利益有关的社区公共服务，协助社区村（居）委会组织开展社区志愿服务和便民服务，及时了解反映居民意见和建议，并努力解决存在的问题，积极支持和配合社区村（居）委会依法开展居民自治、人民调解，维护社区和谐稳定；
		26. 社区服务站根据社区实际和工作需要设置了常设岗位和特设岗位，社区服务站有关岗位与乡镇各科室、职能站所、社区服务中心实现了工作的有机衔接，明确了对应关系；
		27. 建立健全了首问责任、一口受理、限时办结、AB岗、投诉处理等规范的业务管理制度以及人员管理、经费使用、资产管理、站务公开、学习培训、岗位责任等内部管理制度，建立了规范的工作台账，对服务事项办理全过程进行了动态跟踪，全程监控；
		28. 在确保满足群众服务需求和保证每周工作时间不少于40小时的前提下，实行了弹性工时制，保证受理事项及时办理，对服务事项办理过程中出现的问题及时反馈和解决。
	（八）推进公共服务进入农村社区，提高公共服务水平	29. 依托农村社区服务站，开展了劳动就业、社会保障、社区养老、文体教育、人口计生、社区安全、流动人口管理、农技推广、动植物疫病防治和农产品质量监督等方面的服务，改善了农村居民的生活条件；

项目	目标要求	指 导 标 准
		30. 除社区卫生室和警务室单独设置外，其他公共服务事项均纳入了社区服务站，实行"一站式"服务，社区服务站服务项目齐全、服务流程清晰、服务标准规范，采取多种形式公示服务项目，方便居民办事；
		31. 建立了标准化社区卫生室，为社区居民提供预防、保健、康复、计划生育技术和一般常见病、多发病的诊疗服务，居民在社区的医疗服务需求和初级卫生保健得到基本满足，居民的健康水平不断提高，广泛开展健康知识宣传教育活动，举办健康知识讲座，居民的健康意识不断增强；
		32. 按照"一区一警"或"一区多警"模式建立健全了农村社区警务站（室），构筑起了以社区民警为主导，社区治保会、社区治安联防队和物业保安为依托，社区居民积极参与的群防群治网络，群众安全感显著增强。
	（九）积极开展社区志愿互助服务，实现志愿服务制度化	33. 社区志愿者组织健全，至少组建了两支以上的社区志愿者队伍，形成了特色鲜明、影响广泛的志愿服务品牌；
		34. 建立了社区志愿者招募和注册管理制度，依托96156首都社区志愿服务信息网对志愿者注册登记进行网络化管理，对已招募的社区志愿者进行培训，提高了志愿服务的专业化水平；
		35. 充分发挥"五老"作用，组织动员社区居民、驻区单位和各类社区组织积极参与人民调解、拥军优属、治安防范、普法宣传、法律援助、环境保护等志愿服务，支持协调社区志愿者队伍经常性开展社区志愿服务活动；
		36. 协助有关方面积极开展面向社区老年人、未成年人、低收入人群、优抚对象等群体的生活扶助、互助互济、扶贫帮困等服务活动，对"五保"对象、残疾人、单亲家庭实施分类救助，引导居民根据共同需要开展自我服务、互助服务。
	（十）大力发展社区便利服务，满足农村居民多样化服务需求	37. 以96156社区公共服务平台为载体，以社区服务站为依托，开办了居家养老（助残）、代办代理、便利缴费、商品配送、农科咨询等一批便民利民服务项目；
		38. 积极引进电信、金融、邮局等服务机构在农村社区设立服务点，鼓励和支持各类社会组织、企业和个人以市场运作方式发展餐饮娱乐、物流配送、物业管理等农村新型便民服务业；
		39. 开通社区便民服务热线，采用电话、传真、网络等多种信息服务手段建立农村社区信息服务网络。
四 社区文化建设	（十一）加强精神文明建设，倡导健康文明的农村新风尚	40. 弘扬"北京精神"，以大民政文化为引领，加强社区居民的政策法规教育、思想道德教育和科学文化教育，引导居民树立首都意识、大局意识、首善意识，形成健康向上、文明和谐的社区文化氛围；
		41. 深入推进文明村镇、文明家庭创建活动，利用社区各种宣传栏、板报宣传社会主义精神文明，倡导科学、文明、健康的生活方式，构建"守望相助、和谐相处"的邻里关系，形成崇尚科学文化、反对封建迷信的良好风气；

项目	目标要求	指 导 标 准
五 社 区 工 作 队 伍	（十二）提高社区居民的科学文化水平，丰富群众精神文化生活	42. 发挥广播电视村村通、文化信息资源共享和农家书屋等重点文化工程的作用，组织开展农村劳动力转移和新型农民科技培训，普及农村法律知识和农业科技知识，提高农民的科学文化素质；
		43. 充分利用社区文化站、图书室、社区课堂、社区广场等公共服务设施，培育和发展群众性文艺团队，通过举办农村传统节庆、民间艺术和文艺竞赛等活动，打造农村社区文化特色品牌，满足农村群众日益增长的精神文化需求；
		44. 认真贯彻落实《全民健身条例》和《北京市全民健身实施计划（2011—2015 年）》，完善农村社区体育健身设施，充分发挥包括乡镇综合文化站在内的综合服务设施作用，利用好农村学校、企事业单位的体育设施和体育人才资源，在传统节日和农闲季节广泛组织农民体育活动，办好基层农民运动会。
	（十三）加强社区工作者队伍建设，充实农村基层工作力量	45. 结合农村社区（村）党组织和村（居）委会换届选举，调整充实了"两委"班子，按要求配备了至少 1 名社区专职党建工作者，社区村（居）委会成员按要求配备到位，社区服务站工作人员按照所服务地域的实有户数配备，每 300 户村（居）民配备 1 名专职工作人员，600 户以下的配备 2 人；
		46. 完善高校毕业生到村任职制度，常年保持每村至少 2 名大学生"村官"的规模，支持到村任职高校毕业生通过法律程序进入村"两委"班子；
		47. 规范社区协管员队伍，通过在岗培训、转岗安排等方式，将符合条件的各类社区协管员纳入社区服务站规范化管理，统筹使用。
	（十四）健全教育培训制度，提高社区工作的专业化、规范化水平	48. 将农村社区工作者纳入社会工作人才队伍建设，建立了完善的民主评议、考核奖惩、培养选拔等机制，落实其工资补贴、福利待遇、工作经费；
		49. 建立了社区工作者培训制度，对社区工作者进行了全员培训，平均每年培训时间不少于 40 学时。组织社区工作者参加了国家社会工作者职业水平考试，社区至少配备了 1 名取得国家社会工作者职业水平证书的专业社工或高校社会工作专业毕业生。
六 社 区 信 息 化	（十五）加快农村社区服务信息平台建设，提高社区信息化管理和服务水平	50. 建立了兼容各项社区业务，供乡镇中心和职能科室、社区村（居）委会、社区服务站、社区（村）党组织、社区社会组织、物业服务企业等各方面共同使用的多功能社区业务综合信息系统，实现了与区（县）政府相关职能部门应用系统的有效衔接；
		51. 社区服务站与 96156 社区信息服务平台及乡镇其他相关信息化办公系统实现了联网对接，整合了各类社区服务热线，提高了服务手段的科技含量，与社区居民利益密切相关的各类公共服务事项在社区得到了及时、高效办理。

续表

项目	目标要求	指 导 标 准
七保障机制	（十六）加强农村社区党建工作，发挥社区（村）党组织的领导核心作用	52. 通过调整组织设置、改进领导方式、创新工作方法、完善运行机制、拓展活动内容，实现了农村社区党建在工作上的全覆盖，打牢了党在农村的执政基础；
		53. 适应农村社区工作特点，建立健全了社区（村）党组织与社区村（居）委会联席会议制度，规范议事规则和决策程序，完善各项工作制度，按照统筹联动原则，积极开展农村社区区域化党建工作，围绕地区性、群众性、公益性工作，协调解决农村社区建设中的重要问题，充分发挥了社区（村）党组织推动发展、服务群众、凝聚人心、促进和谐的作用；
		54. 深入组织开展创先争优活动，形成创建先进基层党组织，争当优秀共产党员的社区基层党建氛围，推动创先争优活动与农村社区建设有机结合。坚持和完善党员设岗定责、依岗承诺、志愿服务和帮扶结对等制度，完善和落实创先争优的长效机制，充分发挥广大党员在建设农村社区中的先锋模范作用。
	（十七）坚持政府主导，加大对农村社区建设的投入力度	55. 县（区）和乡镇政府建立了农村社区建设组织协调机构，明确了各相关职能部门在农村社区建设中的职责，建立了农村社区建设联席会议制度，协调解决农村社区建设的相关问题；
		56. 将农村社区建设纳入了新农村建设的总体规划，按照统筹城乡发展、居住人口适度、服务半径合理、资源配置有效、功能相对完备的要求，以县（区）为单位编制农村社区布局和建设规划；
		57. 完善农村社区建设经费投入机制，各级政府将农村社区建设经费纳入同级财政预算，与新农村建设经费统筹考虑，并建立自然增长机制，确保满足农村社区建设、日常管理服务和工作人员工资福利待遇需要；
		58. 加大对社区举办公益事业的支持力度，社区公益事业专项补助资金及时足额拨付到位，建立健全了社区公益事业专项补助资金使用管理制度；
		59. 建立政府购买服务制度，按照"权随责走，费随事转"的原则，将一部分社会管理和公共服务事项交由社会组织办理，鼓励社会组织承接社区公共服务项目，举办公益事业。
	（十八）强化理论研究和宣传引导，创造良好的社会氛围	60. 建立起相对稳定的农村社区建设理论研究队伍和研究基地，学习借鉴城市社区建设和其他地区农村社区建设的经验，调查研究影响当地农村社区建设发展的突出问题；
		61. 采取广大农民群众喜闻乐见的形式，向农村社区居民宣传社区建设带来的好处和实惠，努力培养和提高社区居民的主体意识和参与意识，使他们了解、支持并积极参与农村社区建设；
		62. 大力宣传农村社区建设的重要意义、主要内容和政策措施，及时总结推广农村社区建设的好经验和好做法，形成农村社区建设的良好社会氛围。

资料来源：《北京市民政局关于做好 2013 年北京市农村社区建设典型示范社区创建活动的通知》，北京市民政信息网。

"十二五"期间，北京市农村建设取得了很大成绩。全市制定实施了新农村"五项基础设施"建设规划和"三起来"建设规划（"5+3"工程），全面解决农村安全饮水、照明、粪污处理、交通等问题。截至2013年底，全市已累计投资近300亿元，完成了"5+3"工程全面建设。2014年，市政府又出台《提升农村人居环境推进美丽乡村建设的实施意见（2014~2020年）》，全面启动美丽乡村建设，决定在今后每年将以不低于15%的比例确定当年实施美丽乡村建设的村庄名单，重点实施"减煤换煤"、农宅抗震节能改造等9项工程，提升全市新农村建设的质量和水平。①

2015年作为"十三五"规划之年，农村发展面临新的发展和挑战。作为新农村建设的重要抓手，农村社区建设是关系到农村可持续发展的关键。

二 农村社区的特征及治理要素

（一）农村社区的特征

1. 城市化进程中，农村规模及人口呈缩小态势

随着城市化的深入发展，北京农村耕地面积逐年萎缩，乡村人口占全市总人口的比例不断下降。

据2014年公布的北京市第二次全国土地调查数据，截至2009年底，全市共有耕地22.71万公顷，比1996年第一次全国土地调查时净减少11.68万公顷，年均减少8980.9公顷。而根据此前北京市公布的到2020年末全市规划耕地保有量红线数据来看，截至2009年，北京的耕地面积距红线要求仅剩1.25万公顷。自2010年以来，虽然全市年均减少耕地面积得到明显控制，但耕地面积快速逼近红线的趋势未出现明显改变，耕地保护形势依然十分严峻。

乡镇建制进一步减少，2014年，全市18个乡112个镇，比2009年底40个乡142个镇减少近30%。

人口方面，乡村人口数量上有微量增加，但比重呈逐年下降趋势。2010

---

① 《农村基础设施，五年投了300亿》，《京郊日报》2014年9月29日。

年，全市常住人口中，居住在城镇的人口为 1685.9 万人，占常住人口的 86.0%；居住在乡村的人口为 275.3 万人，占常住人口的 14.0%；[①] 到了 2014 年末，全市常住人口 2151.6 万人，其中，城镇人口 1859 万人，占常住人口的比重为 86.4%，乡村人口 291.6 万人，占常住人口的比重为 13.6%。[②]（见图 8 - 1）

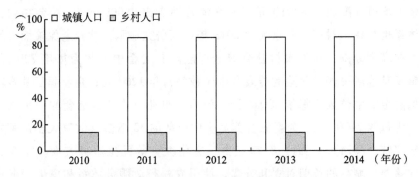

图 8 - 1　2010～2014 年北京城乡人口比重
资料来源：主要年份国民经济和社会发展结构指标，《北京区域年鉴 2014》。

2. 空间区位偏远，交通不便利

农村社区大多地处偏远，北京还有相当一部分在山区，交通不便，出行成本较高，对于在城镇工作的人口吸引力不强。城镇化对原有乡村经济模式和社会网络的冲击较大，农村不再是单一且封闭的状况，多元开放的格局逐渐成型，给社区治理带来新的机遇和挑战。

3. 人口结构性矛盾突出，劳动力缺乏

农村社区人口密度小、受教育程度低，青壮年人口大量流入城市，老龄化严重。人口老龄化导致抚养比不断提高，社会保障体系和公共服务体系压力加大，传统农业生产结构和家庭结构重组，生产、生活秩序改变，社会代际和谐关系受到挑战。同时，农村之间、城乡之间存在人口空间、产业分布不尽合理的状况，就业人口职业素质低、技能缺乏，人口职业结构相对简单，同质性较强，劳动力结构性矛盾长期存在。

4. 集体经济发展不平衡，对自然资源依赖较为严重

经济结构较为单一，集体经济发展不平衡，受自然资源环境和村领导

---

① 六普数据。

② 北京统计信息网：《全市 2014 年末常住人口》，2015 年 1 月 22 日，http://www.bjstats. gov.cn。

班子能力影响较大。产业结构调整进度不一，非农产业比重逐渐上升，但"吃瓦片"现象严重，自身经济建设能力不足。

5. 城乡二元结构问题明显，公共服务体系不健全

城乡收入和消费水平存在较大差异，社会福利待遇差距明显。据 2014 年统计局数据，农村人均纯收入 20226 元，人均生活消费支出 14529 元；城镇人均可支配收入 43910 元，人均消费性支出 28009 元。[①] 社会福利保障体系也存在不对等，北京大学 2013 年一项研究显示，就养老保险而言城乡存在高度分割：新型农村社会养老保险的养老金中位数为每年 720 元；城镇及其他居民养老保险的养老金中位数为每年 1200 元；企业职工基本养老保险金的中位数为每年 18000 元；政府或事业机构的养老金的中位数最高，为每年 24000 元，为新农合养老金中位数的 33 倍多（北京大学国家发展研究院，2014）。同时在医疗卫生、文化教育等民生服务方面，城乡也存在落差，城乡的长期对立和分离，使得农村行政服务体系和民生服务体系方面均相对落后，农民面临办事难、看病难、救助难、上学难等问题。

6. 居民地缘、血缘关系密切

居民之间血缘地缘关系密切，是一个熟人社会系统，家庭、宗族、习俗的力量虽然不断削弱，但在社区事务中依然占据重要地位。虽然农村社区成员"原子化"加剧，但农村家庭依然是农村组织的主要构成单位，担负着生产、消费、文化娱乐等功能，社区组织在其活动过程中也往往把家庭视作接受任务的单位。

就本研究重视的社区禀赋，即区位、资源和传统三要素而言，农村社区具有的特点参见表 8-2。

表 8-2　农村社区具有的特点

农村社区	区位	资源	传统
	远离城市，交通不便	农业为主，耕地保护，宅基地，集体经济，"吃瓦片"	地缘、血缘关系密切，大体相同的生活方式、价值观和行为规范，家庭功能突出，农村聚落形态和治理传统

---

① 北京统计信息网：《2014 年 1~12 月城镇居民收入情况》、《2014 年 1~12 月城镇居民消费支出情况》、《2014 年 1~12 月农村居民收入情况》、《2014 年 1~12 月农村居民消费支出情况》，2015 年 1 月 22 日，http://www.bjstats.gov.cn。

（二）治理模式及治理要素

马克斯·韦伯认为，有效的统治建立在权威之上，权威包括法理权威、传统权威和魅力权威（韦伯，1997），这三种权威的综合作用在农村社区表现得比城市社区更为明显。乡村政权组织、家族宗族体系的传统规则以及村领导的人品和能力均对村庄发展起着不可忽视的作用，市场和社会的力量相对薄弱。

1. 政府部门

乡镇一级政府作为基层政权组织，对农村社区进行政策引导、资金扶持、提供公共服务和制度支持，代表法理权威。由于《村民委员会组织法》对乡镇与村庄的关系界定比较模糊，政府部门与农村自治组织之间常常存在职能错位和权责不明晰的状况，自治组织作用的发挥与乡镇政府的职能安排和制度设置有密切关系。很多农村社区存在自治组织过于依附政府部门的状况。

2. 自组织：村民委员会

村民委员会作为农村自治组织，主要承担三种职能：一是经济功能，作为集体财产的管理者，管理村集体土地和财产，主要表现为组织、协调、管理生产经营活动，提供产前、产中、产后服务，分配集体收入等；二是政治功能，作为基层政府行政事务的受托者，实施一些行政行为，主要表现为贯彻执行党和政府的方针政策，维护村民的合法权益，推进村民自治和基层民主法制建设等作用；三是社会建设和文化功能，作为农村社区的管理者，负责农村社区管理和社会建设，主要表现为发展教育事业、组织开展文化娱乐和体育活动，改善社区环境、维护治安、调解民间纠纷、管理计划生育、发展社会保障和福利事业等公共事业和公益事业。

3. 在地精英

作为村庄领导者的村党委（支部）书记、村委会主任个人，其能力和魅力往往会直接影响农村社区的发展方向和发展程度。一个具有政治远见、经济头脑、奉献精神、良好群众基础的组织者、带头人，不仅能够准确把握农村社区的定位，制定适合的发展策略，而且具有强大的号召力和凝聚力，能有效协调社区与上级政府、社区与村民、社区与驻村企业以及村民之间、村落之间的关系，吸引和整合资源，带领其所在社区和谐发展。另外，由于农村的特殊性，宗族精英、能人和新乡绅等势力也是不可忽视的力量。

4. 公司组织和社会组织

随着社区建设的深入，越来越多的公共服务部门和社会组织介入农村社区。比如吸取城市社区经验的物业公司作为社会企业参与社区治理，不少村集体与物业公司合作，管理垃圾处理等日常事务。

这些治理要素之间相互合作，形成农村社区治理多元主体。要素之间的不同链接模式构成了不同治理模式，而市场选择是治理要素相互链接中的重要关系。就政府和自组织之间的关系，农村社区治理大致有三种取向：管理式、合作式和自治式。管理式的社区治理模式强调政府的行政作用，社区治理主体是政府，政府与自组织之间的治理结构是上下级关系。合作式治理模式的特点是治理主体多元合作，社区治理结构从单一的垂直关系向网状结构发展。自治式治理模式更加强调民主自治和居民参与，治理的主体是居民和社区自治组织，政府起到引导、服务和监督的作用。

（三）案例

传统农村社会，政府和家族的力量较为强大，而随着新型农村社区建设的推进，政府、市场和社会的合作越来越受到重视。本研究关注的各社区治理理论类型在农村社区也有所体现。

1. L村——协商民主型

L村位于顺义区东北部，距北京城区60公里，距顺义城区25公里，距首都国际机场35公里，毗邻公路和旅游区。虽然区位偏远，但交通相对便利，有直达县城的班车。

村域面积1196亩，耕地面积505亩。全村168户，常住人口450人，流动人口88人。党员25名，村民代表14名。劳动力210人，其中从事第一产业的30人、第二产业的80人、第三产业的100人，村民就业率达98%。全村集体收入从2005年的90万元上升到2013年的590万元，村人均年收入从7023元增至14435元。该村连续受到表彰，获得"首都文明村"、"首都绿色村庄"、"北京市先进村民委员会"、"北京市最美乡村"等荣誉称号，社区建设卓有成效。就目标价值实现而言，主要体现在享受到较高质量的民生服务和村民对集体治理的较高参与程度，这得益于多元主体合作的资源整合能力。

该村社区治理模式以村委会为核心，整合各治理要素为农村社区建设服务，改善社区环境、完善公共服务体系、提高民生服务水平。

（1）镇政府开展"三级联创"活动，整合区域资源。

镇政府为 L 村发展提供了良好的政策环境。该镇立足生态环境优势，以"发展高端产业，实现绿色就业"为目标，积极推动镇域各农村社区的合作与整合。发挥党的核心领导作用，推行党群"1+1"工作模式，在全镇建组分区，结合网格化管理划分村民小组，每组合理配置党员并选取一名党员为网格组长，村"两委"干部任片长，包村领导为一级网格组长，在此基础上细化工作组责任，同时加强党员管理，通过打造在职党员回（社区）村服务平台，按需设岗，激发党员为民服务热情。建立健全村级组织系列工作台账，重新建立村级基本信息、村级后备干部、入党积极分子、困难党员等四个方面的工作台账以及重新编写村级情况简介，并依托镇经管站的农村基层组织信息系统，对村级基本信息、村"两委"干部信息、村务监督委员会成员信息、村民代表信息、党员信息、入党积极分子信息等内容进行了系统录入及上报，进一步规范了村级台账管理，准确掌握了基层第一手资料。按照动员培训、全面普查、讨论修订、党委审议、推广执行 5 个阶段切实推进村规民约修订工作，加强村级自治基础，进一步改善村风民风。

公共服务方面，以模范带头、全面铺开的方式建立完善服务体系。推进环境建设，深化落实液化石油气下乡、平原造林任务、水环境治理（再生水厂设计、河道排污口治理、畜禽养殖场污水排放改造等）。开展安全宣传和培训。开展矛盾纠纷动态排查化解，坚持领导接访日、信访日报告和目标责任制，强化落实领导信访包案和党政一把手接待制度，分类协调解决信访问题。畅通农民就业渠道，大力促进充分就业，一方面加强农民就业能力建设，通过加大对农村新成长劳动力的"订单培训"力度，确保青年劳动力"职业培训 100%，掌握技能 100%"，加大技能人才培养力度，推动劳动力向高端产业、高效企业、高薪岗位置换，实现"人力资源"向"人力资本"转变，另一方面深入推进农民就近就业（以五彩浅山开发和平原造林工程为契机，实现绿岗就业以及吸引农民在发展民俗旅游中就业，实现农民一产就业员工化）和走出去就业，增加工资性收入；健全社会保障体系，抓实社会救助工作，出资帮助群众参加新农合，升级医疗卫生、文化教育设置，落实困难救助政策（发放残疾人生活补助、改善低收入群体和优抚对象居住条件等），深化养老服务，构建特色养老服务体系。改善基础设施，美化村容村貌。丰富基层文化生活，举办广场舞展演、百姓宣讲、十月金秋等系列文化活动，加强对传统村落保护和发展。鼓励社会组织发展，如巧嫂合作社等。狠抓富民惠民工程，完善全程办事代理规章制度和便民服务事项，促进社会事业协调发展，建立"网站、LED屏、就业热线、QQ群、微博、手机"六位一体信息服务平台，实现精细化就业管理与服务。

该镇政府职责明确，理顺与村自治组织关系，做好服务和管理工作，以制度化的设计形成联动体系，激发镇辖农村社区的自治活力。

（2）自治组织发扬基层民主，推行社区合作治理。

L村领导班子实行五委制，村党支部和村委会成员交叉任职，组成"党员＋村民代表＋村民"共建小组，分片管理，入户了解百姓问题和需求，定期召开党群共建例会，实行365天值班制度，常设为民服务窗口，"两委"干部轮流坐班。

经济方面，主要依托便利的交通优势和地理优势，通过加强与外界的联系，整合村庄现有资源，积极招商引资，实现土地规模经营，扩大村民就业，增加集体收入。对于现有建设用地，村委会积极招商引资，共引进6家工业企业。村民在获取企业缴纳的土地租金的同时还可以在企业上班。对于农业用地，村委会根据自身实际情况，自主经营一部分，同时积极引进具有资质的农业企业承租经营。目前共引进2家农业公司，主要从事生态农产品的种植和销售，可提供50余个就业岗位。同时，整合集体土地、环境资源，结合生态种植项目，开发现代农业观光采摘和民俗旅游项目，筹备成立民俗旅游合作社，统一经营管理村内闲置房屋，开发特色民俗户。

社区管理方面，以民生服务为导向，整合政府、村集体、驻村企业和居民等多方资源，完成道路硬化、太阳能公共浴室建设等基础设施升级改造、完善社区配套设施、加强农村职业教育和培训、拓宽就业渠道、组建由村民组成的社会治安巡防队及治安岗亭，实施24小时值班制。L村老龄化严重，劳动人口大多向城镇转移，全村70岁以上老人43人，60岁以上老人 96 人，占常住人口的 31%，因此社区服务以老年人生活保障及丰富精神文化生活为特色，并将民生服务与经济建设相结合，打造慢生活文化产业主题街，引进燕京文化广场，为老年人提供免费服务的中医养生保健等项目。

（3）村委书记的能人作用。

L 村村委书记为本村人，对本村情况熟悉，占据熟人社会的人际关系优势，拥有良好的群众基础。同时思路开阔，有经济眼光和协调各级关系的能力。在任期间，获得区政府、镇政府资金的大力支持和政策支持，能积极引进社会企业，获得企业资金投资用于社区基础建设和民生建设，深化共建互赢关系。在发展经济的同时，注重农村可持续发展，引入多家生态有机农业企业。在尊重农村习俗和保护环境的基础上开放社区治理平台，吸收企业、公益事业和组织及居民参与社区治理。

2. X 村——休闲养老型

X 村位于怀柔区西南部，属于怀柔浅山区，距北京城区 45 公里，距怀柔县城 20 公里。该村四面环山，果林茂密，传统以板栗业和冷水鱼养殖业为主。

村域面积 9.65 平方公里，其中山场面积 4400 亩，果林面积 3400 亩。总人口 679 人，18 岁以下的为 136 人，18～60 岁的为 430 人，60 岁以上的为 113 人。

该村由于拥有得天独厚的地理位置和旅游资源（长城），发展起一种特别的新型社区——乡村休闲养老社区。具体做法是村里成立农宅养老合作社，将闲置农宅统一承租给合作社管理，并引入社会资本参与投资开发，将闲置农宅重新装修改造，打造成为城市高端养老人群的养老宅院。2014 年，X 村休闲养老农宅专业合作社在工商部门完成注册，作为组织管理农民并与社会资本开展合作的主体。农民将所有的闲置房屋流转到农民专业合作社，成为社员。合作社在区、镇政府的指导下与企业开展合作，确定好合作形式、管理形式、收益分配方案等内容，在每年取得收益时对社员进行分红，并对社员进行管理。企业作为投资和经营者，投入资金对老宅院进行统一改造，建设公共配套设施，完善生活服务体系，组织农事活动和文化休闲生活，吸纳本村村民就业；运营方面，制定运营方案，建立客户准入和退出机制，制定收费办法、提供服务项目等，入住、消费、建议、投诉全程跟进、公开透明。区、镇政府则做好招商引资工作，集成各项扶持政策，对试点村在基础设施建设、公共服务配套、简化审批手续等方面给予一定支持，同时监督合作社的运营，维护农民权益。

合作社首批吸收 35 套闲置农宅，每套农宅"租期 20 年，一间正房年租金 5000 元，20 年的租金一次性付清"，目前已改造完成，投入运营。

此模式以市场为导向，将经济发展与社会养老服务相结合，利用本村优势和特点寻求农村社区发展的新途径，盘活集体经济，提高村民收入。

（1）市场需求。

乡村休闲养老社区首先是市场的需求，在一项对北京市 7 个区的 350 名城市老人进行的问卷调查中，86.1% 的老人有强烈意愿想到农村享受新型的养老方式。其次，农村具有闲置的房产资源。近年来，随着农村劳动力向城市转移，农村闲置房屋数量逐年增加，据市农村经济研究中心数据显示：目前京郊农村有闲置农宅的村达 81.3%，闲置宅基地面积占宅基地总面积的 5.3%。房山、昌平、怀柔闲置宅基地比重较大，分别为 31.9%、13.5% 和 10.1%。而且农宅不能上市交易，只能在村集体成员内部转让；由于位置偏远，出租也难以找到合适的租客。党的十八届三中全会《中共中央关于全面深化改革若干重大问题的决定》提出："保障农户宅基地用益物权，改革完善农村宅基地制度，选择若干试点，慎重稳妥推进农民住房财产权抵押、担保、转让，探索农民增加财产性收入渠道。"《北京市人民政府关于开展新型农村社区试点建设的意见》中也鼓励在坚持最严格的耕地保护制度和集约节约用地的前提下，积极探索和完善新型农村社区试点建设过程中涉及的土地政策。乡村休闲养老社区的成立是在新的农村土地政策的背景下，寻求市场与资源有效匹配的尝试。这种模式一定程度改变了农村社区固定资产资本化程度低的问题，增加了村民收益，同时为养老服务提供了新的途径。

（2）村委会统筹协调。

村委会协调政府、市场、村民和社会资本各方关系，统筹项目实施。村委会以"新三起来"（土地流转起来、资产经营起来、农民组织起来）工作为抓手，按照于法周严、于事简便和可复制、可推广的原则，通过政策集成，引进了有实力、有规模的优质社会资本，实现农民的增收致富，农村集体经济发展壮大。同时把社会养老前置化，扩展和细分高端休闲养老市场，通过为身体健康、拥有自理能力的健康老人提供乡村休闲养老服务，缓解城市中心的养老压力。试点工作采取的是农村闲置房屋所有权、使用权、经营权"三权分离"的原则，"农户＋合作社＋企业"的经营模式，建立起了"农民所有、合作社使用、企业经营、政府管理服务"四位一体的运行机制。

此模式整合市场、社会资源，一方面村集体经济盘活壮大，增强了自身建设能力，村民收入和就业岗位增加。同时公共服务和民生服务也得到改善：为与养老社区配套，村镇对附近河道和环境进行了综合治理，并对取暖系统等进行了改造。村委会还利用闲置的办公楼建起了社区综合服务中心，内设公共食堂、休闲酒吧、餐吧、洗衣房等公共服务设施。两处闲置的宅基地设立卫生服务站，安装上了专业的医疗设备，配备了专业医务人员，并进行了医保定点资格认定。另一方面引入社会资本，由公司组织具体运营，并负责相关配套设施的资金投入和日常管理。[①]

3. W 村[②]——政府主导型

W 村位于大兴区，距北京市中心 35 公里，距河北省固安县 15 公里路程。村庄毗邻京开高速公路，交通便利。

W 村是一个行政村，全村 49 户，人口 162 人，村民主要以精品小西瓜和特色蔬菜采摘作为主要经济来源，集体经济凋敝，公共设施匮乏。该村与外界的社会互动以学生升学和青年当兵为主，外出打工人员较少，40 岁以上的村民一般在本村务农，比较封闭。在治理方式上，传统的影响较大。W 村主要以"王"姓为主。王姓有两个分支，稍大一点规模的王姓家族 20 户左右，小一点规模的王姓家族 15 户左右，家庭经济以农业为主。此外，有赵、李、柳等独姓长期居住，他们被王姓家族认同，但是人口较少，在村民自治中缺少话语权，同时独姓家庭因为人口数量较少也常常在选举中附和王姓家族，实现自己的利益诉求，近些年选举出的村主任均是王氏成员。

（1）政府主导。

政府的管理作用主要体现在村财乡管，W 村的财务公章由镇政府代为

---

① X 村的试点工作资料主要来源于《京郊日报》、《农民日报》等相关报道。

② W 村的相关资料来自王子尚《我国村民自治研究——以北京市 W 村为例》，首都经济贸易大学硕士论文，2012 年。

管理。如果 W 村使用村级财务，必须首先由村主任写申请信，然后再到镇政府办公室申请使用公章，最后再取走相应的款项。这种对村财务干预是对村民自治的严重破坏。

另外，政府每年都会给村庄下达各项经济、社会指标，其中农村农保和农村社会稳定是主要考核标准，这直接影响到村委会的工作。加上村"两委"的工资是由镇政府直接拨款，村委会成员不得不承担许多行政性事务，事实上成为镇政府管理农村事务的"代理"机构，传统的行政权力通过村委成员下达至农村，与乡村自治权力发生冲突。

（2）村民自治意识差。

经调查，W 村中 49% 的村民认为村民自治是归乡镇政府管理，在与村委会发生矛盾的时候，这部分人往往更倾向于去上级政府寻求帮助或者直接上访，忽略村民会议的作用。

村委会的自治能力有限，村务公开比较混乱。村务一般在村公务栏公布村委会年初计划和一些重要的财务使用情况，接受村民的监督。而 W 村的公务栏主要公布的是村委会成绩和个人过去一年的工作亮点，村财务和村民关心的问题很少涉及。

（3）农村传统治理方式影响大。

W 村属于以联合家庭为主导的村治类型，随着市场经济的渗入和农村生活的社会化，宗族、血缘的关系在一定程度上弱化，但仍然表现出较为明显的小农经济特点：①村民缺乏团结，对于农村共同利益很难产生共同的价值观，因此村民一致行动的动力不足，这会导致村庄一事一议、筹措资金、治理村容等提供公共物品的制度难以有效执行。例如义务清扫街道活动的失败。北方天气沙尘多，偶尔会有沙尘暴天气，不利于村容整洁，加之 W 村有以牲畜养殖为生的几家农户，街道上有很多沙子、羊粪和生活垃圾，每到夏天的时候会有一股难闻的气味。为了整治村容，村委会决定定期清扫街道。村支部书记通过广播征集义工，规定每户出一人，每月中旬定期清扫街道。前几个月几乎所有的家庭都出工，村容变得整洁，村民都在义务劳动中得到了好处。后来，由于义工没有酬劳，有的家庭发现他们不出人、不出力同样能够享受整洁的街道。久而久之，越来越多的村民退出了义务劳动行列，最后 W 村又回到了以前脏乱差的环境中。②经济能人等有成就者或宗族精英成为影响农村发展的另一种力量。明显的例子就是一些有成就的外出工作人员退休以后回到农村居住，会获得村民尊重和信服，这些人会主动维系宗族传承，主持修家谱等公益事业。

此模式社区目标价值实现以安全为主，但由于政府在村务自治中介入过多，以管理为主，而 W 村又比较闭塞，传统的治理习俗影响较大，村委会夹在二者之间，自身治理能力低下，导致村务管理较为混乱，社区建设落后。村委会亟须明确职权，充分发挥宗族等传统治理力量的作用，加强自身能力建设，摆脱限于行政性事务的弊端，形成符合本村特点的村民自治模式。

三 农村社区治理面临的主要问题

北京市自 2005 年开始全面推进新农村建设以来，农村社区获得了较快发展，但与城市社区相比，其起步较晚、可借鉴经验不多，其间又涉及城乡统筹等深刻的社会变革问题，因此面临着一些困难和挑战。

（一）缺乏健全的农村社区发展相关法律法规，治理意识不足

农村问题虽然一直受到市政府重视，但关注点主要还停留在基本的物质改造升级，包括基础设施建设、社区服务站的建设等，民生服务体系虽在有序展开，但覆盖面还不广。另一方面，对农村社区建设和治理理论认识不够，北京的社区建设工作重点主要还集中在城市社区建设和城中村改造，纯农村，尤其是远郊村庄的社区建设意识不强，缺乏健全的指导政策和法律法规。

（二）政府在社区治理中行政色彩过浓，社区自治程度不高

村委会作为农村自组织应该是农村社区治理的主体，但基层政府和自组织存在权责不明晰、职能交叉等情况，自组织承担了较多行政职能，过于依附基层政府，缺乏独立性和自主性，自身能力建设不足。

（三）农村社区建设资金短缺，集体经济缺乏活力

农村集体经济形态单一，多为纯农业或瓦片经济，收入有限，不仅城

乡收入差距大，农村之间经济发展水平也不平衡。大多数村的财政无力大量投资公共设施的建设，缺乏农村社区建设和管理经费。相对于城市居民而言，由于社会保障体系的不对等，农村居民的养老、医疗保障也存在缺口。

（四）农村社区建设人力资源匮乏，后备力量不足

由于农村劳动人口的大量外流，农村常住人口以留守老人、妇女、儿童为主，留村发展的年轻人少，农村社区建设后备力量不足。

（五）居民参与社区治理的主动性和广泛性不够

农民思想比较保守，传统以邻里和家族关系为主的人际交往规范影响较深，居民政治生活兴趣不浓，参政意识比较淡薄。一般都是发生了事情就事论事，对社区制度建设缺乏了解，参与意识和能力不足。

（六）社会组织参与社区治理不足

社区的发展离不开社区社会组织的作用，尤其是政府职能转变以来，社会组织承担了更多的社会服务职能。但在农村社区，专业社会组织介入不够，群众自发的社会组织则多以文体组织为主，社会组织与农村社区民生服务未能很好地结合，作用发挥不足。

四 农村社区建设的对策建议

2011年2月19日胡锦涛总书记在省部级主要领导干部社会管理及其创新专题研讨班开班式上的讲话中提出要"强化城乡社区自治和服务功能，健全新型社区管理和服务体制"。就农村社区而言，其自治组织具有同时承担经济职能和社区管理职能的特殊性，使得农村社会治理有别于城市社区治理的状况。

（一）因地因势，选择适合的社区发展模式和路径

相对于城市社区而言，农村社区发展受到以下两个因素影响较大，一

是地域特征，二是村庄传统。

根据自然地理、人口及经济发展情况，北京农村地区大致分为三类，即近郊（朝阳、石景山、丰台和海淀）、平原地区（通州、顺义、昌平和大兴）和山区（门头沟、房山、平谷、怀柔、密云和延庆）。这三类地区之间存在着较大的差别。近郊地区农村地域小，人口稠密，经济较发达；平原地区农村人口较多，经济发展水平居中；山区农村地域广，人口少，经济欠发达（北京市财政局农业处，2014）。同时，农村社会作为一个熟人社会，受到以乡村传统规范为行动标准的影响较大，农村集体行动大多具有自身独特的特点。因此，在农村社区治理的方式选择上，要因地制宜，应势而为。根据村庄已有条件和各治理要素发展水平选择合适的农村社区治理模式和发展路径。

（二）发展都市型农业，将农村社区治理与农村可持续发展相结合

以"土地流转起来、资产经营起来、农民组织起来"引领农村改革与发展，引导城市现代生产要素向农业农村流动，[①] 发展都市型经济，改善农民生活。借鉴城市社区发展经验，引进城市社区发展优势，建立农村社区资金管理、人才引进等制度政策。不能以牺牲资源与环境为代价发展农村经济，要在尊重农村生活方式、聚落形态、文化传统的基础上实现农村可持续发展，发展农村社区。城乡统筹不意味着城乡建设模式与生活方式的同一化，要结合农村特点选择新型农村社区治理方式。

（三）调整农村社区治理权力配置，构建多元主体合作治理体系

构建更有效、更开放的社区结构系统，理顺各治理要素的关系。政府侧重引导和监督；村委会通过制度建设提高自治能力，发挥治理核心作用；社会企业积极加入，实现社会建设与企业利益的互惠互利；社会组织突出合作和协调；培育村民的参与意识和参与能力，增强村民主动性，发挥农村人际血缘和地缘优势，将"公众参与"纳入农村社区事务决策，推动基层民主建设。加大市场的作用，"探索各类社会资金参与农村社区建设的投融资模式，加快城乡投融资体制改革，综合运用税收、补助、参

---

① 北京市第十四届人民代表大会第三次会议政府工作报告。

股、贴息、担保等优惠政策，广泛引导各类社会资金参与农村社区建设"。
（张汉为、刘娥苹，2012）

（四）以改善农民生活为导向，构建城乡一体的民生服务体系

农村社区治理的目的是实现农民安居乐业。要打破社会管理城乡二元
结构，缩短城乡差距，一方面需要加大公共财政投入，加强公共基础设施
建设，促进城乡公共服务一体化，满足农村社区治理的硬件要求；另一方
面，要深化社会管理制度改革，创新社会管理方式，以需求为导向，探索
社会福利保障体系的城乡对接、教育卫生事业的城乡共建等路径，构建城
乡居民物质精神文化的美好家园。

参考文献

易国锋，2010，《农村社区建设问题的研究述评》，《理论与改革》第 3 期。
张璇，2013，《我国农村社区发展问题综述》，《安徽农业科学》第 6 期。
李长健，2009，《论我国新农村社区治理模式的建立与完善》，《湖南财经高等专科学校
　学报》第 6 期。
李芹、马广海，1999，《社会学概论》，山东大学出版社。
郑杭生，1999，《社会学概论新修》，中国人民大学出版社。
费孝通，2006，《乡土中国》，上海人民出版社。
北京市财政局农业处，2012，《大力支持北京市新农村建设》。
北京大学国家发展研究院，2014，《中国人口老龄化的挑战》。
马克斯·韦伯，1997，《经济与社会》（上卷），商务印书馆。
北京市财政局农业处，2014，《大力支持北京市新农村建设》。
张汉为、刘娥苹，2012，《提升农村社区治理有效性的路径》，《上海党史与党建》第
　12 期。

第九章

结论与讨论

把前面所述的 NGT 理论框架当作分析透镜，重新审视五类不同的社区，可以比较清晰地识别出社区自然禀赋存量、治理手段的选用以及两者匹配与否，对于社区治理价值的实现具有不同作用。

一 价值匹配分析与新建商品房住宅小区

在商品房小区的案例中，比较突出地表明：治理主体的社会人口学特征、社区坐落的地理位置，以及社区房产的价值，均对社区治理方式产生显著的影响：AD 小区优越、便利的地理位置，加上社区居民较高文化、收入水平和组织能力，在该小区中形成了社会自组织力强的治理模式（$S > M > P$），而治理的价值目标则实现了尊严和安全。GA 小区居民的社会人口学特征与 AD 小区相似，居民的文化水平和收入水平较高。但 GA 小区居民具有一个 AD 小区居民不曾具备的特点，就是居民年龄普遍年轻。活跃的思想能力与组织能力，使该小区运作的是另一种治理方式："五方共治"，其实质是社区内的介入各方力量博弈达至均衡（$S = M = P$），最终则是实现了尊严、安全和民生三者统一的价值目标。相形之下，SG 小区则大不一样。在这里，社区自然禀赋中的"资源"一项变动性较大，住宅的租赁和商用导致了一系列社会问题的产生，只有依靠社区居委会与物业公司的联手强制才能勉强维护社区秩序。因此，这个小区的治理模式主要表现为政府和市场力量占优（$P = M > S$），而其所能达到的最高价值追求，也不过仅仅为"安全"而已。比 SG 小区更为糟糕的是 SH 小区。该小区

165

的社区居民相对而言较为弱势，文化和收入水平均不高，小区地理位置远离城市中心，房价也较低。在该小区中，社区居委会具有绝对的主导地位，不仅为社区秩序提供保障，而且为众多低收入居民提供各种经济和社会的服务，物业公司则因物业费收缴困难而陷于困境。该小区的治理模式为社区居委会包揽一切（$P > M = S$），而其所实现的价值目标则以"民生"为基本考虑。

二 价值匹配分析与单位制社区

商品房小区与其他四类社区的显著区别之一，就是在社区自然禀赋范畴中，"传统"维度是一个弱项。北京市的 8000 多个商品房住宅小区中，最长久的也不过 20 年左右，而且为数寥寥；绝大多数都是在近十几年内出现的。社区运行之初，各种社会关系都还在磨合、调适之中，遑论传统存在。相形之下，单位制社区、老旧街区、农村社区，甚至城中村社区，则因其存在年代久远，各自形成了自己的传统，从而构成社区自然禀赋中重要的一环。

与其他社区不同，单位制社区本质上是单位体制的空间化表现，在单位制社区中，"单位人"构成单位制社区的居民主体，换句话说，社区内的居民不仅具有邻里关系，而且很多还具有同事关系。在单位制社区中，单位管理制度也势必延伸到社区之中。改革开放之前，在北京市的主要居住形态中，单位制社区构成一个主要的部分。改革开放后，居民的居住形态展示出多样化的特征，出现了各种不同的社区类型，但至少在北京，单位制社区仍然是一个主要的居住形态，其中，单位管理构成此类社区的一个传统力量。

当然，单位制社区也并非永远是整齐划一、毫不变异的居住形态。改革开放以来，单位制社区一直处于变动之中。在我们看来，时至今日，单位制社区至少演化出四个亚类型：第一种类型是，随着改革的深入，一部分单位弱化了，甚至消失了，它们下辖的那些单位制社区即所谓"宿舍"，虽然形制还在，但由于始自 20 世纪 90 年代的"房改"，单位制社区的房屋已经被出售给居住者，房屋产权的变更削弱了单位力量，但是其他的力量却没有相应地发展起来。从治理手段的角度看，在这个亚类型中，单位、市场和社会都很虚弱（$P \not> M \not> S$），从治理的价值目标看，自尊和民生都很难达成，能够维持低水准的安全已是幸事。或许，我们可以把这些衰变过程中的单位制社区称之为"老单位制社区"。第二种类型与上述第一种类型的相似之处在于，单位制社区在"房改"中实现了房屋产权的变更，居住者身份完成了从单位人向社区居民的转变；但与上述第一种类型也有显著的不同之处，这就是社会力量得到了某种程度的发育，推动了社区自组织机制的成长，并逐渐填补了单位力量退出所遗留的空间。从治理手段看，社会自组织机制与单位力量达到基本平衡甚至开始超越单位力量（$S \geq M > P$），从价值实现上看，基本达到自尊、安全和民生，我们可以把这种治理方式转变中的单位制社区称之为"弱单位制社区"。第三种类型，还有一些单位制社区，无论是否进行了"房改"，即无论产权是否发生变更，其单位制属性都未曾发生重大改变。究其原因，一是产权的不完全性，二是单位福利的全面覆盖，导致单位管理的力量依然强固，而居民对单位及单位管理也高度认同，它们实际上是改革开放前的单位制向改革开放后的制度延伸和变形，在治理方式上，此类社区表现为以单位力量为主（$P > M = S$），在价值目标实现上，则以较好的民生和安全为特征，我们把此类单位制社区称之为"强单位制社区"。第四种类型，改革开放近40年后，已经可以清晰地看到，市场改革并不一定能摧垮单位制度；在某些条件下，反而还可能加固单位制度。随着一部分单位体制借助市场力量得到增强，它们也回过头来，强化自己掌控的宿舍建设，加固和扩大了下辖的单位制社区。很多掌握大量资源的强势单位，例如在市场上具有垄断地位的大型国企、各级党政机关和部分大专院校，近年来在"职工住宅"名义下，大兴土木，修建住宅小区，按照半市场价格出售给自己单位的职工；在此类社区内往往实施半单位化、半自治的治理方式（$P = S > M$），在价值目标实现上则以局部的自尊、较高的安全和良好的民生为特征，我们可以把此类社区称为"新单位制社区"。根据上述分类，本研究中的 J 小区可说是表现出"弱单位制社区"的某些基本特征；D 小区是"强单位制社区"的案例；N 和 E 两个小区是比较明显的"新单位制社区"；I 小区虽说新建，但由于空间条件和其他因素的约束，却表现出"老单位制社区"的基本特征。

三 价值匹配分析与老旧街区

与单位制社区相似，老旧街区一般也具有较长的传统，但与单位制社区和商品房小区不同，老旧街区的房产价值则依所处区位的不同而呈现巨大差异。作为社区自然禀赋的重要组成要素，老旧街区的房产资源因区位条件的不同而在在不同。距离城中心较近，靠近医院、学校、商场等重要公共和商业设施以及风景园林周边的房产，特别是那些精品四合院和学区房，可能变成天价房产，而那些不具备这些区位条件的房产，则因其建筑老旧破烂，公共服务设施不够周全等因素，而不具有多少价值。

除了少数居住在深宅大院，与普通居民绝少往来的特殊人群，绝大多数老旧街区的居民都属于平民范畴，很多人甚至属于收入低下、文化不高、年龄老化、住宅仄陋的弱势人群。改革开放以来，伴随人口大流动的潮流，老旧街区又成为容纳外来务工人员的主要区域，大批打工人员携带家眷，安身于此，逐步融入老旧街区的日常生活，这就使得老旧街区的治理情势极为复杂。在这里，常见的治理手段往往是社区居委会强势主导，市场和社会力量则凸显薄弱（$P > M = S$）。而其价值目标的实现，则多以民生和安全为第一要务。DZL 是老旧街区的代表性案例。

四 价值匹配分析与城中村、城边村社区

就城中村、城边村社区大多源自农村社区而言，它们也具有自身的传统。但是这种传统往往由于大量流动务工人员及其家眷的进入而被冲击得七零八落，难以作为一种社区自然禀赋资源而发挥作用了。

城中村、城边村的管理机构一般是村委会。但历经多年的发展后，有些村委会已在"村改居"的过程中变更为"居委会"。无论是村委会，还是居委会，都是这类社区中的第一权力主体。在很多城中村、城边村中，市场组织也得到比较充分的发育，因而在社区治理中具有很大的影响力。相形之下，社会的力量总是一个弱项，虽说近年来在部分地区的城中村、

城边村中，各类社会组织的数量有所上升，但政府和市场占优的状况往往并无多大改变（$P > M > S$）；就其价值实现而言，民生显然是此类社区中第一要务，其次则是安全考虑。"MN 村"是此类治理模式的案例。

五　价值匹配分析与农村社区

从社区研究的角度看，农村，特别是那些"自然村"，最接近社会学的"社区概念"本义：小共同体、熟人群落、传统规范……这些历来为社会学所重视的范畴都存在于农村社区之中，有些还很活跃。不过，除非碰到特殊的开发机遇，农村社区房产资源的价值一般要远低于城市社区，而其坐落区位也并不占优。至于农村社区的居民主体，除去极少数例外，其社会人口学特征的测量表明多属弱势群体。大批青壮年外出打工，导致村落社会结构的残缺和衰败。所谓"一老、一小、一流动"同样也是北京大部分农村社区的基本写照。

在本研究所选取的案例中，却比较明显地显示出：即便是在农村社区，社区自然资源禀赋也是差别巨大的。有些村庄具有较多的社区自然禀赋，有些则没有。社区资源禀赋的差别加上较为弱势的社区居民主体，导致在农村社区中形成了颇为不同的治理方式。W 村较为封闭，其治理方式为村两委居于主导地位（$P > M > S$）；L 村由于有外部社会组织的介入，村中社会力量得到一定支撑和发育，其治理手段则走向了民主协商型（$S = M = P$）；X 村则因较多引入外来资本发展经济和社会事业，而使得在治理手段的选取上市场力量明显占优（$M > P > S$）。三者在价值目标的实现方面也呈现出差异，依次分别体现为安全、自尊和民生占据主导位置。

综上所述，从社区治理的角度出发，运用价值匹配（NGT）分析方法，大体上可以看出，基本类型不同的社区，在社区禀赋、治理手段和治理目标的价值实现方面，都具有不同的逻辑。就是在同一种基本类型的社区内，由于在社区禀赋和治理手段等方面也可能存在巨大差异，从而导致在实现价值目标方面的显著不同。有鉴于此，针对不同目标要求，如何有效动员资源，锻造和调适治理手段，将两者有效匹配起来，就成为社区治理的重要策略方法。

　　社会学的知识从来就具有认知和实践的二重功能。一方面，社会学总是从自身独特的学科视角出发，运用本学科的概念和方法，努力认知和把握社会世界的逻辑，沿着这一维度凸显出的是社会学的社会认知属性。另一方面，社会学的知识又具有强烈的实践意义。阿兰·图海纳主张"社会学干预"，布洛维提倡"公共社会学"；弗里茨的"诊治社会学"主张运用社会学的知识，医治社会有机体的各种疾病；费金则试图释放社会学固有的"解放功能"。所有这些论述，都沿着社会学的实践维度前进，力求展示出社会学的实践功能，将其提升到与认知功能同等重要的地位。我们运用社会学知识二重属性的视角来理解社区研究，那就不难得出结论：在这里所尝试描述的"价值匹配研究方法"，即是对社区生活的一种社会学认知，同时也是可应用于社区治理实践的一套工具。

福利流失与关系损耗：保障性住房
配建社区的治理与服务

一　问题、设计与发现

（一）研究问题

2011 年 9 月 28 日，《国务院办公厅关于保障性安居工程建设和管理的指导意见》（国办发〔2011〕45 号）指出，"大力推进以公共租赁住房为重点的保障性安居工程建设……重点发展公共租赁住房……各地要根据实际情况适当增加公共租赁住房供应，人口净流入量大的大中城市要提高公共租赁住房建设的比重"，这意味着我国城镇住房保障体系将逐渐转向以廉租房和公租房为主。发展公租房将有利于健全我国住房保障体系、引导住房合理消费、提高人民生活质量，从而促进社会稳定、减少社会矛盾、建设和谐社会。

根据中央精神，各级地方政府分别出台了公租房管理条例和办法，多渠道筹集资金，开工建设公租房项目，在建设规模和入住数量方面，2012年都取得了相当大的进展，为我国完善保障性住房系统打下了坚实的基础。为了进一步做好保障性住房的规划、建设、配租配售和后期管理的工作，清华大学社会建设研究基地课题组针对保障房社区的社区管理和公共服务展开实地调查。

在调查中，课题组主要关注以下三个问题。

（1）群体特征：入住公租房的住户具有哪些社会学特征，其教育、年龄、职业和家庭规模等社会学因素又是如何分布的。

（2）居住体验：公租房租户入住后，其生活质量都在哪些方面发生了变化。这些变化对于保障性住房的建设又有哪些启示。

（3）社会互动：公租房租户的社会关系和社会互动存在哪些特点。这些特点与公租房社区的社会管理又存在怎样的关系。

（二）研究设计

针对以上三个核心研究问题，课题组经过前期文献准备和与相关部门的座谈，选择北京市石景山区远洋沁山水上品社区和燕保京原家园等两个公租房社区作为调查地点。其中，远洋沁山水上品社区位于北京市石景山区，属于商品房与公租房的混建社区。项目总用地面积40985平方米，总建筑面积177445平方米，户型以60平方米经济型一居、90平方米宜居型两居和140平方米舒适型三居为主。上品社区的25号楼为配建公租房，位于社区的东北角，在物理空间上和楼体外观上与商品房楼宇都没有明显区隔。公租房于2011年底开始配租，第一批租户于2012年1月开始入住，目前已经配租352户。租户包括廉租房租户、公租房租户和两房轮候家庭租户等三种类型，主要来自于石景山区和海淀区。燕保京原家园位于石景山区京原路7号，莲石东路衙门口桥西北侧。京原家园可配租房源共计2140套，其中小套型562套、中套型970套、大套型608套。小套型户型面积为40.38~41.45平方米（零居），中套型面积为49.18~54.78平方米（一居），大套型面积为59.29~60平方米（二居）。

课题组选择北京市作为调查地点，主要基于以下三方面的考虑：首先，北京市是首善之区，对全国的公租房管理和使用具有政策导向和示范作用；其次，北京市率先完善各项公租房项目管理和使用制度，投入了大量资金和人员，已经建成并使用了一批公租房项目，是目前全国公租房管理和建设走在前列的城市，因此也具备一定的代表性；最后，北京市的住房市场价格偏高，公租房项目的建设具有紧迫性，对于缓解居民紧迫的住房需求具有重要意义。在此基础上，课题组选择了北京市最早竣工和完成配售与入住工作的石景山区远洋沁山水上品社区和燕保京原社区进行个案研究。相对于北京市苏家屯等其他公租房项目，远洋沁山水上品社区和燕保京原社区的租户较为集中并且租户入住时间最长，能够较好地反映公租房项目中的特点和问题。

为了全面而又深入地研究公租房住户的群体特征、居住状况和社会互动状况，课题组选择了定量的问卷调查和定性的深度访谈相结合的研究方法。问卷调查可以科学、准确、全面地反映社区中公租房全体住户的群体特征，掌握整体的状况；而深度访谈则可以深入、细致地了解具体住户对许多问题的判断和态度。

课题组在 2013 年 10 月至 2014 年 4 月共对 17 户公租房和廉租房住户进行了深度访谈，每次访谈时间从半小时到两个半小时不等。课题组根据市保障房中心提供的入住租户信息并结合石景山区与海淀区提供的相关信息，于 2013 年 12 月进行了入户问卷调查。调查采用系统抽样，确保每户家庭具有同样进行抽样样本的概率。抽样样本设计 120 份，实际共完成有效问卷 120 份。

（三）主要发现

本次调查较为全面地了解了保障房群体生活居住的实际情况和面临的困难，涉及该群体的社会特征、家庭信息、生活消费支出、居住状况、社区参与等各个方面，主要发现有如下几点。

第一，社会特征方面，调查发现保障房家庭多数属于社会中的困难群体，其整体年龄结构偏大，家庭规模小，社会互动弱，社会资本极低，离婚率高达 15%，并且有相当比例的人患有恶性肿瘤、心血管等大病重病，身患残疾的比例也较高。受访家庭的家庭平均月收入仅为 2000 元；家庭领取低保的比例为 15.3%，显著高于全市平均水平。可以说，保障房家庭处于社会的边缘状态，需要社会和政府给予特别关注和支持。

第二，配租管理和房租补贴方面，住户来源群体包括公租房家庭、廉租房家庭及两房轮候家庭，大多数家庭入住的时间在半年左右。超过一半家庭在公租房配租前租住于私房之中，由于目前私房出租市场并不规范，租户权益难以得到保障，这部分家庭的居住质量应当得到了相当的提升。超过三分之二的家庭申请了住房补贴，但是由于种种原因，补贴不到位的现象目前还比较严重，一半以上获得住房补贴的家庭实际上尚未收到任何补贴。房租补贴未能及时划拨，直接影响了大部分家庭的经济生活，是造成租金拖欠的一个主要原因。调查发现，18% 左右的家庭未能按时缴纳租金，同时，近一半家庭为了缴纳房款向人借钱或者接受他人资助。

第三，居住方面，调查测量了保障房住户的居住主观感受的 20 项内容，包括住房本身的户型、质量等以及交通、环境、购物等周边设施，发现如下特征：（1）总体上有超过 74% 的受访家庭对居住在公租房表示满意，表明入住公租房可以较为明显地提高受访家庭的满意程度；（2）比较而言，住房满意度高于设施满意度，即公租房住户对住房本身的满意度较高，而对周边配套设施的满意度较低；（3）公租房住户的相对满意度高于绝对满意度，即虽然住房许多方面（如面积、户型和质量等）尚有不如意之处，但和入住之前的情况相比，还是有了较大改善；（4）和入住之前相比，明显得到改善的方面包括环境、治安、面积、水电、质量和户型，变得不方便的包括就医、交通和买菜。值得注意的是，居委会方面，不满意的比例也较高，未成立居委会给居民生活带来许多不便。作为补充，对住户的访谈发现部分公租房住户缺乏居住高层楼房和封闭小区的经验，因此存在生活方式转变的困难。

第四，消费支出方面，公租房家庭的整体消费水平较低，但支出显著大于收入，处于入不敷出的状态，支出中房租仍然是最大的负担。另外值得注意的是，由于周边环境变化和搬迁，造成了"福利流失"现象，即指与原住地相比，保障房社区的购物、交通、医疗都更为不便，能够提供的非正式就业机会也更为稀少，这就导致入住公租房使得约三分之一的家庭在日常消费支出方面显著增加，加重了其生活负担。取暖就是其中一例，有的家庭过去取暖能够得到补贴，但是入住后没有补贴无法承担取暖费，调查发现有 15% 的家庭未缴纳取暖费，对取暖造成影响。福利流失现象对廉租房住户更加明显。在受访的廉租房家庭当中，有三户在最近 1 年内搬入保障房社区。与入住之前相比，这三户家庭的多项日常支出出现了显著的上升。其中，价格上升最为显著的是粮食和肉、菜、蛋、奶，主要因为新入住小区附近的菜市场价格较高。

第五，社会互动方面，公租房住户明显缺乏社会互动，无论是浅层的点头之交，还是深层的登门拜访，公租房住户的社会互动都显得不足。公租房住户呈现社会关系原子化的倾向，这对社会融入和社会支持都可能产生严重影响。其次，在公租房有限的社会互动之中，社会关系又主要局限于公租房住户群体当中，出现了社会互动阶层化的倾向。这意味着在公租房和商品房的混居社区中，存在社会互动阶层化的倾向，有导致社会排斥的可能，值得引起重视。对于廉租房住户，入住廉租房社区后，多数家庭出现了显著的"关系损耗"：由于联系成本急剧上升，他们与亲属朋友的互动频次和强度均大幅下降，从中可获得的社会和情感支持也随之弱化。在受访的廉租房家庭当中，有 2 户几乎没有任何稳定的社会关系，春节从不拜年，平时也从不串门，社区中与邻居也几乎没有点头之交。对于这样自我脱离社会的家庭而言，最重要的问题还不是阶层之间的社会排斥，而是如何重返社会，政府和社区如何帮助他们重建社会关系，恢复和保持最低数量的正常社会互动。

第六，由于公租房房源有限，住户的流动性是很重要的问题。调查显示，公租房的部分群体有流动的想法。对收入与搬迁意愿、购房意愿、收入与居住满意状况的分析发现，收入越高的群体购房意愿越强，越不打算长期居住在公租房内，对设施和服务的满足程度也更低，一旦有更好的机会愿意搬离而给更需要的人群腾出房源。这说明了如果条件许可，公租房住户就有可能实现有序流动。

此外，在深度访谈和问卷调查中还发现，公租房住户中，存在着"租住分离"的现象，即承租人并未在公租房中居住，而是让自己的亲属（多为子女）在此居住。由于问卷并未针对此现象专门设计问题，目前尚无从判断"租住分离"现象的实际比例。从某种意义上讲，子女替代承租人在公租房居住，也算实现了公租房的政策目的，因为依然是改善了整个扩展家庭的住房条件。但这毕竟不符合公租房申请和配租的相关规定。建议今后深化对"租住分离"现象的研究，以加强配租和入住后的管理，从而保证保障性住户在分配和使用中的公平公正。

二　公租房群体特征

调查数据表明，保障房家庭大多数属于社会中的困难群体，其整体年龄结构偏大，家庭规模小，社会互动弱，社会资本极低。可以说，保障房家庭处于社会的边缘状态，需要社会和政府给予特别关注和支持。这一群体的特征，也将会显著影响到保障房社区的社会管理和社会融入问题。

（一）家庭结构与规模

受访家庭平均人口数为 2.41 人，中位数为 3 人，远小于全国每户 3.8 人的平均水平。家庭规模最大为 5 人，两成的家庭人口为 1 人，将近九成的家庭人口不到 4 人（见附表 1 - 1）。结合社会互动与社会资本相关的数据，可以发现具有公租房配租资格的家庭保障房住户家庭，往往具有较小的规模，同时缺乏正常的互动，可以说，这是一个处于社会边缘的特殊群体。

附表 1 - 1   家庭人口数

单位：户，%

家庭人口数（人）		频次	百分比	有效百分比	累计百分比
有效	1	25	20.8	20.8	20.8
	2	40	33.3	33.3	54.2
	3	41	34.2	34.2	88.3
	4	9	7.5	7.5	95.8
	5	5	4.2	4.2	100.0
	合计	120	100.0	100.0	

受访家庭所有成员的平均年龄为 37.2 岁，中位数为 36 岁，表明公租房居住群体的年龄整体偏大（见附表 1 - 2、附图 1 - 1）。

附表 1 - 2   受访家庭所有成员的年龄分布

单位：人，%

		频次	百分比	有效百分比	累计百分比
有效	18 岁以下	44	15.6	15.6	15.6
	18～24 岁	15	5.3	5.3	20.9
	25～34 岁	74	26.2	26.2	47.2
	35～44 岁	57	20.2	20.2	67.4
	45～54 岁	37	13.1	13.1	80.5
	55 岁及以上	55	19.5	19.5	100.0
	合计	282	100.0	100.0	

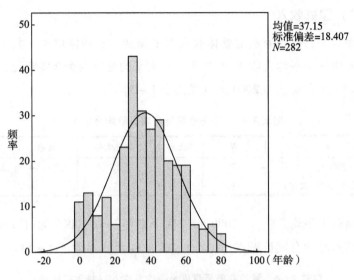

附图 1 - 1 受访家庭年龄组直方图

附表 1 - 3 受访家庭所有成员的性别分布

单位：人，%

		频次	百分比	累计百分比
有效	男	136	45.8	45.8
	女	161	54.2	100.0
合计		297	100.0	

受访家庭的未婚率达到 16.7%，显著低于 2011 年全国 16 岁以上人口 31.2% 的未婚率，离婚率高达 15.0%，同样显著超过 1% 的全国水平。在婚率为 65.8%，与全国 62.3% 的在婚率较为接近（见附表 1 - 4）。

附表 1 - 4 婚姻状况

单位：户，%

		频次	百分比	有效百分比	累计百分比
有效	未婚	20	16.7	16.7	16.7
	已婚	79	65.8	65.8	82.5
	离婚	18	15.0	15.0	97.5
	丧偶	3	2.5	2.5	100.0
	合计	120	100.0	100.0	

（二）家庭收入

数据表明，受访家庭的整体收入水平偏低。受访家庭中，共179人有收入，其中最小平均月收入为99元，最大平均月收入为20000元，平均值为2246.14元，众数为2000元（见附表1-5）。

附表1-5 受访家庭所有成员平均月收入

	N	极小值	极大值	均值	标准差
月收入	179	99	20000	2246.14	2382.597
有效的 N（列表状态）	179				

控制最大平均月收入20000元（两个案例）和10000元（一个案例）后，受访家庭所有成员平均月收入为2000.34元（见附表1-6）。

附表1-6 受访家庭所有成员平均月收入（排除极值后）

	N	极小值	极大值	均值	标准差
月收入	176	99	8000	2000.34	1329.466
有效的 N（列表状态）	176				

附表1-7 受访家庭所有成员是否领低保

单位：人，%

		频次	百分比	有效百分比	累计百分比
有效	是	30	15.3	15.3	15.3
	不是	166	84.7	84.7	100.0
合计		196	100.0		

家庭成员领取低保的比例为15.3%，远高于全市平均水平（见附表1-7）。

受访家庭所有成员中，9.5%患有恶性肿瘤、心血管疾病等大病，4.9%在视力、肢体或精神方面具有重疾（残疾）（见附表1-8）。

附表1-8 受访家庭所有成员的大病和重疾情况

单位：人，%

		大病		重疾	
		频次	有效百分比	频次	有效百分比
有效	是	27	9.5	14	4.9
	不是	256	90.5	274	95.1
合计		283	100.0	288	100.0

三 公租房居住状况

调查发现，大部分公租房住户家庭的居住质量应当得到了显著提升。具体而言，调查数据显示：（1）总体上有超过 74% 的受访家庭对居住在公租房表示满意，表明入住公租房可以较为明显地提高受访家庭的满意程度。（2）比较而言，公租房住户对住房本身的满意度较高，而对周边配套设施的满意度较低。（3）公租房住户的相对满意度要高于绝对满意度，即虽然住房许多方面（如面积、户型和质量等）尚有不如意之处，但和入住之前的情况相比，还是有了较大改善。（4）和入住之前相比，明显得到改善的方面包括环境、治安、面积、水电、质量和户型，变得不方便的包括就医、交通和买菜。

同时，调查还发现，由于房租补贴未能及时划拨，直接影响了大部分家庭的经济活动，是造成租金拖欠的主要原因。此外，社区尚未成立居委会，也给公租房住户带来了许多不便。

（一）住房情况

受访家庭的入住时间以 2012 年 7 月和 8 月为主，大部分受访家庭在调查时，已经入住一年半左右。这为本次问卷调查数据的可靠性，提供了一定的保证（见附图 1-2）。

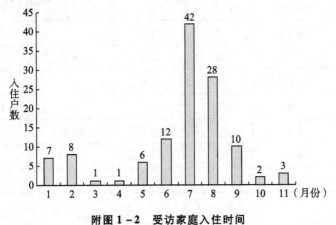

附图 1-2 受访家庭入住时间

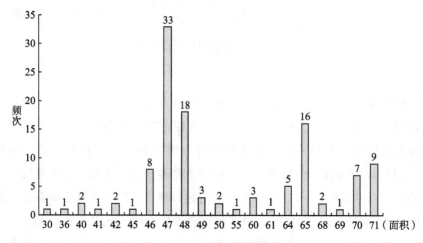

附图 1−3　受访家庭住房建筑面积

受访家庭的住房建筑面积表明，少数受访者并不清楚住房的建筑面积。同时，这也从侧面说明部分受访家庭认为公摊面积过大。

超过 56% 的受访家庭，在公租房配租之前，租住在私房当中（见附表1−9）。由于目前私房出租市场并不规范，租户权益难以得到保障，这部分家庭的居住质量应当得到了相当的提升。

附表 1−9　原住房类型

单位：户,%

		频次	百分比	有效百分比	累计百分比
有效	自购商品房	2	1.7	1.7	1.7
	自购公房	8	6.7	6.8	8.5
	自建私房	2	1.7	1.7	10.3
	承租公房	10	8.3	8.5	18.8
	承租私房	66	55.0	56.4	75.2
	其他	29	24.2	24.8	100.0
	合计	117	97.5	100.0	
缺失	系统	3	2.5		
合计		120	100.0		

受访家庭中，8.3% 的原住房已被拆迁，其中 60% 的已经获得拆迁补偿（见附表 1-10）。

附表 1-10　原住房是否拆迁、是否获得补偿

单位：户，%

		拆迁		补偿	
		频次	有效百分比	频次	有效百分比
有效	是	10	8.3	6	60.0
	否	110	91.7	4	40.0
合计		120	100.0	10	100.0

（二）房租补贴

附表 1-11　是否申请住房租金补贴、申请是否成功

单位：户，%

		是否申请		是否成功	
		频次	有效百分比	频次	有效百分比
有效	是	78	66.1	68	79.5
	否	40	33.9	10	20.5
合计		118	100.0	78	100.0

根据"是否两房轮候家庭"，进行交叉表检验，结果如下（见附表 1-12）。

附表 1-12　是否申请住房租金补贴与是否两房轮候交叉制

		是否两房轮候		合计
		是	否	
是否申请租金补贴	是	42	34	76
	否	27	12	39
合计		69	46	115

根据卡方检验，两房轮候家庭与是否申请住房租金补贴并不具有相关性（$p = 0.106$）。同样，两房轮候家庭与申请是否成功也不具有相关性（$p = 0.307$）。这说明，两房轮候家庭与公租房和廉租房家庭，在申请和获得住房

租金补贴方面并不存在显著差异。

申请住房租金补贴已经获得的家庭中，55.7% 尚未收到任何补贴，只有 3.3% 的家庭收到 11 个月的补贴。受访家庭中目前平均获得了 2.3 个月的住房租金补贴。补贴不能及时到位，是目前受访家庭普遍反映的主要问题。

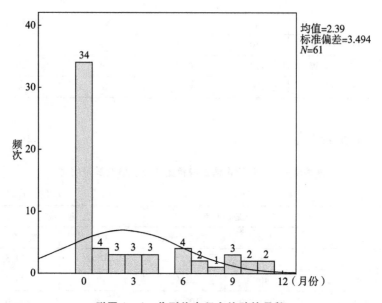

附图 1-4 收到住房租金补贴的月数

超过 17% 的受访家庭，自报未能按月及时缴纳房租（见附表 1-13）。这些家庭中，19% 的家庭拖欠 1 个月的租金，有 1 户拖欠了 8 个月的租金，拖欠 3 个月的情况最为普遍，达到拖欠家庭中的 38.1%，其次为 2 个月，比例是 23.8%。

附表 1-13 能否按时缴纳房租

单位：户,%

		频次	百分比	有效百分比	累计百分比
有效	是	98	81.7	82.4	82.4
	否	21	17.5	17.6	100.0
	合计	119	99.2	100.0	
缺失	系统	1	0.8		
合计		120	100.0		

附表 1−14　未缴纳租金的月数

单位：户，%

未缴纳租金的月数		频次	百分比	有效百分比	累计百分比
有效	0	1	0.8	4.8	4.8
	1	4	3.3	19.0	23.8
	2	5	4.2	23.8	47.6
	3	8	6.7	38.1	85.7
	4	2	1.7	9.5	95.2
	8	1	0.8	4.8	100.0
	合计	21	17.5	100.0	
缺失	系统	99	82.5		
合计		120	100.0		

附表 1−15　补贴领取与能否按时缴纳租金交叉制

		能否按时缴纳租金		合计
		是	否	
补贴领取		54	4	58
	未领取补贴	20	14	34
	已领取补贴	24	3	27
合计		98	21	119

在深度访谈中，拖欠租金的家庭普遍反映，房租补贴未能及时划拨，是造成租金拖欠的主要原因。针对是否已领取补贴和是否按时缴纳租金的卡方检验，也验证了这一说法。领取补贴与缴纳租金存在显著相关（$p < 0.000$）。

附表 1−16　卡方检验

	值	df.	渐进 Sig.（双侧）
Pearson 卡方	18.359[a]	2	0.000
似然比	16.891	2	0.000
有效案例中的 N	119		

a. 1 单元格（16.7%）的期望计数少于 5。最小期望计数为 4.76。

四成的受访家庭为了缴纳房租而向人借过钱，另有超过四分之一的受访家庭接受过他人的资助。借钱最大值为 22 万元，资助最大值为 2 万元

（见附表 1 - 17）。

附表 1 - 17　是否得到过资助、是否借过钱

单位：户,%

		借钱		资助	
		频次	有效百分比	频次	有效百分比
有效	是	48	40.3	31	26.3
	否	71	59.7	87	73.7
合计		119	100.0	118	100.0

（三）居住满意度

主观居住感受方面，问卷一共测量 20 项内容，反映问题较为集中的共有 10 项（见附表 1 - 18）。

附表 1 - 18　居住情况和整体满意度

单位：户,%

	面积		户型		质量		水电		交通	
	频次	有效百分比	频次	有效百分比	频次	有效百分比	频次	有效百分比	频次	有效百分比
很满意	5	4.2	15	12.5	6	5.0	7	5.8	20	16.7
比较满意	21	17.6	45	37.5	25	20.8	15	12.5	26	21.7
说不好	15	12.6	15	12.5	25	20.8	9	7.5	15	12.5
不满意	59	49.6	35	29.2	49	40.8	58	48.3	47	39.2
很不满意	19	16.0	10	8.3	15	12.5	31	25.8	12	10.0
跟以前比										
更满意	71	59.2	53	44.9	63	52.9	63	53.4	23	19.3
没变化	23	19.2	27	22.9	33	27.7	38	32.2	37	31.1
更不满意	24	20.0	34	28.8	19	16.0	15	12.7	59	49.6
不适用	2	1.7	4	3.4	4	3.4	2	1.7	0	0
	治安		就医		买菜		环境		居委会	
	频次	有效百分比	频次	有效百分比	频次	有效百分比	频次	有效百分比	频次	有效百分比
很满意	1	0.8	7	6.5	18	15.4	3	2.5	15	16.5
比较满意	7	5.8	17	15.9	28	23.9	4	3.4	11	12.1
说不好	11	9.2	28	26.2	13	11.1	4	3.4	40	44.0

续表

	治安		就医		买菜		环境		居委会	
	频次	有效 百分比	频次	有效 百分比	频次	有效 百分比	频次	有效 百分比	频次	有效 百分比
不满意	57	47.5	47	43.9	50	42.7	64	53.8	17	18.7
很不满意	44	36.7	8	7.5	8	6.8	44	37.0	8	8.8
跟以前比										
更满意	75	63.0	19	16.1	22	18.5	84	70.6	18	15.4
没变化	37	31.1	62	52.5	38	31.9	23	19.3	42	35.9
更不满意	5	4.2	25	21.2	53	44.5	12	10.1	29	24.8
不适用	2	1.7	12	10.2	6	5.0	0	0	28	23.9

　　受访家庭主观居住感受数据呈现以下特征：（1）比较而言，公租房住户对住房本身的满意度较高，而对周边配套设施的满意度较低；（2）公租房住户的相对满意度，要高于绝对满意度，即虽然住房许多方面（如面积、户型和质量等）尚有不如意之处，但和入住之前的情况相比，还是有了较大改善；（3）和入住之前相比，明显得到改善的方面包括环境（70.6%）、治安（63%）、面积（59.2%）、水电（53.4%）、质量（52.9%）和户型（44.9%），变得更不便的包括就医（21.2%）、交通（49.6%）和买菜（44.5%）。值得注意的是，居委会方面，不满意的比例也较高，部分受访家庭认为目前小区还未成立居委会，所以坚持选择"不适用"，但他们也承认，未成立居委会给居民生活带来许多不便（见附表 1－18）。

附表 1－19　生活满意度

单位：户，%

		住在这里满意吗？		对生活满意吗？	
		频次	有效百分比	频次	有效百分比
有效	很不满意	5	4.2	14	11.7
	不太满意	10	8.3	33	27.5
	说不好	16	13.3	12	10.0
	满意	69	57.5	48	40.0
	很满意	20	16.7	13	10.8
	合计	120	100.0	120	100.0

受访家庭中，50.8%对目前的生活表示满意或很满意，39.2%表示不太满意或很不满意。同时，超过74.2%的受访家庭对居住在公租房表示满意或很满意，只有12.5%的家庭对住在公租房表示不太满意或很不满意（见附表1-19）。这表明入住公租房可以较为明显地提高受访家庭的满意度。

卡方检验发现，向别人借过钱，对生活满意度有着显著负向影响（$p = 0.042$）。

（四）十分钟步行圈

十分钟步行圈内的基础和服务设施的建设，已经成为现代住宅区规划设计的一个重要方面。问卷为此设置了17个选项，请受访者按照重要性选出2项。调查数据显示，受访家庭中，49.2%认为10分钟步行圈内最需要的设施为公交地铁站，21.9%认为第二重要的是菜市场，18.5%认为第二重要的设施为医院。进行加权计算后，受访家庭认为10分钟步行圈内应当包括的设施，按重要性排序如下（括号内为加权后估值）：

1. 公交地铁站（69）；2. 菜市场（36）；3. 大中型超市（26）；4. 医院（22）；

5. 便利店（16）；6. 银行（13）；7. 小学（7）；8. 药店（6）。

这说明交通、买菜、购物和医疗是保障房社区住户最关注的基础设施。这也意味着今后的公租房规划设计中，交通、买菜、购物和医疗也应当成为周边配套设施的优先项。

四 公租房消费支出

（一）日常家庭支出

受访家庭平均月支出，包括房租、饮食、水电、交通、通信、网络、娱乐等日常项目，为4423.33元，中位数为3471.50元（即50%的受访家庭的平均月支出低于3471.50元），说明整体消费水平较低（见附表1-20）。其中，食品月支出（包括粮食、水果、菜肉蛋奶、油盐酱醋）均值为470.61元，中位数为315元。中位数只有2011年500元的全国平均水平的63%，更是远低于1487元的上海家庭食品月平均支出水平。

附表 1-20　家庭月支出

N	有效	118
	缺失	2
均值		4423.3305
中值		3471.5000
众数		3508.00
标准差		4410.86761
极小值		91.00
极大值		26640.00

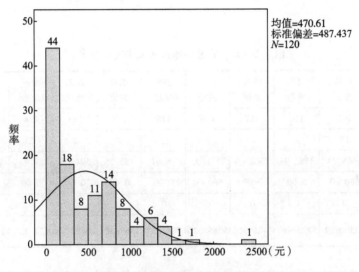

附图 1-5　家庭食品月支出

　　与入住公租房之前相比，对所有的日常支出项目而言，反映房租增加的家庭比例最高，达到 74%。只有 8% 的家庭入住公租房后，房租支出有所减少。日常支出增加比例较高的项目，还包括食品支出和水电费。

附表 1-21　与入住公租房前相比各项日常支出的变化情况

单位：户，%

	粮食		肉、菜、蛋、奶		电费		水费		房租	
	频次	有效百分比	频次	有效百分比	频次	有效百分比	频次	有效百分比	频次	有效百分比
增加	30	27.5	33	30.0	32	26.7	32	26.7	74	62.2
不变	58	53.2	61	55.5	62	51.7	65	54.2	22	18.5

续表

	粮食		肉、菜、蛋、奶		电费		水费		房租	
	频次	有效百分比	频次	有效百分比	频次	有效百分比	频次	有效百分比	频次	有效百分比
减少	5	4.6	3	2.7	10	8.3	10	8.3	15	12.6
不知道	16	14.7	13	11.8	16	13.3	13	10.8	8	6.7
合计	109	100.0	110	100.0	120	100.0	120	100.0	119	100.0

上述数据表明，对于约 1/3 的家庭而言，入住公租房显著增加了他们的家庭日常消费（见附表 1-21）。附表 1-22 为半年内家庭的大宗支出情况。

附表 1-22　家庭半年内的大宗支出情况

	衣帽消费	家庭设备	教育培训	看病医疗	健康保健	家电维修	旅游外出	维修房屋	送礼随礼
有效	107	116	117	119	118	117	118	118	114
缺失	13	4	3	1	2	3	2	2	6
均值	1346.73	3182.93	2068.46	2521.93	96.61	453.25	594.07	89.83	585.96
中值	500.00	0.00	0.00	500.00	0.00	0.00	0.00	0.00	0.00
众数	0	0	0	0	0	0	0	0	0
标准差	3330.769	5720.963	4406.950	5085.326	584.257	1963.382	2272.778	422.728	1034.782

可以发现，受访家庭半年内平均金额最大宗的消费为家庭设备的购置，均值为 3182.93 元，这与大部分家庭入住公租房不足半年，搬家时要更换家具家电的风俗相关。值得注意的是，此项大宗支出的中位数为 0，表明半数以上的家庭在入住时并未购置任何家庭设备。其余的大宗支出则更能反映受访家庭的正常消费情况。排在大宗支出第二位的是看病医疗，均值为 2521.93 元，中位数为 500 元，即 50% 的受访家庭半年内的医疗支出在 500 元以上。排在第三位的大宗支出为教育培训，均值为 2068.46 元，中位数为 0，这既意味着超过一半的家庭没有教育方面的支出，同时也意味着有着教育支出的家庭，支出金额往往要大于 2068.46 元的均值。

需要注意的是，所有的大宗支出，众数都为 0，而且除"衣帽消费"和"看病医疗"两项之外，所有其他大宗支出的中位数也为 0，这就说明超过一半的家庭过去半年中，在上述方面没有任何消费（见附表 1 - 22）。

（二）冬季取暖费

受访家庭的冬季取暖费，从 0 元到 2800 元，均值为 1353.00 元，中位数为 1200.00 元，说明一半家庭的取暖费在 1200 元以上（见附表 1 - 23）。

附表 1 - 23　取暖费

N	有效	118
	缺失	2
均值		1353.00
中值		1200.00
众数		1200
极小值		0
极大值		2800

附表 1 - 24 是取暖费的缴纳情况。

由附表 1 - 24 可知，13.4% 的受访家庭尚未缴纳取暖费。根据远洋沁山水上品小区的供暖分户计量，未缴纳取暖费的家庭目前还没有暖气，对于生活质量具有一定的影响。

附表 1 - 24　是否缴纳了取暖费

单位：户，%

		频次	百分比	有效百分比	累计百分比
有效	是	103	85.8	86.6	86.6
	否	16	13.3	13.4	100.0
	合计	119	99.1	100.0	
缺失	系统	1	0.8		
合计		120	100.0		

（三）流动（购房）意愿

远洋沁山水上品公租房住户中有部分两房轮候家庭，以下是相关情况。

附表 1 - 25　两房轮候家庭比例

单位：户，%

		频次	百分比	有效百分比	累计百分比
有效	是	69	57.5	59.0	59.0
	否	48	40.0	41.0	100.0
	合计	117	97.5	100.0	
缺失	系统	3	2.5		
合计		120	100.0		

　　调查显示，入住家庭的 59% 属于两房轮候家庭（见附表 1 - 25）。已入住公租房的两房轮候家庭中，84.5% 的家庭表示如果两房配售，他们将进行购买。这说明，对于这些家庭，公租房仅仅是一种过渡。同时，还有 15.5% 的两房轮候家庭表示不愿购买经适房和限价房（见附表 1 - 26）。

附表 1 - 26　如果两房配售，是否购买

单位：户，%

		频次	百分比	有效百分比	累计百分比
有效	是	60	50.0	84.5	84.5
	否	11	9.2	15.5	100.0
	合计	71	59.2	100.0	
缺失	系统	49	40.8		
合计		120	100.0		

　　调查显示，收入水平（取对数处理后）对购房意愿和搬迁意愿均有显著影响，即收入越高的家庭越想搬出公租房，为有实际需要的群体让出房源，这一结果的潜在政策意义在于存在公租房房源有序流动的可能性（见附表 1 - 27、1 - 28）。

附表 1 - 27　收入水平与购房意愿

	β	标准差	t 值	P 值
log（收入水平）	0.325 **	0.083	3.9	0.000

** $p < 0.001$。

附表 1 – 28　收入水平与搬迁意愿

	β	标准差	t 值	P 值
log（收入水平）	0.282 *	0.124	2.28	0.025

* p < 0.05。

（四）机动车辆

受访家庭中，18.5%拥有机动车辆（见附表 1 – 29）。受访家庭拥有的机动车辆中，9.1%为摩托车，90.9%为小汽车（见附表 1 – 30）。受访家庭拥有的小汽车，平均购买价格为 89916.67 元，一半有车家庭购买汽车的价格低于 8 万元。

附表 1 – 29　是否有机动车

单位：户,%

		频次	百分比	有效百分比	累计百分比
有效	是	22	18.3	18.5	18.5
	否	97	80.8	81.5	100.0
	合计	119	99.1	100.0	
缺失	系统	1	0.8		
合计		120	100.0		

附表 1 – 30　机动车类型

单位：户,%

		频次	百分比	有效百分比	累计百分比
有效	摩托车	2	1.7	9.1	9.1
	小汽车	20	16.7	90.9	100.0
	合计	22	18.3	100.0	
缺失	系统	98	81.7		
合计		120	100.0		

对两房轮候家庭和有车家庭的交叉表检验表明，两房轮候家庭比公租房和廉租房家庭更可能购买小汽车等机动车辆（p = 0.002），符合一般预期。

附表 1-31　是否两房轮候与是否有机动车交叉制

		是否有机动车		合计
		是	否	
是否两房轮候	是	20	49	69
	否	2	45	47
合计		22	94	116

五　公租房社区参与

（一）邻里互动

在回答"您在小区内关系较好，可登门拜访的居民大约有多少？"这一问题时，77.3%的受访家庭回答在远洋沁山水上品小区中没有任何关系较好，可以登门拜访的居民。超过92%的受访家庭，认识的本小区可以登门拜访的居民不超过两户（见附表1-32）。所有受访家庭中，可以登门拜访的家庭数均值为0.78，中位数为0。这说明公租房住户邻里间的互动过少，缺乏关系纽带。

附表 1-32　关系较好邻居的数量

单位：户，%

	关系较好邻居数量	频次	百分比	有效百分比	累计百分比
有效	0	92	76.7	77.3	77.3
	1	9	7.5	7.6	84.9
	2	9	7.5	7.6	92.4
	3	2	1.7	1.7	94.1
	4	1	0.8	0.8	95.0
	5	1	0.8	0.8	95.8
	6	2	1.7	1.7	97.5
	10	1	0.8	0.8	98.3
	14	1	0.8	0.8	99.2
	15	1	0.8	0.8	100.0
	合计	119	99.2	100.0	

续表

	关系较好 邻居数量	频次	百分比	有效百分比	累计百分比
缺失	系统	1	0.8		
合计		120	100.0		

在回答"在小区里和您见面彼此打招呼的居民大约有多少户？"这一问题时，39%的受访家庭在小区内不跟任何人打招呼，超过 3/4（76.3%）的受访家庭在小区内打招呼的家庭不足 5 户。小区里见面打招呼家庭数量的均值为 3.53 户，一半受访家庭在小区内的"点头之交"不足 2 户。

而无论登门拜访还是点头之交，公租房住户进行日常社会互动的对象，也主要都是其他公租房住户。

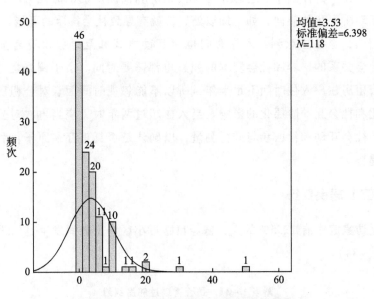

附图 1-6　小区内见面打招呼邻居的数量

同样，在回答"过去一周中，您是否与小区内其他居民共同进行过活动？"这一问题时，即便共同进行的活动也非常简单，包括"散步、买菜、带小孩"等，依然有 85.8% 的受访家庭回答没有与小区其他居民进行过任何共同的活动（见附表 1-33）。

附表 1-33   过去一周共同活动的情况

单位：户,%

		频次	百分比	有效百分比	累计百分比
有效	是	17	14.2	14.2	14.2
	否	103	85.8	85.8	100.0
	合计	120	100.0	100.0	

从社会互动的角度来看，可以初步得出以下结论：（1）公租房住户明显缺乏社会互动，无论是浅层的点头之交，还是深层的登门拜访，公租房住户的社会互动都显得不足。在某种意义上，公租房住户属于一个边缘化的社会群体，呈现社会关系原子化的倾向，这对社会融入和社会支持都可能产生严重影响。（2）在公租房有限的社会互动中，社会关系又主要局限于公租房住户群体当中。这意味着在公租房和商品房的混居社区中，存在社会互动阶层化的倾向，如不加以处置，就有导致社会排斥的可能。

当然，也要注意到，入住时间也对互动方式和互动频次有着显著影响，社会关系的培养和社会资本的积累也都需要时间。由于调查之时，大部分公租房住户入住时间不足半年，所以不能忽视时间因素对公租房住户原子化和社会互动阶层化的影响。当入住超过两年时，应当再次对公租房住户的社会互动和社区参与进行测量，以确认是否真正存在原子化和阶层化的趋势。

（二）居民纠纷

受访家庭中有 12.5% 的人，曾经目睹过小区居民之间发生过纠纷（见附表 1-34）。

附表 1-34   是否看到过邻里纠纷

单位：人,%

		频次	百分比	有效百分比	累计百分比
有效	是	15	12.5	12.5	12.5
	否	105	87.5	87.5	100.0
	合计	120	100.0	100.0	

在发生的居民纠纷中，26.7% 是因为遛狗造成的（见附表 1-35）。对

文明遛狗的宣传和遛狗行为的规范，可以作为小区精神文明建设的一个重要方面。

附表 1-35　邻里纠纷的原因

单位：人，%

		频次	百分比	有效百分比	累计百分比
有效	遛狗	4	3.3	26.7	26.7
	杂物占道	1	0.8	6.7	33.3
	其他	10	8.3	66.7	100.0
	合计	15	12.5	100.0	
缺失	系统	105	87.5		
合计		120	100.0		

访谈中发现，较为传统的生活方式，影响了部分公租房家庭的生活习惯。比如，在入住远洋沁山水上品小区之前，部分公租房住户从未有过在高层楼房和封闭小区居住生活的经验，对于私人空间和公共空间的理解，与久居楼房和小区的商品房住户存在巨大的差异。如何帮助这部分公租房住户尽快适应封闭小区和高层楼房的生活方式，将是建设和谐社区、减少居民矛盾、提高生活质量的一个重要途径。

（三）社会资本：以春节拜年为例

春节相互拜年的数量和身份，是测量个人或家庭社会资本的一个关键性指标。调查数据显示，受访家庭中，2013 年春节通过登门、聚会、电话等方式拜年的家庭中位数为 5 户亲戚和 3 户朋友（见附表 1-36）。其中，超过两成（20.5%）的受访家庭在 2013 年春节没有跟任何人相互拜年。

附表 1-36　2013 年春节拜年情况

春节拜年		亲戚	朋友	熟人	本小区
N	有效	117	112	110	116
	缺失	3	8	10	4
均值		7.95	5.71	5.18	0.10
中值		5.00	3.00	0.00	0.00
众数		0	0	0	0

195

春节拜年	亲戚	朋友	熟人	本小区
标准差	8.668	7.362	9.837	0.565
方差	75.135	54.206	96.774	0.320
极小值	0	0	0	0
极大值	40	30	60	5

在回答"2014 年春节是否与本小区的居民相互拜年？"时，80.0% 的受访家庭回答不愿与小区居民拜年（见附表 1 - 37）。这说明公租房住户的社会资本较为薄弱，缺乏社会互动和社会支持，抵抗风险的能力较差。对于这样的家庭来说，加强和完善由政府和民间提供的支持和服务就显得尤为重要。

附表 1 - 37　2014 年春节是否与本小区居民相互拜年

单位：户,%

		频次	百分比	有效百分比	累计百分比
有效	是	24	20.0	20.0	20.0
	否	96	80.0	80.0	100.0
	合计	120	100.0	100.0	

六　政策建议

石景山区远洋沁山水上品社区和燕保京原社区的问卷调查与入户访谈数据显示，入住公租房可以显著改善租房的居住条件，提高租户的居住满意度。这表明目前的保障性安居工程的建设，基本实现了政策目标。然而，保障性住房是一个涉及方方面面的系统工程，"盖好"和"分好"仅仅是取得成功的一部分。只有在盖好、分好的基础之上，让租户"住好"，才可能让安居工程真正实现安居。从社会管理的角度来看，调查数据显示，公租房住户明显缺乏社会互动，呈现社会关系原子化的倾向；而在远洋沁山水这样的保障房、商品房混建社区中，公租房住户有限的社会互动也呈现社会互动阶层化的倾向。做好公租房社区的社会建设和社区管理，关键在于让公租房租户们走出家门，积极参加各种社区活动，从频繁和持续的活动中，逐渐积累社会资本，提升组织资源。

课题组认为，为了遏制和避免混建社区中公租房住户的社会关系原子化和社会互动阶层化的趋势，可以从以下五个方面入手，进一步做好保障性住房社区的管理与服务。

（一）属地负责、多方共管

总体来说，无论是保障性安居工程建设本身，还是仅仅公租房社区的管理与服务，都是一项极为复杂的工程，涉及住房、民政、公安等多个系统，需要各方的协调和联动。但在远洋沁山水小区，由于居委会还未成立，公租房租户往往有事就去找市保障房中心的社区办公室。保障房中心性质上属于国企，但在某种意义上，其社区办公室在行使着一些社区自治组织甚至是属地政府的职能。从政府职能的角度看，属地政府保障房分配与房屋使用维修、租金缴纳相关的问题，保障房办公室可以解决，但另外一些问题，比如邻里纠纷、社会保障等问题，保障房办公室则无法解决。当然，目前两个小区入住时间还不长，基层组织也还不健全，可以说目前这种企业代行基层自治组织的情况只是临时做法，但它也反映出目前公租房社区当中的一个结构性问题：管理接口不畅。

仅仅依靠住房建设系统或租房管理系统，难以真正解决社区管理当中已经出现和可能出现的各种问题。做好保障性安居工程的建设，做好公租房社区的管理，应当由政府多个部门共同参与、互相配合，联席办公，形成具有中国特色的保障性住房社区管理与服务工作机制，实现保障性住房社区管理和服务的可持续发展。同时，应当坚持政府主导，社会参与，充分发挥政府的组织引导作用，积极动员各种社会力量广泛参与社区管理与服务，真正实现共驻共建、资源共享，形成合力。

属地化管理也是减少和避免"租住分离"的必要手段，可以有效地提升保障性住房的配给和管理工作的透明度，从而使保障性住房在分配和使用中的公平与公正。作为一项重要的政府福利，保障性住房的不透明和不公正，往往成为社会舆论关注的热点。调查中发现，虽然有着一系列的制度安排，但在保障性住房的配租过程中，特别是在那些公租房住户中，依然存在着"租住分离"的现象，即承租人并未在公租房中居住，而是让自己的亲属（多为子女）在此居住。由于问卷并未针对此现象专门设计问题，目前尚无从判断现象的实际比例。从某种意义上讲，子女替代承租人在公租房居住，也算实现了公租房的政策目的，因为它改善了整个扩展家庭的住房条件。但这毕竟不符合公租房申请和配租的相关规定。

保障性住房社区的属地管理，则可以有效地了解实际居住情况，及时查明和发现可能的租住分离情况，从而迅速做出处置。目前，出现"租住分离"现象的一个重要原因是，市保障房中心驻社区的办公室，由于接触机会和管理手段的限制（只能通过缴费等手段与租户定期接触），往往无法实时掌握住户的真实情况。如果保障房社区进行了属地化管理，居委会、社区工作站等管理服务机构与保障房住户的日常接触将大为增加，对于住户真实情况的掌握也可以做到实时更新，这样就能大大增加"租住分离"的成本，从而有效减少和避免"租住分离"的发生，并进一步推动保障房配租和管理的透明与公正。

（二）保障房社区的硬件建设

结合租户的基本状况及现有租住情况，课题组认为可以从户型设计、房屋质量、公共服务设施、交通网点布局与区位选择等方面对今后公租房建设进行完善。一方面可以提高居住空间使用效率，满足租户基本生活需要；另一方面，也可以增加社区成员的社会互动，降低矛盾发生机会，从而营造和谐融洽的社区氛围。

1. 户型设计与房屋质量

调查报告显示，租户对公租房户型设计的满意度不足五成，这无疑为公租房今后的规划与设计提供了改善的空间。根据入户访谈和实地观察，户型和房屋质量的不满主要集中于以下三个方面。

缺少阳台：课题组根据实地调研认为晾台或者阳台的设计是必要的。一方面，晾台和阳台可以满足租户对存放杂物和晾晒衣物的需求，提高租户对居住的满意度；另一方面，减少因在社区公共空间晾晒私人物品引起的社会纠纷，有助于营造社区和谐融洽的氛围。调查中发现，由于缺少阳台，许多公租房租户只能在小区院子里晒被子，已经引起了旁边商品房住户的不满。

房屋隔音：许多租户反映，房屋的隔音效果有待提升。具备良好隔音的公租房不但可以满足住户对私密空间的要求，还可以避免因邻里吵闹带来的纠纷问题。公租房住户整体年龄偏大，并有近20%为老年人，对安静的居住环境要求更高。因此，课题组认为对公租房的房屋设计和墙壁材料选择应重视隔音效果。

灶台、厨具：多数租户反映，灶台、厨具的质量及设计无法使人满意。一方面，灶台、橱柜的质量有待提高，使用不超过半年，开裂、掉色等问题就频频发生；另一方面，天然气管线与火源距离太近，管线与隔热板材质较薄，具有安全隐患，难以让租户放心使用。课题组认为对灶台橱柜等家具的选择必须考虑质量和安全因素。

2. 公共服务设施

调研报告显示，租户对周边配套设施的满意度较低，买菜、就医、交通问题让多数住户感觉不便。根据课题组对租户10分钟步行圈内的设施需求的调查，受访家庭认为10分钟步行圈内应当包括的设施，按重要性排序，排在前三名的为：（1）公交地铁站；（2）菜市场；（3）大中型超市。

考虑到租户的实际需要，公租房的选址及设计规划中可考虑增添以上公共设施。除此以外，租户对医院、便利店和银行也有较高需求。总体说来，公租房社区周边公共设施，应按照国家建设保障性住房的一般建议，倡导与普通商品住房配套建设，实现保障性住房布局的空间相对均衡，促进社会融合。

3. 交通系统布局

近五成租户对现有社区交通情况不满。近六成租户认为相对原住处，现有社区的交通便利情况难以让人满意。公租房居民私家车的拥有率较低，出行几乎完全依靠公共交通。考虑到公租房住户老年人居多，还有一定数量的重病残障人士，课题组建议规划部门在交通系统布局以及公交选点中可以适当考虑公租房住户需求，丰富公交路线，临近安排公交站点。并且支持为有需求的残疾人和老年人实施社区及公交站无障碍设施改造，加快推进无障碍社区建设，加强对已建无障碍设施的维护、管理，确保正常使用，方便残疾人和老年人出行和参与社会生活。

总之，集中建设的公租房，尽可能安排在交通便利、公共设施齐全的区域，同步做好小区内外的市政配套设施建设，满足低收入群体、老年人群体、残障人群体对公共交通和医疗、教育等公共服务的需求。

（三）保障房社区的软件建设

根据调查报告所展现公租房租户情况以及保障房中心管理实践中遇到的困难，本研究组认为，在改善公租房社区硬件方面的基础上，还可以从属地化管理、福利补贴发放、就业机会提供等方面入手，进一步完善公租房社区的建设和管理，切实满足住户需求、提升管理效率，改善服务效果。

1. 属地化管理

一方面，公租房社区应根据建设规模，单独设立社区居民委员会或纳入所在的街道、社区居民委员会设立社区工作站，进行属地化管理。课题组建议居委会应实行公租户与商品房住户混建原则，共同建设社区居民自治组织。考虑到公租房住户的特殊情况，可根据住户数量配备专人负责公租房楼宇的具体事务。

以往的研究表明，公租房住户所属的低收入群体，往往既缺乏社会资本，也缺乏组织资源，他们的社区参与，对居委会和工作站的依赖程度，要远远超过同一社区的商品房住户。尽快建立居委会和工作站，不仅将会显著改善公共服务的种类和质量，同时也将会更好地组织和动员公租房住户和商品房住户共同参与社区活动，从而避免公租房住户在社会互动中的原子化和阶层化趋势。

另一方面，完善社会保障转移支付制度，将保障性住房社区居民的最低生活保障补贴、各项社会保险等社会保障从户籍所在地管理转为居住地属地化管理或办理。课题组认为此举将极大地改善户籍不在本区的公租户前往原居住地办理各种政府福利所带来的各种不便。

2. 福利补贴

课题组在实地调研中发现，部分租户离开原居住地，搬入公租房后遭遇到"福利流失"的现象。所谓福利流失，即进入公租房社区居住后，原本在非公租房社区享受的福利因为政策原因反而减少甚至完全丧失。福利流失现象增加了公租房住户的生活压力，与公租房项目减轻特殊人群生活困难的目标相悖。具体而言，这种福利流失问题主要集中于以下两个方面。

（1）住房补贴。

现有公租房房租规定，租户必须预先缴纳下月房租，国家住房补贴会在交租后返还给租户。这意味着租户必须有能力在一个月前缴纳全额房租，这对于困难群体来说反而成为不小的经济压力。课题组建议根据租户具体情况，改变原来交全额租金后再返还补贴的交租方式，使租户只用缴纳实际房租，也就是全额房租与国家住房补贴之间的差价。以此减轻租户的经济压力，切实贯彻国家福利减轻公租房目标群体生活困难的目标。

另外，部分保障房租户由于工资略有上涨，超过政策规定的每月 2400 元可获补贴的收入界限，导致其原本享有的较高住房补贴比例降低，每月需缴纳更多的房屋租金。这一情况也极大地加重了租户的经济负担。课题组建议，灵活设置不同补贴比例的收入界限，减轻生活困难租户的经济压力。

（2）取暖费。

取暖费问题是另一项租户重点反映的福利流失问题。因为许多租户之前的住处采用分散供暖，北京市相关部门对此有政策优惠。这意味着公租房租户在进入本社区之前并没有缴纳过高额取暖费。因此，社区集中供暖对其造成了一定经济负担。课题组建议，根据租户的实际经济能力进行甄选，对于生活困难的住户，对取暖费给予减免或者提供适当补助。

3. 就业机会

课题组建议公租房社区提供公益性的就业岗位，给予满足条件的租户。调查发现公租房家庭大多数属于社会中的低收入群体，其整体年龄结构偏大，家庭规模小，社会互动弱，社会资本极低，并且有相当比例的人患有恶性肿瘤、心血管等大病重病，身患残疾的比例也较高。可以说，公租房家庭处于社会的边缘状态，是难以依靠市场进行就业或再就业的群体。社区提供就业岗位，一方面给予租户就业机会以及收入来源，缓解其经济上的紧张；另一方面，也能加强社区间居民互动，培养社区主人翁精神，促进社区融合，改变目前公租房住户原子化的倾向。

（四）社区营造

社区营造指的是在新建或重建一个社区时，不仅事先要规划好社区的物理空间和功能布局，同时也要在社区建设的过程中，做好社会空间和人际互动的规划。从社会学的角度来讲，社区指的既是一个物理空间，也是一个社会空间。一个好的社区，必然有着合理的空间布局和活跃的社会互动。社区营造的思路，就是把一个新社区的物理空间的建设过程和社会关系的建设过程结合起来。社区营造的原则和做法，在台湾"9·21"地震和四川汶川地震的灾后重建工作中得到了充分的验证。

1. 社区营造规划

作为一种特殊的社区形式，商品房和保障房混建的社区，更应当重视居住空间和社会关系的有机结合，给居民提供舒适的居住空间和融洽的社会关系。课题组建议，在今后的商品房和保障房混建社区的建设中，可以考虑引入"物理空间规划"和"社区营造规划"的双规化制度，把营造社区内社会关系的重要性，上升到与空间设计和物理建设同样的高度。

社区关系的营造规划中，应当针对保障房住户的群体特征，设计相应的社会关系营造方案，全面考虑社区公共空间、居民自治组织、社工服务机构等一揽子可能推动和促进保障房居民参与社区互动、建立社区信任、形成社区认同的因素。比如，对于商品房住户这一群体，许多社会互动都发生在自家的客厅之中，对于社区公共活动场地和设施的需求较小。他们既很少利用社区的健身设施进行锻炼，也很少利用社区的文娱设施娱乐放松。商品房住户的社会互动往往通过私人化或市场化的方式解决。而保障房群体对公共设施的需求就截然不同。由于保障房空间较为狭小，同时保障房群体由于过去的居住习惯，又习惯于利用公共场所进行社会互动，保障房群体往往会更加依赖于公共空间和公共设施。因此，在今后的商品房、保障房的混建社区的规划和建设中，应当避免目前出现的公共设施集中于商品房区域，保障房群体难以使用的情况。这一公共设施的需求和供给的脱节，已经在远洋沁山水上品社区造成了一些保障房群体与社区管理者的矛盾。

社区营造规划的引入，将会减少甚至避免目前公租房社区在管理方面出现的许多问题。事先着手、工作前置，能够避免问题的出现，而且和出了问题再匆忙解决相比，行政成本和社会成本都会大为下降。

2. 社工机构

课题组建议在公租房社区中，通过政府购买社会服务等方式，适当引入专业化的社会工作事务所。公租房住户大都属于低收入群体，由于年龄和家庭等原因，往往很难通过学校教育和正规就业实现向上的社会流动。改善和提高他们的生活质量，需要更加专业化的服务和支持。目前，得益于规模不断增加的政府购买社会服务，国内许多城市已经出现了针对低收入群体的社会工作机构，可以提供专业化的社会服务和社会支持。公租房社区的低收入群体较为集中，引入养老、扶贫、助残、社区建设方面的社会工作事务所，可以起到事半功倍的积极效果。

3. 居民自组织

在居委会的指导和帮助下，鼓励和支持公租房住户自发组织各种文娱和社会活动。避免公租房社区中的社会关系原子化和社会互动阶层化的一个重要途径，是提高公租房住户的自组织程度，让他们通过自发地组织活动而逐渐形成稳定的、结构化的互动模式，从而提升其社会资本和组织资源。居委会和社工事务所，依然属于一种自上而下的动员方式，一旦活动结束，公租房居民在活动过程中形成的关系和纽带就有可能弱化甚至消失。而公租房居民自发形成的组织形式，如各种兴趣小组等，则可能有着更强的生命力，持续更长时间。

值得注意的是，目前城市居民自组织形式当中最为突出、最为活跃的当属业主委员会，其自组织的动力机制主要基于产权。但是，公租房的租户不同于商品房的业主，产权无法成为这个群体进行动员的核心因素，所以公租房租户的自组织还需要产权之外的动力机制。如何找到可以引发公租房租户共同而又持续的参与兴趣的动员因素，将会是推动公租房社区自组织的一个关键问题。

（五）公租房社区：重建社会空间

课题组对典型公租房家庭的个案访谈数据显示，入住公租房可以显著改善公租房家庭的居住条件，提高其居住满意度。这表明目前的保障性安居工程的建设，基本实现了政策目标。然而，公租房是一个涉及方方面面的系统工程，"盖好"和"分好"仅仅是取得成功的一部分。只有在盖好、分好的基础之上，让公租房家庭"住好"和"过好"，才可能让安居工程真正实现安居。从社会治理的角度来看，公租房住户明显缺乏社会互动，呈现出社会关系原子化的倾向；而在公租房、商品房的混建社区中，公租房住户有限的社会互动也呈现出社会互动阶层化的倾向。

针对公租房社区的特点，课题组认为，为了遏制和避免公租房与商品房混建社区中公租房住户的社会关系原子化和社会互动阶层化的趋势，还可以从以下两个方面入手，着重做好公租房社区的公共管理与社区治理。

一方面，政府应当强化属地管理。公租房社区的治理与服务是一项极为复杂的工程，涉及住房、民政、教育、医疗、公安等多个系统，需要各方的协调和联动。公租房社区的管理，往往由居委会和保障房中心的派出办公室负责。但公租房家庭是一个非常特殊的群体，严重缺乏经济、社会和人力资本，缺乏社会流动的渠道，其日常生活严重依赖政府提供的公共服务和社会保障。这些公共服务和社会保障涉及多个部门，因此公租房社区的治理也应该由这些部门共同参与、密切合作。

仅仅依靠住房建设系统或租房管理系统，难以真正解决社区管理当中已经出现和可能出现的各种问题。做好保障性安居工程的建设，做好公租房社区的管理，应当由政府多个部门共同参与、互相配合，联席办公，形成具有中国特色的保障性住房社区管理与服务工作机制，实现保障性住房社区管理和服务的可持续发展。同时，应当坚持政府主导，社会参与，充分发挥政府的组织引导作用，积极动员各种社会力量广泛参与社区管理与服务，真正实现共驻共建、资源共享，形成合力。

同时，还应当针对廉租房群体的特征，在廉租房社区的规划、建设和房源分配过程中，尽量避免和减少因为搬家造成的公租房群体的原有社会关系的进一步损耗。

另一方面，政府应当积极介入，重建社会空间。对于廉租房家庭自我脱离社会的群体而言，最重要的问题还不是阶层之间的社会排斥，而是如何重返社会，政府和社区如何帮助他们重建社会关系、恢复和保持最低数量的正常社会互动。与公租房群体相比，公租房群体的社会资本更为薄弱，社会关系更为稀少，社会支持也更为缺乏。在某种意义上，廉租房群体可以被称作一个被甩出了社会主体的边缘化群体。对于这样的一个群体而言，由于年龄和家庭等原因，他们不可能再通过正常的学校教育和正规就业实现向上的社会流动，重新回归主流社会。而这样一个底层群体的存在，给北京市的社会建设和社会治理都提出了巨大的挑战。改善和提高廉租房群体的生活质量，丰富和重建他们的社会关系，都需要更加专业化的服务和支持。

课题组建议，可以考虑由社工委牵头，城建、房管、民政、街道、社区等相关系统和部门参与，建构一个针对廉租房群体的工作平台，通过养老、扶贫、助残、社区建设方面专业化的服务和支持，鼓励和帮助廉租房住户自发组织各种文娱和社会活动，努力提高廉租房住户的自组织程度，让他们通过自发地组织活动而逐渐形成稳定的、结构化的互动模式，从而提升其社会资本和组织资源。进行这一工作的同时，要注意避免过去那种针对极低收入群体"事事都由政府操办"的工作传统，而是应当努力挖掘和调动廉租房群体的主体性，使之自觉自愿地主动参加各项社区活动。只有廉租房群体自发形成的组织，才更有活力和效率，也才能更加持久。

附录 2

流动人口的社区治理

一 引言

外来人口自产生之日起就遭遇到各种各样的困境和问题。来自各个方面的污名化也促使人们普遍相信外来人口是扰乱社会秩序的首恶之源。因此，如何治理外来人口聚集的类贫民窟社区便成为当代都市生活中一个亟待解决的问题（蓝宇蕴，2007）。

2014 年 1 月 16 日召开的北京市人代会上，市长王安顺向大会做政府工作报告时表示要加强人口规模调控："深入研究控制人口规模的治本之策。立足当前，着眼长远，细化落实各项具体措施，切实把常住人口增速降下来。"（王安顺，2014）

常住人口指的是实际经常居住在某地区半年及半年以上的人口，等于常住户籍人口和常住流动人口的叠加。而政策一出，人口增速下降的压力便首先对准了外来人口。根据官方数据：每年从外省迁移到北京的户籍人口有十几万人，另外大量外籍人口到北京工作生活，在过去的 10 年每年增长 44 万左右。据估算，2012 年，北京每 3 个人中就有 1 人来自外地。因此，对外来人口的管理和控制便成为执行控制人口政策的首要任务。但是根据北京自 2000 年以来控制人口的政策，一直到 2014 年外来人口居高不下的增长数量来看，把控制人口数量的压力悉数压在对外来人口的控制上并不是成功的举措。

另外，外来人口给城市社会带来的影响是多方面的，而这一群体被广为诟病的就是聚居地的"脏、乱、差"的社区形态和社区秩序。但是，这样的社区形态出现不是外来人口单方面造成的，而是嵌入深层的制度安排和流动人口的基本生存需求的相互作用。因此，解决外来人口问题，除了在数量上控制之外，还需要考虑其他社会主体和制度安排方面的因素。

二　城市外来人口治理的两种思路：控制、排斥与提供服务

观点一：需严控外来人口

持有控制外来人口观点的学者认为，由于北京资源承载力有限，而外来人口的涌入不仅带来了环境和市容的改变，对资源以及社区治理也提出了挑战，因此，治理的方法应该是控制外来人口。

城市规模控制与对流动人口实施人性化管理成为一对难以化解的矛盾，"北京城市人口规模已经超出了现有水资源的承载能力，在北京户籍仍呈刚性管理的状态下，人口控制的对象只能是外来人口"。（冯晓英，2006）

外来人口提供了城市所需要的服务，承担了大量的城市建设任务，促进了城市的发展，另外，大量人口的存在对城市负荷和管理能力提出了巨大的挑战。流动人口聚集加剧了资源紧张，凸显出某些地区基础设施建设滞后等各种问题，例如村民为了尽快获得更多的收入严重依赖瓦片经济、环境脏乱、违法建设严重、社会治安不好、隐性失业，制约了城中村的治理工作。

以"瓦片经济"为例，出租房屋供求双方经济利益高度一致，加剧了地区治安环境治理的难度，瓦片经济带来的两难窘境包括：生活资源紧张，基础设施不堪重负；违法建设、私搭乱建严重；卫生环境脏乱差；火灾隐患严重等。

此外，由于城中村公共物品的"外溢"性，存在流动人口"搭便车"享受原本城中村里的公共设施的情况，直接的表现就是村里公厕、垃圾箱等公共卫生设施的使用与有限承载力的矛盾。

不过，事实证明，这样的思路并没有在实践中取得成功，甚至导致了

更多的外来人口蜗居在城市一隅，产生了大量的城中村、外来人口聚居区等类贫民窟社区，给城市治理提出了控制人口数量之外的更多的难题，例如城市资源承载问题，城市秩序、社会安全、社区形态等问题。

观点二：服务促进整合

在逐步扩大的国家正式制度之外，社区、市场和市民文化为新移民与城市社会在互动中相互塑造提供了场所和资源，新移民与移居社区和城市社会的关系作为一种非正式规则正在向积极的方向重新建构。社区服务的覆盖面在向外来人口延伸，新移民对社区生活的参与正在转为积极，社区与新移民的关系在反思中往正向互动转变；相对公平的市场环境使新移民在参与竞争的过程中获得了自信，这给予他们一种基于市场身份的平等感觉；地方文化的差异虽然仍是影响新移民生活感受的重要原因，但新移民和本地居民在相互之间的批评性参与中调整了各自的思维及行为，一种理性、兼容的氛围趋于形成。导致二元结构的相关制度弹性空间不断扩大，新移民外出的目的性和在流入地居留的稳定性增加，开始形成主动参与城市经济社会生活的意识和行动。城市社会的发展资源增多，城市居民开始意识到新移民的贡献。双方开始控制各自的情绪化反应，尝试建立一种相互包容、相互合作的正向互动关系。在这个阶段，二元结构仍然存在，但二元中间开始出现一个明显的中间地带，其中基于双方正向互动所形成的非正式规则将为下一阶段的融合打下必要的社会和心理基础。最终，城乡隔离和区域封闭的相关制度被取消，新移民正式获得城市社会的居民权和居民身份。城市社会和社区开始将新移民视为自己的一员并关注他们的福利。城市社会对外来人口的关注将由群体转向个体，由制度层面转向社会、文化层面。如何帮助新移民缓解在适应城市社会时所遇到的资源、就业、交往、文化和心理等方面的压力，如何帮助他们提高素质并成功担当市民角色，将成为各方讨论和努力的方向。（童星、马西恒，2008）

然而睦邻运动促进本地居民和外来人口融合虽然勾勒了一幅美好的同质融合的场景，但却忽视了融合背后的一些根本性的制度二元带来的难以弥合的鸿沟，例如不同群体的身份认同和对他群体的极端排斥以维护本群体的界限和优势。此外，社区服务的覆盖是否真的能够促进本地居民和外来人口的融合受到很多因素的影响，例如社区服务的质量、社会治理能力和外来人口的参与能力、参与条件等因素。而以外来流动人群为主体的外来人口参与社会治理、与本地居民融合，尚需要跨越城乡、阶层以及制度的种种障碍。因此，对于社区服务带来的融合和有序治理，我们需避免过分乐观的态度。

本研究的目的不在于讨论城市应该如何接纳外来人口，但是，要解决好外来人口带来的社会秩序与资源利用问题，需要首先了解外来人口的生存状态以及社区形态，为进一步的治理提供最基本的依据。本研究以位于北京市城乡结合部的 B 社区为例，描述外来人口聚居社区的社会形态并探讨可行的外来人口聚居社区的治理方式。

三　外来人口的社区环境

本研究的田野据点在海淀区的一个城乡结合部——B 社区。B 社区之所以成为外来人口聚集地区，主要有以下因素的作用：第一，在本地社区"村改居"之后，原本属于乡政府管理的土地，以及之前要上报登记的住房改建的规则都已经改变了。目前 B 社区的房屋改建、加盖处于无人管理的状态，于是本地居民将自己的房屋进行了改建或者扩建，多余的房间可以出租给外来人口。第二，由于 B 社区是平房社区，房租比楼房便宜，外来人口尤其是低收入的外来人口负担得起这个价位的房租。第三，B 社区中的年轻人，经济能力强的居民通过买房或者工作等途径迁移到城市社区，这里的社区大为衰落，也为外来人口的流入提供了机会。第四，由于控制外来人口的城市管理方式，其他社区通过拆迁或者整治群租房等手段将外来人口排挤出本社区，这些流动人口便涌进该社区。第五，B 社区地处城乡结合部，交通相对远郊区比较便利，城区的公交系统也基本能够覆盖本社区；此外，B 社区周边被大型商场和居民住宅楼包围，对于家政、保洁、保安、餐饮、服务业需求较大。综合以上因素，B 社区不仅占据区位优势，还具有吸纳外来人口在此聚居的社区条件，因此，目前已经成为外来人口大量聚居的社区。

B 社区的社会环境最突出的特征主要有两点：居住在 B 社区的主要是低收入群体，即使是本地居民也主要是低收入人群；像其他的外来人口聚集区一样，B 社区的环境也可以用"脏、乱、差"来形容。

（一）低收入人口社区

B 社区的外来人口，主要是没有能力居住在城市地区的外来人口，并且主要由收入较低的外来流动人群群体组成。同时，本地人仍旧居住在此的也主要是低收入的城市职工，以及部分老年人口。

在接纳外来人口聚集在此的同时，本地居民内部也经历了分化的过程，主要体现在两个方面：第一，有钱的居民在城市小区购买房屋，留在本社区的本地居民则主要是经济能力有限，没有能力应对北京的高房价的居民；第二，留在本地的居民以中老年人、退休人群为主，年轻人则相对较少。

首先，当我们把本地居民的概念扩展到那些拥有本地户口但是并不居住在本社区的居民的时候，差别就显现出来了：搬迁到外面的原社区住户通常是有了钱或者有了房子之后搬进了城市新兴小区，而钱的来源很大程度上是和出租房屋有关系的，即得益于瓦片经济。

B 社区由于地处城乡结合部，外来人口数量大，对于出租房屋的需求也大。根据我们的观察，有房屋出租的本地居民通常会将房屋简单改建之后，将原来的房屋分割成若干单间出租，或者将整个院子出租给二房东，再由二房东按照一间单间 400 元/月左右的价钱出租给租客。多数房东有 10 间左右的房子或者更多，因此，他们每个月大约有 4000 元甚至更多的租房收入。很多把房子整个租出去的人往往并不住在社区，而是搬去了城市小区。家里没有多余房屋出租的本地人，通常也没有多余的钱购置新房，便只能继续在此留住。为了弄清情况，我们访谈了几位本地住户。

【访谈案例 1：本地住户甲】

甲：我刚才说的那个二房东特别多，包括现在管理房子的都是外地人，本地人都在别的地儿。嗯，本地人都在城里。你看从河边到这里一大片面积。像我们这一胡同就没几个北京人，就这胡同还算多的。

问：是什么原因让您一直没有离开。就是没有搬家。有没有想过说搬个家，去别的地住？

甲：没有。第一，没钱买房。对吧。谁都希望好的环境。没有钱买房，你搬哪儿去啊，想都可以想。北京的房价贵。

其次，有些家庭虽然在城市里有住房，但是并不能保证所有的家庭成员都可以一起搬迁，尤其是家里的老年人会继续留在这里。

【访谈案例 2：本地住户乙】

最早住在这的，就我这一户，完了他们都是把房子租出去了，这边的是他们儿子结婚了，没地住了又搬回来了，这家也是儿子结婚了，这老两口，也是，把房子给儿子了。那等于是先住在外面，儿子结婚了又搬回来了。

【访谈案例 3：本地住户丙】

丙：现在的房价很高很高了，没有占房的现在老百姓根本买不起房子啊。心是想走，但是往哪走啊？

问：现在子女结婚在城里买了房子，那是否有些老人跟着子女走？

丙：现在怎么说呢？其实岁数大的人还是想有一个自己的归宿，你们年轻人愿意和老人一起过吗？和年轻人在一起由于年龄的差距必定会有分歧。

北京的高房价和商品房市场充当了过滤器，把有经济能力购房的居民和没有能力购房的居民在空间上做了区分，有钱的居民都因为购置城市的住房而跻身成为住在楼房里的"城里"人，至少与住平房的本地人不再相同。而长时间留在本社区的本地居民则主要由老年人、经济一般的本地人组成。这在某种程度上也是本地社区衰落的表现，为外来人口的涌入提供了机会。

（二）脏、乱、差的社区形态

1. 社区住房私搭乱建，毫无规划

B 社区的脏、乱、差最直观地体现在大量住房的私搭乱建、毫无规划

上。大批临时加建或者临时搭建的房屋，以及聚集在这些并不宽敞的空间里的流动人群，对社区风貌的影响是明显的。临时加建的房屋改变或者破坏了原有住宅的布局，很多房主为了扩大空间，将临时加建的房屋挤占到大街或者巷道上，这不仅是"公用地的悲剧"，而且造成交通不畅，给居民生活带来了极大的不便。

【访谈案例4：本地住户丙】

问：外边的这些房子是后来又加的？

丙：哪个？就外面的这些楼房吗？

问：哦，这是楼房呀，因为我看进来的这道路挺窄的。这是以前就这么窄还是后来又改的？

丙：后来又改的。厨房这块嘛，屋子都朝阳。

问：因为我刚才找路的时候看小院那里一间一间的都是出租房。

丙：对，这周边都在出租嘛，房子后面这东西用不用的都在那里堆着，就在那里堆着的东西不知道被谁给点着火了，最可怕的一次就是去年那里着火了，接水接不进来，这窄胡同消防车根本进不来，就是这帮人盖房子给弄的，原先挺宽的路，后来人们盖房子都多盖出来一间，你盖一半他盖一半，这路不就占上了吗？

2. 社区管理缺失

社区的脏乱形成的一个重要因素就是社区内部管理不到位。这种状况一方面体现在公共服务设施的欠缺方面，另一方面也体现在对社区内部一些不良行为的欠缺管理上。

【访谈案例5：本地住户乙】

问：你说这盖房占上路，政府也不管吗？

乙：对，就是没人管，要是有人管能是这样吗？

问：不会有人举报吗？

乙：有用吗？姑娘。你说会有用吗？

问：这居委会看不见吗？

乙：我跟你这么讲吧，2000年以前，没有这居委会的时候是村委会，村委会原先是北京市农村的，（这房子的占地）原先叫宅基地，当你需要翻盖的时候，要到乡政府登记，在原有的基础上要翻盖成什么样子，批了你就可以翻盖，不批你不可以翻盖，这届政府不管了，私搭乱建产生了。

问：那目前您对这社区环境满意吗？

乙：您自己看，您看能满意吗？

问：没关系，请您具体说说吧。

乙：您看这环境，这垃圾到处都是，这狗到处拉屎，人都到处尿……谁能满意？

不仅住宅缺乏管理，而且整个社区的各种生活秩序也毫无章法。居住在本社区的外来人口随意摆放摊位出售各种小商品和生活资料，造成社区内的拥堵不堪。例如随意摆放菜摊就是一个例子。

【访谈案例 6：本地租户甲】

就是从我们家出去，到前面那十字路口，就是天下城那块，再到那街那儿，尤其到歌厅那一块，五点多六点多你走吧，你走都走不动，那车挤的。到我们家这里头，可能人少了，他不往这里头摆，就全在路口那，就居委会那条路，从那边上就开始。那摆摊的，那天给我气的，他拿一婴儿车堵那了，他为了做生意，不让你过，婴儿车就横在那，我就说你让一让，让人过去，他就是不让。就搁那堵死了。你们应该实地考察去。这人来人往的，他也能堵啊。唯一的就是到大年初一了，没人了，都回家了，一到大年初一，你看我们这，哎呦，倍儿清静。

B 社区城乡结合部的特殊地理位置，使得那里一方面没有来自城区的城管的威胁，另一方面也没有需要保持市容市貌的管理压力，因此形成一个相对自由的社区空间，为没有固定职业的外来人口提供了一个生存的夹缝，他们可以在此经营一些诸如卖菜、卖水果等的小生意。对于外来人口而言，社区不仅是他们生活的地方，也是他们的生活来源之地。

四　脏乱差的社区因素——本地人和
外地人不同的住房权利

　　一些研究表明，流动人口在大城市具有明显的"非市民化"居住特征，主要表现在居住场所集中于城市边缘地带，居住地更换频繁，居住质量差和居民身份认同感缺乏。（康雯琴、丁金宏，2005）外来人口与本地人居住在不同的区域，例如现在的珠江三角洲，农民一般都有两到三栋房子，不住的房子就租给外地人住，房租成为收入的重要来源。并且一般布局是新房在一边，老房子在另一边，老房子一般都出租给外来流动人群居住。比如在深圳的龙岗有一个全国面积最大的客家围屋，有一万多平方米，过去未清理的时候都租给外来工住。而本地人则住在另一边规划比较好的"文明小区"里。（周大鸣，2002）在居住环境上，本地农民住在自家小楼内，外来农民搭棚居住或住在储物用的仓库内。（华羽雯、熊万胜，2013）

　　外来人口主要依靠租赁方式解决居住问题，流动人口中大部分人都是涌入城市的低收入人口，有能力在城市地区购买商品房的极少；政府的住房保障政策不覆盖流动人口，他们往往不能购买价格较为低廉的福利房或经济适用房。这种状况迫使流动人口只能通过房屋租赁，尤其是租赁私房来解决住房问题。（王瑞，2007）出租房居住条件通常比较差。目前，全国各地流动人口聚居区主要存在三个问题：一是严重的超标违章建设行为，直接导致聚居区内建筑物的过分拥堵；二是参差不齐的建筑质量；三是居住空间的超负荷使用。（吴晓，2003）这就与城市居民大为不同。相比较而言，城市居民至少有三种获得住房的方式：公配公房、通过市场机制购买商品房和参加安居工程。（吴晓，2003）

　　农村流动人口不能获得稳定的就业和收入来源，没有能力租住或者购买体面的住房，导致居住的边缘化和生活的孤岛化。（王春光，2006）边缘化表现在两个方面：第一，他们是城市低租金、非正式的房屋租赁市场的最大主顾；第二，居住在城市最简陋、环境最恶劣、区位最差的房子里。（王春光，2006）有人用"孤岛化"来表示外来人口居住社区与城市社区格格不入的状况，外来流动人群似乎生活在与城市相隔离的孤岛中，

在生活和社会交往上与城市居民和城市社会没有联系。（王春光，2006）
居住的边缘化、城市空间资源匮乏，限制了外来流动人群享有城市的公共
资源。（张雪筠，2006）居民们虽然住在同一区域中，但周围的人并不熟
悉，再加上居住空间的分隔，难以进行交往和联络，因而形成了现在这种有
共同的地域空间却没有真正社区联系的格局。（李远行、陈俊峰，2007）

根据我们对 B 社区本地居民的调研，虽然留在社区的本地人经济上不
算富裕，但是租房的收入足以保证他们衣食无忧。此外，即使没有房屋出
租的居民，相比毫无保障的外地人，他们依旧可以享受到来自制度方面的
福利。以居住为例，外地人在此只能通过租房解决居住的问题。但是本地
居民的房屋产权则呈现多元化状态：自己建房、单位分房、家族房产等，
而本地居民利用自己的住房权利自建房屋出租给外来人口，依靠房租收入
便可以满足自己的生活开支，即所谓的"瓦片经济"。外来人口数量多、
区位优势以及可观的租房收入，导致"瓦片经济"在村民的生活中扮演着
重要的角色。即便农民不就业，仅靠"瓦片经济"和社会低保制度的扶
持，也可以保证生活无忧。

【访谈案例7：本地住户丙】

问：这房子等于是给了个人的？

丙：就是说你现在跟单位干活呢，他现在让你住着，但是你要是
走了，这房子可能就收了没准就没了。

问：那租房子的这些本地人家里是属于什么情况呢？是搬走了
（还是）人口少的问题吗？

丙：不是搬走了也不是人口问题，而是私搭乱建的问题，产生二
层以上的楼，都是自己加盖出来的房子。并不是原来的房子。你比如
北京市的这种城中村，都是原有宅基地的基础上加盖了几层楼房，产
生多余的房而出租。

通过这样的方式，本地居民相比外地居民，可以通过加盖房间出租而
收获一笔丰厚的收入。

值得注意的是，专家们广为诟病的外来人口聚居区的"私搭乱建"现
象，其直接原因并不是外来人口在私搭乱建，而是本地居民为了自身经济

利益而导致的行为，但是管理部门和部分学者倾向于将此归结为外来人口涌入带来的问题，而忽视了本地居民的责任和政府管理不力的问题。

出租房的建设将外来人口的涌入过程通过居住空间的改变而生动地展示出来。社区的面貌给人的印象便是"脏"、"乱"、"差"。但是这个脏、乱、差的现象，其根源并不在于流动人口本身——他们没有权利和能力建造临时的住宅，所能做的只是居住在这些已经建好的房屋里，但是流动人口因为与这些景观不可分的关系，则往往被认为是社区脏、乱、差的根源。

另一方面，瓦片经济带来的不仅是经济收入的剪刀差——原本可以保障基本生活的本地居民可以获得更多增加收入的机会，而原本就挣扎在生存边缘的外来人口则需要支付一笔不小的房租费用——而且还为社会给外来人口污名化提供了机会，不仅掩饰了本地居民的责任和政府管理的疏漏，把原本不完全属于外地人的责任也通过污名化的方式归结为外地人的问题，而推卸了本地人和当地政府的责任。

此外，外地人不仅不是瓦片经济的受益者，还是出租房建设带来的社区秩序混乱的被污名的受害者。这主要体现在他们住房受到的限制上。有时候，虽然本地人的居住面积与外地人相比差别不大，但是，由于本地居民以小家庭为主，而外地人则主要是大子女家庭或者大家庭聚居，因此，人均住房面积则有显著的差别。不仅如此，本地居民的住房即使面积狭小，也基本能够保证有卧室、厨房、浴室等功能分区，但是外地人的住房基本不能保证，普遍是简陋的家具、厨具和洗漱拥挤在一间没有分隔的居室中。

流动人口的居住空间有限，居住空间内少有专门的居住分区，因此，一大家子生活在一个房间变成了一种"正常"的居住状况。根据在流动人口社区的调查，初步统计流动人口家庭中4人以上的家庭占了一半以上：4人的为41%，5人的为17%，6人的为3%，而这样的家庭结构与这样的居住空间相比，显得有些不协调。

生活用水也存在本地人和外地人的区分：由于住房的临时性以及房屋建造的临时性，流动人口居住的出租屋基本不能保证拥有经过规划而建设的房屋的配套设施，例如用水的问题往往成为日常生活中的一大问题，也正是由于缺乏配套的设施，流动人口的生活形态呈现独有的特点：因为流动人口居住的出租房往往没有自来水，通常是几户人家，甚至是十几户人家共用一个水龙头，于是他们必须每天用塑料桶将自来水接回去备用。而出租屋通常没有盥洗的空间，于是他们因陋就简，在家门口或者巷道上洗漱。相应的，这些房屋也没有提前铺设的下水道等排水系统，因此，排水的问题以及随之而来的污水等问题也成为了出租房延伸出的居住的问题。这往往成为社区中流动人口带来脏、乱、差环境的最直观的景观。

相比本地居民固定的宅基地和稳定的住房，流动人口居住的出租房除了空间狭小和条件有限之外，还有一个明显的特点就是租住户的流动性强：根据在流动人口社区的调查，来京后从未搬过家的占 15.2%，搬家次数为 1～3 次的占 58.7%，来京平均 8.7 年；4～6 次的占 15.2%，来京平均 8.6 年；7～10 次的占 8.7%，来京平均 12 年；10 次以上的占 2%，仅有两人。问及受访者家庭来京后平均搬家的次数，很多回答"很多次都记不清了，十多次"，若将十多次做十次处理，那每个家庭的平均搬家次数为 3.2 次，其中最高的是来京 7 年，搬家 26 次，此受访者对每一次搬家都有记录，问其原因，是因为换工作频繁，工作流动性高。54% 的家庭最后一次搬家是因为原住地拆迁，其中大多数是因为原房东要拆掉旧房建新房，所以被迫搬走。23% 是因为工作原因（换工作或为生意考虑），9% 是因为孩子上学的原因，8% 是对居住条件不满意，4% 是因为房租涨价，还有 3% 是因为农忙要回老家等原因。

与拥有固定房产或者地产的本地居民不同，流动人口本身就是没有"合法"身份的外来人口，因此，没有现成的法律或者法规可以为他们提供居住方面的保障，相反，由于他们的"不合法"外来身份，政府的拆迁、排查等活动，他们是首先要被迫搬迁的人群。同时，流动人口的流动性还体现在工作的不固定上，哪里有活计他们就得流动到哪里，住所也不得不随着工作地点的变动而搬迁。这种状况一方面是源于他们工作的临时性，另一方面，相比有固定职业的"体制内"的工作，他们的工作也不能提供任何保障。此外，房租、居住条件等方面的变动，对于流动人口而言，他们没有太多可以讨价还价的余地，要么接受，要么搬迁。这些因素都造成了流动人口居住的不稳定性。

外来人口居住的环境和条件一方面与外来人口的流动性有关，另一方面，居住的环境和条件也在形塑着外来人口在社区中的形象和符号。由于住房类型的临时性、居住环境的不完善以及居住条件的非便利性，外来人口在社区居住给社区带来的是脏、乱、差的结果，但是，社区脏、乱、差形态的根源则在于房屋的建设带来的一系列社区环境的问题。外来人口不是社区环境"恶化"的根源，他们在一定程度上也是受害者。同时，有限的居住空间和简陋的居住条件带来的生活上的卫生、教育、生活习惯等问题则往往又成为流动人口被本地居民污名化的直接依据。

本地人和外地人之间有一条清晰的界限，在房屋使用权利、住房条件、日常生活条件等几个方面呈现不同的群体特征。而在任何一个维度上，都呈现本地人的生活条件和权利明显优于外地人、外地人基本享受不到本地居民的优惠待遇的局面。外地人聚居区脏、乱、差的状况也可以在已有的不利生活和工作条件中找到问题的根源。因此，在控制人口和社会治理的矛头指向外来人口的同时，需要考虑到城市给予其生存的空间和条件，而单纯割裂地看待外来人口的问题对于解决社区治理的难题则效果甚微。

五 二元制度——社区秩序混乱的根源

生活方式与生活世界的二元构建了一条看得见的群体分界线。但是造成这样的二元分界背后的制度因素更是不可忽视的。本部分主要从用工制度、社会保障制度以及教育制度入手，考察外来人口目前生存状态以及社区形态的结构性根源。

（一）不同的用工制度

根据我们对 B 社区的调研，本地人的工作获得渠道有招工、接班、分配（由于留在本地的本地人都是中年人和老年人，他们的工作获得方式带有明显计划经济时期国家分配、家族接班等制度的痕迹），而外地人则主要是通过个人社会网络获得一份临时工的工作。由于工作单位的性质以及工作类型的不同，本地居民通常可以获得一份相对清闲的工作和一份多少体面一些的收入，以及享受退休金等制度性福利，而外地人由于临时工的身份，极少有获得社会保障制度的机会，承担的也主要是一些脏活、累活、重活，或者没有正式的工作，或者自己摆摊卖蔬菜、水果。

根据北京市流动人口和出租房屋管理委员会办公室统计，第三产业是流动人口从业的主体，占 58.8%。外来流动人群从事的行业和职业除了主要集中在制造业、建筑业、服务业等劳动密集型行业，从事"苦、累、脏、重、险"的蓝领类职业或工种外，另有近 6% 的外来流动人群从事本地农民不愿从事的农、林、牧、渔业以及处于失业状态；尚有相当一部分人从事地下食品加工、无证非法行医、制销假冒伪劣商品、美容美发、足部按摩、棋牌娱乐或收购行业，而且以无证无照经营居多；还有一些从事开"黑车"、捡垃圾、捞地沟油、卖菜，有的甚至从事贩黄贩毒等"职业"或"工种"。（顾海英等，2011）

工作性质。其中自雇占 44%，他雇占 41%，无工作占 15%。无工作的受访者中，87% 为家庭主妇，13% 为退休或替儿女照顾孙辈的老年受访者。受访者平均每天工作时间为 10.3 小时。8~10 小时的占 44%，10~12 小时的占 24%，工作时间超过 12 小时的占 24%，工作时间不超过 8 小时的占 8%。工作性质为自雇和他雇的受访者，每天的平均工作时间分别为 10.4 与 10.6 个小时，没有太大差别。他雇的受访者的平均工作时间超过了法定的 8 小时，说明其所在单位加班的情况比较普遍。（流动人口社区的调查）

职业。服务业占 19%，其中从事餐饮服务的为 5%，家政服务为 3%，从事装修的占 5%，三轮载客的占 4%，其他的占 2%；零售业从业人员为 28%；建筑业是 9%；交通运输业是 2%；在企事业单位工作的占 8%，其中管理人员为 1%，专业技术人员是 2%，普通职员是 5%；工人是 7%；私营企业主是 2%；收购废品占 9%。（流动人口社区的调查）

本地人对职业的选择和外地人不一样。那些普通工作，那些脏一点、累一点、苦一点的活，大都是让那些外地人去干，本地人一般都不愿意去干。当然还有一些是专业技术性较强的职业也是外来工去做。本地人所从事的大都是服务业，比如商场、饭馆、娱乐场所之类的社区服务性行业。还有就是当所谓"厂长"（周大鸣，2002）。此外，本地居民也是人口流动的受益者。现代城市服务愈发细致，居民生活越来越便利，这其中流动人口做出了重大贡献。北京市流动人口进入城市以后，很大部分从事商业零售、餐饮住宿、家政、环境卫生等服务于城市基本生活的行业。（段成荣、邹湘江，2012）

　　流动人口劳动力的社会经济地位获得模式与非流动劳动力极为不同，影响个人地位获得的常规因素和正式制度对他们的社会流动和地位获取似乎没有发挥正常的作用。二元社会结构、二元经济结构和二元劳动力市场结构使流动人口劳动力被隔离在特定的社会和经济空间之内，正式制度对这个空间领域的控制和影响较弱。这导致了流动人口极其特殊的社会经济分层形态和社会经济地位获得模式，也迫使流动人口沿着特殊的流动路径并遵循着非正式的规则来实现向上的社会流动。这些特殊的路径和非正式规则构成了一种社会经济地位获得的非制度模式。（李春玲，2006）

（二）社会保障制度

　　2007 年 12 月中央综合治理委员会出台了《关于进一步加强流动人口服务和管理工作的意见》，这是规范我国流动人口政策的重要文件。《意见》提出"公平对待、搞好服务、合理引导、完善管理"的工作方针，强调服务和管理并重；要求构建以社区为依托的流动人口服务和管理平台；首次提出流动人口信息化的建设目标；要求流入地、流出地的党委和政府在制定公共政策、建设公共设施等方面，统筹考虑长期在本地就业和居住的流动人口对公共服务的需要，逐步建立和完善覆盖流动人口的公共服务体系；明确要求逐步实行居住证制度，探索居住证制度改革。2009 年 4 月，国务院第 60 次常务会议通过《流动人口计划生育工作条例》，明确规定流动人口的计划生育工作以现居住地人民政府为主，流动人口在现居住地可享受相关计划生育服务和奖励、优待。同时，废止了 1998 年 9 月 22 日原国家计划生育委员会发布的《流动人口计划生育工作管理办法》。2009 年 7 月，卫生部、财政部与国家人口和计划生育委员会联合出台了《关于促进基本公共卫生服务逐步均等化的意见》（以下简称《意见》），明确规定了 9 大类 21 项基本公共服务项目。卫生部在总结各地实施基本公共卫生服务项目经验的基础上，同年 10 月又制定了《国家基本公共卫生服务规范》（2009 年版）（以下简称《规范》），尽管《意见》和《规范》中并未提及解决流动人口公共卫生问题的一整套可操作方案，但所有项目的服务对象都是以辖区内常住居民来规定的，意味着流动人口同样具有在居住地享受基本公共卫生服务的权利。

但是在政策之外，我国的社会保障制度，尤其是单位制改革之后社会化的社会保障制度也主要是针对城镇户口的居民，农村户籍人口则另有一套诸如新农合之类的保障制度。

我国城镇社会保障制度中，养老保险、医疗、失业、工伤和生育保险资金主要来源是用人单位和劳动者个人的缴费，而个人缴费部分则主要通过单位进行统一缴纳。这对于没有固定单位或者以临时工的身份在工厂、企业或其他类型单位就业的外来人口而言，通常没有合适的缴费渠道。因此，虽然他们生活在城镇、劳动在城镇，依旧很难被城镇的社会保障制度覆盖。

另一方面，由于我国目前社会保障制度尚未完善，加上社会保障享用的延迟性，除了少数城市，我国的社会保障制度依旧是以户籍为依托，未能实现全国范围内缴费和享用的统一。流动到城市的外来流动人群以及进入到本地的外来人口即使在本地城镇参与了社保缴费，未来是否能够享受到相应的权利和获得保障依旧是一个未知数。

此外，社会保障缴费年限过长，缴费门槛过高，大部分外来人口难以承受。流动人口参加城镇职工养老保险 15 年的缴费期限之后才能享受统筹账户这一规定，不符合流动人口流动性强的特点；企业缴纳社会保障成本过高导致企业不愿意为流动人口参保或者降低实际工资等，都导致流动人口参保率低（姚俊，2010）。

在社会福利方面，与城市职工相比较，流动人口在住房条件和住房补贴、在职培训和进修、各种劳动保护及保健、子女入托和入学等方面均存在明显差别。（韩嘉玲，2004：274）此外，除了《劳动合同法》和国务院颁布的《工伤保险条例》所做的宽泛规定外，我国对于流动人口的社会保障更多地见于各种零散颁布的现行各种"意见"、"决定"、"办法"中，没有形成一个完整的体系，且这些文件只是笼统宽泛地规定将流动人口纳入其适用范围。（曲丽丽等，2009）绝大多数城市社会救助、社会福利方面的项目都是基于户籍制度建立和运行的，排他性很强（彭宅文、乔利滨，2005），其适用范围限于具有本市户籍的低收入人口，流动人口仍在体制之外（韩嘉玲，2004：275）。

（三）教育制度

根据我国就近入学的政策，本地户口居民的子女可以在户籍所在地附近的学校就学，并根据政策享受免费义务教育。外来人口的子女则因为没有当地户籍，不能直接享受当地的免费义务教育。对于外来人口子女来说，能够享受当地免费义务教育的途径主要有：第一，父母一方取得本地户口，对于实行积分入户的城市来说，这意味着取得户口的外来人口属于本地急需的工种，并且学历、社会背景等方面都要有相对优势。第二，根据目前针对外来人口或者进城务工子女的教育政策，这些子女需要具备完善的证件，例如北京地区的八证。第三，额外缴纳借读费。

对于外来流动群体来说，第一条和第三条都是不太可能实现的。第二条则意味着他们需要付出极大的时间成本返乡办理齐全所有的证件，但是即使如此，由于本地教育资源的分布不平衡和教育资源的紧张，尤其是城市的学校主要分布在城内区，在城乡结合部大量外来人口聚居的地方则较少有足够的学校能够提供充足的入学名额，因此，他们能进入公立学校享受到免费义务教育的机会是较小的。

对于不能进入公立学校的外来人口子女，他们也可以进入打工子弟学校。虽然进入打工子弟学校的门槛相对公立学校要低得多，但是在打工子弟学校他们仍旧需要缴纳学费。换句话说，相比拥有本地户口的居民，子女的教育支出成本也主要由外来人口家庭自行承担，因此，他们的生存成本又多了一重负担（韩嘉玲，2005）。

（四）小结

综上所述，用工制度、社会保障制度、教育制度通过制度规定和隐形的门槛，在一定程度上把外来人口排斥在外，形塑了一个二元的社会。用工制度将外来人口排斥在外，他们只能去收入低、无保障的行业赚取收入。教育制度也将他们排斥在外，他们要接受有质量的教育就必须付出额外的成本。而外来人口没有机会享受到社会保障带来的福利，尤其是失去劳动能力之后，他们无法像城市居民和本地居民那样可以从社保体制中获得维持基本生存的保险金，因此，生存的压力和未来的不确定性使得他们在还有能力劳动的时候多赚点钱就成为了一种理性的和必然的生存策略，甚至是不得已而为之的生存选择。从这个意义上来说，他们为了生存给社区带来的无序和混乱则是有其合理的前因后果的。

六 结论与讨论

外来人口，尤其是外来流动人群群体流入到城市地区的首要目的是改善自身的生存状况。但是我国的社会保障、教育制度、用工制度、住房制度等没有为原本不属于城市的农村人口和来自外地的人口提供保障，因此，外来人口在城市首先要自行解决自己和家庭的生存问题。因此，流动人口在社区周边卖菜卖水果以及从事一些其他生意乃是谋求生存的需要，因为在制度的框架内，他们不能像城市里的居民和有正式工作身份的单位人一样享受来自制度的福利和保障。因此，对于外来人口而言，首先必须通过自己赚取足够的钱来解决眼前的生存问题甚至还包括未来的养老和医疗等问题，因此，赚钱便成为了首要的目的和手段。

此外，制度的触角并没有全方位地将城市社会严格而全面地控制，而是在社区层面留出了一定的空间。虽然这样的空间很有限，但是对于没有任何资源和福利的外来人口而言，这已经是他们可以最直接利用的资源了，他们在这有限的制度缝隙里寻找到了生存的空间。虽然这样的生存空间一定程度上挤占了本地社区的公共空间和资源，但是由于这里不是将秩序、市容市貌放在最重要位置的市中心地区，而是处于城乡结合部，所以，秩序方面的问题尚不足以对外来人口的生存空间造成威胁。因此，治理松散的城乡结合部社区便成为了外来人口聚居地区。

制度不仅将外来人口排斥在一个不同于本地居民的外来世界，并且成为外来人口社区秩序混乱的根源，同时，制度的控制力也显示出了制度的刚性和对社区秩序的无力。因此，依靠制度进行的管理是不足以解决外来人口带来的秩序问题的。另外，外来人口给社区带来的问题，例如脏、乱、差的社会秩序，则可以通过服务的覆盖，例如公共设施的覆盖、社区治理的补位等，在一定程度上解决社区秩序的问题。

参考文献

段成荣、邹湘江，2012，《北京人口规模调控研究：人口流动受益者的责任重构》，载《2012·学术前沿论丛——科学发展：深化改革与改善民生会议论文集（上）》。

冯晓英，2006，《对北京市流动人口聚居区治理的再思考》，《北京社会科学》第 6 期。

顾海英、史清华、程英、单文豪，2011，《现阶段"新二元结构"问题缓解的制度与政策——基于上海外来流动人群的调研》，《管理世界》第 11 期。

韩嘉玲、张妍，2012，《流动人口与贫困问题》，载朱晓阳主编《边缘与贫困——贫困群体研究反思》，社会科学文献出版社。

华羽雯、熊万胜，2013，《城郊"二元社区"的边界冲突与秩序整合——以沪郊南村为个案的调查与思考》，《上海城市管理》第 5 期。

康雯琴、丁金宏，2005，《大城市开发区流动人口居住特征研究——以上海浦东新区为例》，《城市管理研究》第 6 期。

蓝宇蕴，2007，《我国类贫民窟的形成逻辑》，《吉林大学社会科学学报》第 5 期。

李春玲，2006，《流动人口地位获得的非制度途径——流动劳动力与非流动劳动力之比较》，《社会学研究》第 5 期。

李远行、陈俊峰，2007，《城市居住空间分化与社区交往——基于南京市东山新区个案的实证研究》，《开放时代》第 4 期。

彭宅文、乔利滨，2005，《外来流动人群社会保障的困境与出路——政策分析的视角》，《甘肃社会科学》第 6 期。

曲丽丽、徐嘉辉、马国巍，2009，《外来流动人群社会保障的路径选择与制度重构》，《苏州大学学报》（哲学社会科学版）第 6 期。

童星、马西恒，2008，《"敦睦他者"与"化整为零"——城市新移民的社区融合》，《社会科学研究》第 1 期。

王春光，2006，《农村流动人口的"半城市化"问题研究》，《社会学研究》第 5 期。

王瑞，2007，《中国城市流动人口住房问题研究——以武汉市为例》，《中南财经政法大学研究生学报》第 2 期。

吴晓，2003，《"边缘社区"探察——我国流动人口聚居区的现状特征透析》，《城市规划》第 7 期。

姚俊，2010，《外来流动人群医疗保险制度运行困境及其理论阐述》，《天府新论》第 1 期。

张建伟、胡隽，《居者有其屋：外来流动人群市民化的落脚点》，《求实》第 9 期。

张雪筠，2006，《外来流动人群居住形态的城市社会学解读》，《社会工作》第 9 期。

周大鸣，2002，《外来工与"二元社区"——珠江三角洲的考察》，《中山大学学报》（社会科学版）第 2 期。

王安顺，2014，《政府工作报告》，《北京日报》2 月 3 日。

韩嘉玲,2005,《城市流动儿童教育问题研究——流动儿童教育对我国教育体制改革提出的新问题》,载转型期中国重大教育政策案例研究课题组著《缩小差距:中国教育政策的重大命题》,人民教育出版社。

韩嘉玲,2004,《北京市流动人口中的儿童生活及权益保障现状》,载景体华主编《中国首都发展报告》,社会科学文献出版社。

附录 3 •

农村社区治理
——对村庄类型与治理模式的探索

一 研究基础与核心问题

增强社会治理能力，已经成为当前北京市社会建设工作的一个重点。推进村庄社区化管理，又是北京市增强社会治理能力的一个主要抓手。探索如何在全市范围内切实有效地推进村庄社区化管理，亟须政府与学界的积极探索和实证研究。

"十二五"期间，北京市大力推进村庄社区化管理。这一工作，也与提升社会治理能力的政府工作目标相契合。2012 年，北京的新型城市化水平为 0.658（《2012 中国新型城市化报告》），全市常住人口中，城镇人口 1783.7 万人，占常住人口的 86.2%，农村人口只占北京市户籍人口的 13.8%（《北京市 2012 年国民经济和社会发展统计公报》）。因此，北京市的村庄治理属于"大马拉小车"，有着财政盘子较大、村庄数量较小、农村人口较少的特点。全市一共 3900 多个行政村，政府完全有能力通过加大财政力度，做好全市农村的民生投入和村庄治理，实现真正意义上的村庄社区化管理。同时，作为首善之区，北京市做好农村建设、推进村庄社区化管理，对于全国也具有重大的政治和社会意义。

然而，北京市的村庄社区化管理又难以将一个模式简单地推广到全市范围。北京市的农村数量不多，普遍存在人口结构老化、教育程度偏低、一产比重持续下降、收入来源较为单一等特点。但由于诸多方面的原因，北京市村庄发展历史、文化积淀、人口特征、自然资源状况和经济发展水平各不相同，已经出现高度的多元化，形成了城中村、工业村、农业村、山区村等特点鲜明的村庄类型。不同类型的村庄，在公共服务和社会治理方面存在的问题也各不相同。在增强社会治理能力，推进村庄社区化管理的工作中，如果采用"一刀切、一锅烩"的方法，进行"大一统"式的改革，就极有可能造成"资源浪费、文化受损、环境污染、社会失序"等问题，从而产生更多的社会矛盾和不稳定因素。

因此，推进村庄社区化管理，提升社会治理能力，就必须首先摸清北京市的村庄类型，探讨每种村庄类型面临的主要治理挑战，确立村庄类型与治理模式的对应关系和核心关联，并在此基础上寻找实现农村社区化管理的有效途径。

（一）研究基础

本研究是清华大学社会建设研究基地 2013 年承接的"城乡一体化进程中的社区类型与社区治理"项目的后续和深化研究。本研究与"一体化"项目的研究选题和关注重点，均为北京市不同类型的村庄的发展现状、管理体制以及在城乡一体化过程中面临的治理挑战和已有经验。本研究与"一体化"项目的最主要的区别在于研究设计和分析方法。"一体化"项目选择了五个典型村庄进行个案分析，而本研究则在"一体化"项目的基础上，对北京市 14 个区县的 74 个村庄进行了社区问卷调查，进一步验证了"一体化"项目的主要发现是否在全市范围内具有代表性和普遍性。

由于本研究与"城乡一体化进程中的社区类型与社区治理"项目密切相关，所以，这里首先简要介绍"一体化"项目的主要发现。"一体化"项目选择了房山区（琉璃河镇二街村、南洛村）、密云区（十里堡镇十里堡村、程家庄村）和延庆县（刘斌堡乡周四沟村）五个典型村庄，通过问卷调查和深度访谈，进行了村庄类型与治理模式的个案研究。

1. 村庄类型

调查发现，北京市村庄存在四种类型。

农业村是指北京市仍然以农业为主导产业的平原村落。其特点为：第一产业仍然为龙头产业；流动人口较少；由于北京市城市化进程的推进，土地征用拆迁矛盾突出。

工业村是指主导产业为工业的北京市农村。工业村的产业布局以第二产业为主；由于第二产业所需劳动力主要由本地人提供，流动人口较少；征地过程结束，村庄主要矛盾已经从征地拆迁过程中的土地矛盾转变为遗留问题以及环境保护、劳资矛盾等。

山区村是指北京市地形为山区的农村。山区村土地多为山地和林地，从而主要依靠第一产业和外出打工，并且缺乏吸引外来流动人口的产业，外来流动人口较少。由于地形限制，大规模征地活动也较少。在生活方面，山区村保留较多的农村生活特质。

城中村是指在城市化进程中，北京市农村土地大部分被征用，而农民依然在原村落居住的村庄。其特点包括产业结构已经从农业转变为非农产业格局；流动人口数量增多，流动速度加快。城中村从位置上属于城市一部分或是城市边缘，生活方式已经全部城市化，但在土地权属、户籍、行政管理等管理体制上仍然维持传统农村管理模式，这将产生许多社会问题。

2. 村庄问题

调查发现，四种类型的村庄，治理和建设中所面临的核心各有侧重。

城中村的主要挑战是城市化的生活方式和村庄式的管理服务体制显著的不协调问题。调查组观察到，由于交通便利，房租廉价，城中村吸引了很多外来打工的中低收入者。这也就导致了城中村中聚集了大量进城务工人员，个别案例中数量远远超过户籍人口，出现了人口结构的倒置现象。这一现象一方面为传统的户籍管理、人口登记带来困难，另一方面也容易滋生治安问题。产业结构的变迁带来了传统农村生活方式向现代城市生活方式的转变。但是调查组发现，城中村的社会管理和公共服务的体制仍然属于传统的村庄式体制，以户籍人口为主、以农业生产为主，已经与人口结构、产业结构、社会互动等方面的社会现实均存在较大的差距，造成了管理不力、服务不足、秩序混乱、矛盾丛生等问题。

工业村的主要挑战是以工业生产为基础的产业结构与北京市建设世界城市的发展目标的不协调问题。按照国家实现代化建设战略目标的总体部署，2050年北京要建设成为经济、社会、生态全面协调可持续发展的具有国际核心地位的世界城市，这就要求产业结构进行由传统农业向生态农业、重工业向服务业的转变。经验表明，大多数工业村仍处于初级发展阶段，重工业比重高，资本与资源密集型特征明显。这种初级阶段固然有助于解决村庄就业问题，促进村庄整体经济效益的提升，但是容易产生环境污染、资源瓶颈等影响后续发展可持续性的问题。这些初级工业化的问题往往伴生相应的社会问题，给社会治安、环境治理、人口管理等基层治理工作带来挑战。因此，工业村的发展从长远来看依然存在如何与建设世界城市这一目标相协调的问题。

农业村的主要挑战是从一个生产领域向另一个生产领域转变，从以前的生活和生产紧密结合的状况，逐渐演变为生产和生活相分离的状况。农业村出现了农业生产不断弱化、户籍人口不断流入城区的趋势。课题组发现，二街村、南洛村作为典型农业村，虽然以农业、畜牧业为主，第一产业仍占有一定比重。但村庄整体产业布局中，第三产业成为龙头产业，一般占 60%~80% 的产业份额。由于土地大量流转，第一产业在大多数村庄中已经份额很小。同时，在实地访谈中发现，青年人进城打工现象突出。农村常住人口在年龄结构上基本处在一个"两边高，中间低"的状态。农村适龄劳动人口流入城区，村庄不再成为其生产与工作场所。这一现象表明村庄传统农业生产不断弱化，其生产功能逐渐让步于生活功能。生产功能向生活功能的转变给村庄社区服务提出了新的要求，如应对传统农业村因户籍人口流向城市带来的"老龄化"问题、"留守儿童"问题等。总之，如何在原有的以农业生产为基础的管理体制当中，继续做好村庄社区的管理和服务工作，这是一个今后应当高度重视的问题。

山区村的主要挑战是如何促进村庄经济发展、完成产业结构升级。与上述三种类型的村庄相比，山区村更多地保持了传统农村的特点：熟人社会、矛盾不多。根据调查组的实地调研，作为典型山区村的周四沟村，村庄中亲缘关系密集，村民亲密程度较高。村民普遍反映互相之间彼此信任、互动频繁、社会矛盾较少。但与此同时，山区村较为封闭，经济发展程度较低。根据调研数据显示，周四沟村经济产值、家庭年可支配收入、农民年人均所得、年人均可支配收入均为所调查村庄中最低。因此，相较于其他类型村庄较为复杂的社会问题，提高山区村村民收入水平依然是首要任务。另外，调查组发现，受制于山区型地理位置，山区村与外界联系并不便利。日常出行、子女上学、逛街购物都受制于现有交通条件。因此，应针对山区村独特的地理位置，改善公共交通规划，增加社区内服务网点，提高村民日常生活的便利程度。

3. 治理挑战

"一体化"项目发现，目前北京市的村庄社区管理与服务工作存在以下特征和挑战。

首先，社会现实与管理体制的相互适应。农村管理体制应该与农村具体的经济、文化、政治现实相适应。调查组发现，当前北京市村庄管理面临社会现实和管理体制的脱节问题，在城中村和农业村中最为明显。详细来说，城中村和农业村中，产业结构、人口结构以及固有的矛盾都发生了巨大变化。根据调查数据显示，城中村和农业村的第三产业比重已经远远超过第一产业，在十里堡村和南洛村，第三产业比重已经超过80%，这意味着传统农村依靠第一产业的产业结构发生了重要改变。从人口结构上来看，城中村进驻大量外来人口、流动人口，数量远超户籍人口。而农业村因传统农业生产方式弱化，本地户籍的适龄劳动人口外出打工增多，村庄常住居民多为老人、妇女与儿童。这意味着，村庄生产形式和承担功能已经产生了重要变化，村民生活方式也发生了巨大转变。除此之外，村庄矛盾结构也发生重大变化，传统农业村庄的土地征占矛盾已不再是北京村庄当前面临的唯一矛盾。比如工业村的劳资矛盾、环境保护问题、城中村的流动人口管理问题已经成为北京农村面临的新矛盾。目前来看，北京村庄管理方式依然是以村、组为单位的传统体制，管理体制已经不适应社会现实。因此，农村社会管理体制如何实现与农村社会现实的相互适应，是当前农村治理亟待解决的首要问题。

其次，民生投入与基层自治的相互促进。近年来，政府在村庄社区进行了大量的民生投入，取得了相当显著的效果，改善了居民生活，减少了城乡差距。不过，在民生工程的决策、执行和监督过程中，居民参与还需进一步加强，从而进一步提高民生工程的效率，进而实现民生和参与的双重改善。调查数据显示，大部分的村庄建设仅处在有村民讨论的阶段，而部分建设活动，如日常垃圾处理、户厕改造、公厕改造等则基本完全由上级政府推行。"民生带动民主，民主保障民生"，民生与民主二者是相辅相成、相互促进的关系。但调查却发现，村民在各项民生工程中的参与程度并不理想。基层自治是农村社会治理的重要组成部分，也是我国民主政治建设的重要内容。村委会要明确自身与乡镇政府的关系不是领导与被领导的关系，而是指导和协助的关系。只有健全完善村民自治运行机制，厘定相关部门职责分工，实现乡镇政府与村民自治有效衔接，才能真正实现农村基层民主发展。村委会要切实发挥自身作为群众自治组织的功能和职权，努力挖掘民生工程的放大效应和辐射效应，尝试将民生投入与推进村级公共治理相捆绑，把专项资金的管理和使用同基层群众自治纳入同一轨道之中，避免流于表面的形式化参与，切实推动公共服务与社会管理的相互促进。唯有农民切实参与到民生工程的各个环节中，民生投入才能真正为民造福。在完善基层自治的过程中，要特别注意协调好基层稳定与居民参与的关系。既要基层参与，又要不出问题，这将是村庄社区管理的一大挑战。

最后，强化班子与村民参与的相互协调。调查中发现，凡是村庄工作较好的地方，一般都有一个团结有效的"两委"班子，特别是有一个有号召力的领头人。数据显示，在调查的五个村子中，向心力指数最高的是十里堡村，这在很大程度上是由于十里堡的"两委"班子组织了一系列得到村民认同的活动，而南洛村和周四沟村的向心力指数则相对较低。一个具有较强决策力和较高执行力的"两委"班子对村庄发展至关重要。能否为村民办实事儿、办好事儿，考验的就是"两委"班子的工作能力以及在村民中的影响力。然而，强化班子决不能单打独斗，缺少村民参与配合的"两委"班子很难保证村庄的长期良性发展。村民自治制度强调参与式治理，就是要把"参与"和"治理"有机地结合起来，让村民在参与村庄事务的过程中激发起社会责任感和主人翁意识，增强村民对本村的认同感，使每个村民认识到自己的成长与村庄的发展密切相关。

（二）核心问题

在"一体化"项目的基础上，本研究进一步验证"一体化"项目的发现是否在全市范围内的村庄都具有代表性。

1. 研究问题

具体而言，本研究主要包括以下内容：

（1）完成对北京市农村社区的类型学分析，确定北京市农村社区目前存在的类型；

（2）针对每个村庄，详细调查其人口状况、自然环境、经济状况、乡土关系、历史文化和治理结构；

（3）发现不同类型的农村社区在社区化管理中面临的主要困难和存在的问题，分析其背后的制度性根源和结构性因素，并提出具有针对性的政策建议。

2. 研究设计

在全市范围内通过抽样调查的方式，选取 100 个左右的村庄，进行社区层面的问卷调查，佐以观察访谈，回答上述研究问题。

2014 年 10 月至 2015 年 4 月，在北京市农村工作委员会的配合与支持下，课题组完成了全市海淀、昌平、延庆、怀柔、密云、平谷、顺义、朝阳、通州、大兴、房山、丰台、石景山、门头沟等 14 个区县的 74 个村庄的村庄类型与治理模式的问卷调查，回收有效问卷 71 份。

基于对问卷调查数据的分析，课题组进一步细化了北京市村庄的类型学建构，着重分析了村庄类型与治理模式的核心关联，不同村庄类型所适用和占优的治理模式，并从增强社会治理能力的角度出发，提出北京市积极稳妥地进一步推进村庄社区化管理的合理化与精细化的政策目标与实施路径。

二　基本发现：村庄禀赋

通过对 71 份有效问卷的整理和分析，调查发现，北京市村庄在人口结构、经济发展和社会治理等方面，分别存在以下特征。

（一）人口结构

根据 71 个行政村的村庄问卷的数据显示，北京市村庄的人口结构与劳动力构成，具有以下特征（见附表 3 - 1）。

附表 3 - 1　村庄人口结构

	均值	中位数	标准差	最小值	最大值
家户数	555.63	395.50	586.52	89.00	3804.00
人数	1257.23	1013.00	1089.41	137.00	5380.00
非农户口比例（%）	48.51	32.09	7.84	1.79	89.19
常住人口	1361.77	926.50	1357.95	100.00	8000.00
暂住人口	1564.96	96.00	6001.73	0.00	40000.00

续表

	均值	中位数	标准差	最小值	最大值
劳动力比例（%）	56.18	55.53	23.23	8.02	64.23
农业劳动力占比（%）	39.15	29.82	45.34	0.00	88.22

北京市村庄社区中，各行政村的平均本地户籍家庭的数量为 555.63 户，平均本地户籍人口数量为 1257.23 人（见附表 3−1、附图 3−1）。其中，各村家户数量的中位数为 395.50，即接受调查的村庄中，50% 的村庄家户数量在 395 户之下。71 个村庄中，户籍人口规模最大、户数最多的村庄（丰台区花乡榆树庄村）共有 3804 户 5380 人，户籍人口规模最小的村庄（怀柔区北房镇大罗山村）只有 89 户 137 人。

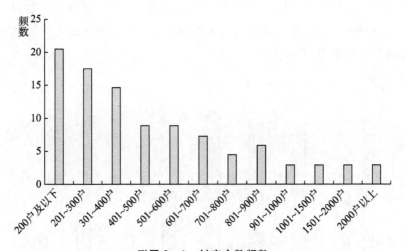

附图 3−1 村庄户数频数

过去一年中在本村居住超过 5 个月的常住人口，各村平均值为 1361.77 人，中位数为 926.50 人，即 50% 的村庄的常住人口不足 926.5 人这一数值（见附表 3−1、附图 3−2）。常住人口数量最少的村庄（门头沟区王平镇西马各庄村）为 100 人，数量最多的村庄（海淀区四季青镇香山村）为 8000 人。

过去一年中在本次调查中居住的暂住人口，各村平均值为 1564.96 人，中位数为 96.00 人，暂住人口数量最少的十个村庄（大兴区榆垡镇辛村、房山区十渡镇马安村、怀柔区渤海镇北沟村、怀柔区北房镇大罗山村、怀柔区汤河口镇东帽湾村、门头沟区清水镇李家庄村等）均为 0 人，主要集

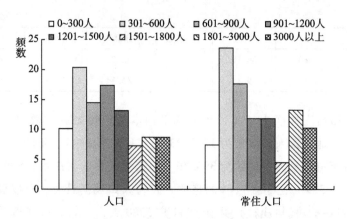

附图 3 – 2　人口与常住人口分布频率

中在怀柔、门头沟等山区（见附表 3 – 1、附图 3 – 3）。暂住人口数量最多的村庄——海淀区四季青镇香山村为 40000 人，而昌平区北七家镇歇甲庄村的暂住人口也有 8000 人。

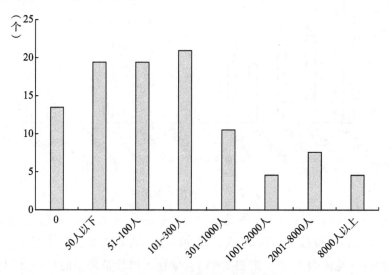

附图 3 – 3　各村暂住人口数量

　　调查村庄中，非农户口的比例平均值为 48.51%，中位数为 32.09%，最小值为 1.79%，最大值为 89.19%，这说明北京市村庄中，将近一半的户籍人口都已经不再是农业户口。就户籍结构而言，北京市农村的城镇化水平相对较高。农业劳动力占比也说明了这一点。农业劳动力占全部劳动力的比例最低的村庄为 0，这意味着全部劳动力都在从事非农生产。

　　在暂住人口当中，外来务工人员的比例也存在较大的变动。71 个行政村里，有 22% 的村庄的暂住人口中没有外来务工人员，而 40% 的村庄外来务工人员比例则超过暂住人口比例 50%（见附图 3 - 4）。

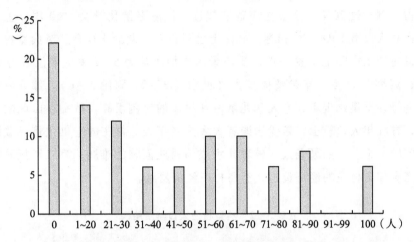

附图 3 - 4　外来务工人口占暂住人口比例

　　三分之一的村庄没有任何外来务工人员。超过 25% 的村庄，外来务工人员的数量不到 50 人。大约有 23% 的村庄，外来务工人员的数量在 51 人至 300 人。此外，还有将近 4% 的村庄外来务工人员的数量超过 2000 人（见附图 3 - 5）。

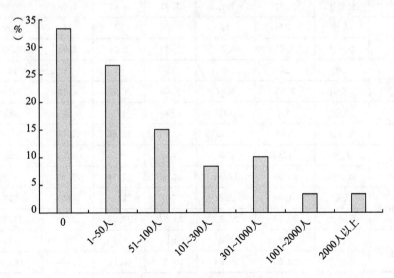

附图 3 - 5　外来务工人员分布

　　结合对典型村庄的个案调查，可以发现，从村庄年龄结构看，北京市村庄基本处在一个"中间高，两边低"的人口结构，尤其以41～50岁的中年群体人数最多。老龄化趋势在某些村庄已经十分明显，61岁以上人口所占比例超过20%，全市村庄普遍超过了国际老龄化社会"60岁以上人口占总人口数10%"的指标，实际上已经迈入了老龄化社会。对典型村庄的调查结果也印证了这一点，受访者的平均年龄为54.2岁，中位数为53岁，众数为52岁，年龄整体偏大（见附表3-2、附图3-6）。部分村庄更是呈现空巢化现象，老人和儿童留守村庄的比例很高。特别在山区的农村，青壮年人口较少，接受访谈者大多为老年人。村庄的空巢化将导致两个问题：第一，照顾老人和教育儿童成为村庄面临的难题；第二，抚养比过高会加重村庄的经济负担，有碍村庄经济发展。

附表 3-2　典型村庄人口年龄结构

单位：人，%

年龄段		房山二街村	房山南洛村	密云程家庄村	密云十里堡村	延庆周四沟村	总计
0～6岁	人数	29	44	14	34	19	140
	百分比	3.06	3.41	4.64	4.22	4.03	3.67
7～12岁	人数	37	48	12	36	19	152
	百分比	3.91	3.72	3.97	4.47	4.03	3.98
13～15岁	人数	27	42	6	10	24	109
	百分比	2.85	3.26	1.99	1.24	5.08	2.86
16～20岁	人数	24	46	11	45	23	149
	百分比	2.53	3.57	3.64	5.58	4.87	3.90
21～30岁	人数	87	101	39	102	54	383
	百分比	9.19	7.83	12.91	12.66	11.44	10.03
31～40岁	人数	135	224	44	103	63	569
	百分比	14.26	17.36	14.57	12.78	13.35	14.91
41～50岁	人数	192	288	71	224	105	880
	百分比	20.27	22.33	23.51	27.79	22.25	23.05
51～60岁	人数	214	256	61	136	71	738
	百分比	22.60	19.84	20.20	16.87	15.04	19.33

续表

年龄段		房山二街村	房山南洛村	密云程家庄村	密云十里堡村	延庆周四沟村	总计
61~70岁	人数	127	152	26	49	42	396
	百分比	13.41	11.78	8.61	6.08	8.90	10.37
71~80岁	人数	61	69	16	41	29	216
	百分比	6.44	5.35	5.30	5.09	6.14	5.66
80岁以上	人数	14	20	2	26	23	85
	百分比	1.48	1.55	0.66	3.23	4.87	2.23
总计	人数	947	1290	302	806	472	3817
	百分比	100.00	100.00	100.00	100.00	100.00	100.00

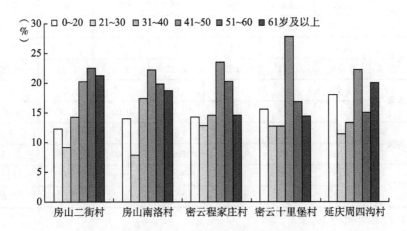

附图3-6 典型村庄年龄结构

受教育程度方面，典型村民文化程度都比较低，初中水平几乎都占了本村总人数的一半以上，高中以上文化程度的村民很少。工业村的村民文化程度相对较高，其中专/中技及以上教育程度的村民所占比重接近20%，而与此相比，农业村的相应比例在10%，而山区村则不到1.5%（见附表3-3、附图3-7）。

附表3-3 典型村庄教育结构

		房山二街村	房山南洛村	密云程家庄村	密云十里堡村	延庆周四沟村	总计
学龄前	人数	29	44	14	34	19	140
	百分比	3.06	3.41	4.64	4.22	4.03	3.67

续表

		房山二街村	房山南洛村	密云程家庄村	密云十里堡村	延庆周四沟村	总计
文盲	人数	49	48	14	32	14	157
	百分比	5.17	3.72	4.64	3.97	2.97	4.11
小学	人数	175	317	68	161	39	760
	百分比	18.48	24.57	22.52	19.98	8.26	19.91
初中	人数	596	781	140	446	392	2355
	百分比	62.94	60.54	46.36	55.33	83.05	61.70
中专/中技	人数	13	5	19	29	0	66
	百分比	1.37	0.39	6.29	3.60	0.00	1.73
高中	人数	82	94	34	98	6	314
	百分比	8.66	7.29	11.26	12.16	1.27	8.23
大专	人数	2	1	7	6	1	17
	百分比	0.21	0.08	2.32	0.74	0.21	0.45
本科	人数	1	0	0	0	0	1
	百分比	0.11	0.00	0.00	0.00	0.00	0.03
其他	人数	0	0	6	0	1	7
	百分比	0.00	0.00	1.99	0.00	0.21	0.18
总计	人数	947	1290	302	806	472	3817
	百分比	100.00	100.00	100.00	100.00	100.00	100.00

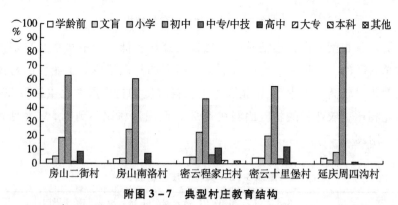

附图 3-7　典型村庄教育结构

上述数据显示，北京市村庄的人口结构存在以下三个"显著分化"：

（1）行政村的人口规模显著分化。规模最小的山区村怀柔区北房镇大罗山村，户籍人口只有89户137人，而规模最大的丰台区花乡榆树庄村则有 3804 户 5380 人，后者为前者的 39 倍多。

（2）行政村的年龄结构显著分化。在北京市村庄整体迈向老龄社会的同时，各村的年龄结构依然存在显著分化。劳动力占总人口的比例，最小的村庄只有 8%，而最大的村庄则有 64%，这意味着完全不同的年龄结构和劳动力结构。

（3）行政村的城镇化程度显著分化。部分工业村和城中村，出现了严重的户籍倒挂现象，以外来务工人员为主体的暂住人口是户籍人口的将近 8 倍。而在部分山区村中，不仅没有任何暂住人口，而且还出现了严重的空心现象，青壮年劳动力到北京市区务工，村庄只剩下"50、60 人员"和留守儿童。

（二）经济发展

1. 自然禀赋与地理区位

调查显示，各村的村域面积平均值为 6062.11 亩，中位数为 3195.00 亩，即 50% 的村庄村域面积在 3195 亩以下（见附表 3-4）。山区村的村域面积显著大于平原村。其中，房山区张坊镇东关上村村域面积 55580 亩，怀柔区桥梓镇北宅村 29500 亩，延庆县刘斌堡乡周四沟村 27180 亩。

附表 3-4　村庄面积及土地使用

	均值	中位数	标准差	最小值	最大值
村域面积（亩）	6062.11	3195.00	9165.24	897.00	55580.00
建筑面积比（%）	27.26	14.88	28.38	0.22	100.00
耕地数量比（%）	39.00	34.70	38.36	0.00	91.94
流转土地占比（%）	75.66	24.82	30.46	0.00	100.00
基本农田（亩）	636.78	393.00	812.27	0.00	4410.00

调查村庄中，平均基本农田为 636.78 亩，中位数为 393.00 亩，即 50% 的村庄基本农田在 393 亩以下（见附表 3-4、附图 3-8、附图 3-9）。基本农田面积最多的村庄（平谷区南独乐河镇南独乐河村）有 4410.00 亩，而部分村庄（如海淀区海淀镇六郎庄村等）由于征地等原因，已经没有任何基本农田，这些村庄的农业生产和农业收入在总收入中的占比也相当低。

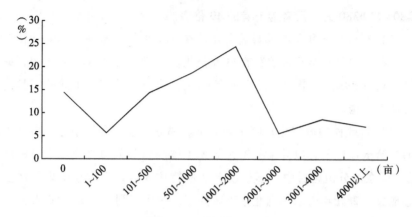

附图 3 – 8　耕地数量分布

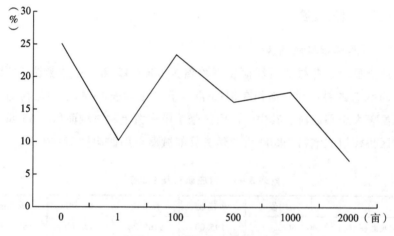

附图 3 – 9　基本农田数量分布

　　此外，村庄的地理区位以及交通状况，也影响着村庄的经济发展（见附表 3 – 5）。在调查的 71 个村庄里，平均距离乡镇 4.95 公里，中位数为 3.70 公里，最小值为 0.10 公里——这意味着村庄紧挨着乡镇所在地。而最远的村庄房山区张坊镇东关上村距离乡镇 25 公里。

附表 3 – 5　村庄的地理区位与公共交通

	均值	中位数	标准差	最小值	最大值
距乡镇距离（公里）	4.95	3.70	4.49	0.10	25.00
距公交距离（公里）	0.61	0.50	0.73	0.00	4.00

数据显示，北京村庄的公共交通已经基本实现全覆盖，距离公交站点最远的距离不过 4 公里，平均距离也只有 0.61 公里。这说明北京市在农村交通的基础设计建设已经取得了较大的成绩。统计分析还表明，一个村庄与县城的距离，跟本村非农人口的比例呈显著负相关。

2. 集体收入

调查数据显示，村庄的平均总收入为 6212.68 万元，中位数为 930.50 万元，最大值为 137625.00 万元（丰台区花乡榆树庄村）（见附表 3-6）。在村庄总收入中，非农业收入占比平均为 57.33%，中位数为 60.14%，即一半的村庄，其非农收入占比超过了 60%。这意味着北京市的农村中，大部分村庄的农业收入已经不是村庄收入的主体。北京市农村的产业层面的非农化程度已经相当高。

附表 3-6　村庄收入情况

	均值	中位数	标准差	最小值	最大值
总收入（万元）	6212.68	930.50	20292.02	0.00	137625.00
非农收入占比（%）	57.33	60.14	38.69	0.00	100.00
人均总收入（元）	12814.16	11478.00	8055.07	4000.00	60000.00

典型村庄的个案调查显示，村庄的收入主要由主营业务收入提供，占总收入的九成以上，其他类型收入较少（见附表 3-7）。具体从经济产值来看，十里堡村产值最高，为 69266.8 万元，其余依次是房山二街村（33691 万元）、房山南洛村（9596.6 万元）、密云程家庄村（7147 万元）和延庆周四沟村（537.4 万元）。

附表 3-7　典型村庄收入情况

	主营业务收入		其他业务收入、投资收益及营业外收入		总计
	收入（万元）	比重（%）	收入（万元）	比重（%）	收入（万元）
房山二街村	33578	99.66	113	0.34	33691
房山南洛村	9547.6	99.49	49	0.51	9596.6
密云程家庄村	6862	96.01	285	3.99	7147
密云十里堡村	69186	99.88	80.8	0.12	69266.8
延庆周四沟村	514.8	95.79	22.6	4.21	537.4
总计	119688.4	99.54	550.4	0.46	120238.8

显然，村庄产业布局已不同于以往农村单纯依赖第一产业的局面，而是呈现"以第三产业为支柱，传统农业份额下降并转向现代化新型农业，有条件的村庄发展第二产业"的产业布局状况（见附表3-8）。如何利用本村条件因地制宜发展第三产业，推动农民创收，成为村庄集体的首要大事。调查中，村民也反映需要村委会提供如何发展如家庭农庄、农家乐等乡村旅游业的指导意见乃至物质资金支持。而由于土地大量流转，第一产业在大多数村庄中份额已经很小。

附表3-8 典型村庄产业收入及比重

	第一产业		第二产业		第三产业		总计
	收入（万元）	比重（%）	收入（万元）	比重（%）	收入（万元）	比重（%）	收入（万元）
房山二街村	599	1.78	10369	30.88	22610	67.34	33578
房山南洛村	867.4	9.09	493.6	5.17	8186.6	85.75	9547.6
密云程家庄村	117	1.71	4695	68.42	2050	29.87	6862
密云十里堡村	547	0.79	10630	15.36	58009	83.84	69186
延庆周四沟村	175.3	34.05	0	0.00	339.5	65.95	514.8
总计	2305.7	1.93	26187.6	21.88	91195.1	76.19	119688.4

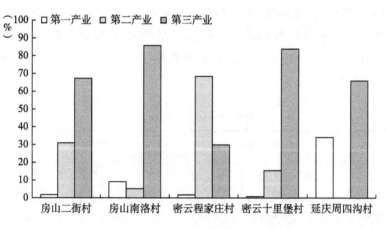

附图3-10 典型村庄产业布局

村庄集体收益的分布，也存在较大的差异（见附图3-11）。有3%的村庄集体收益为负值，同样也有村庄的集体收益在10亿元以上（丰台区花乡榆树庄村）。此外，还有一些村庄的集体收益超过亿元大关，如丰台区长辛店镇张郭庄村的集体收益为 3. 18 亿元，怀柔区桥梓镇北宅村的集体收益为 2. 14 亿元等。

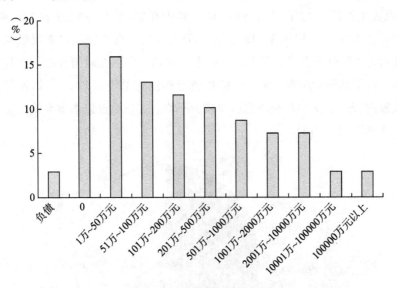

附图 3 – 11　集体收益分布

村庄居民的人均总收入为 12814. 16 元，中位数为 11478. 00 元，最小值为 4000. 00 元，最大值为 60000. 00 元（见附表 3 – 6、附图 3 – 12）。人均总收入的分布，要比村庄总收入的分布更为集中，这也说明了个人收入的差异，在北京全市范围内要小于村庄收入的差异。

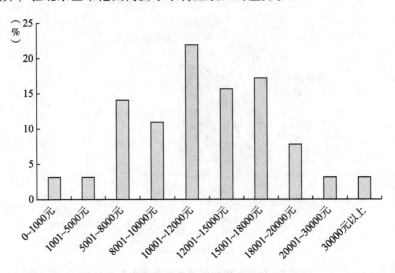

附图 3 – 12　人均收入分布

典型村庄的调查发现，虽然产业结构和适龄劳动力结构中第一产业比重不大，但是调查中的被访者大多数是农民（包括农林牧渔业人员、在家/家庭主妇以及村干部），占68%，其中在家/家庭主妇占24%。同时，村干部占10%（见附图3－13）。这部分人群由于自身技能和素质限制或是职能所在无法外出劳动，只能留守村庄，这和入户调查时间也有一定程度的关系。由于其职业所限，大部分的被访者都没有单位（59%），填答村委会的人数占15%，其他单位类型分布较为平均。工作地点以本地乡镇为主，占88%（见附图3－14）。

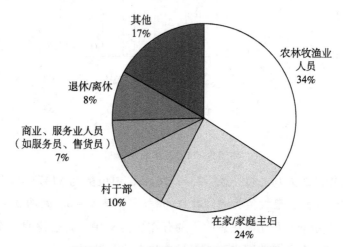

附图3－13　典型村庄调查对象职业分布

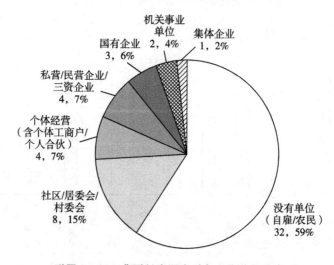

附图3－14　典型村庄调查对象工作单位分布

从农民人均收入来看，调查的五个典型村庄年人均可支配收入为 10427.25 元，而 2012 年北京市人均纯收入为 16476 元，这说明这五个村庄在北京市村庄经济中处于平均水平以下，农民增收致富成为这些村庄面临的大问题，农民增收存在巨大空间（见附表 3-9）。实现农村的产业转型（第一产业向第二、第三产业转变）和农业产业内部结构调整（传统农业向现代农业转变）是农村经济发展、农民致富的必由之路。

附表 3-9　典型村庄农民收入及对比

	村庄年可支配收入（元）	农民人均所得（元）	年人均可支配收入（元）	2012 年北京市及各村所在区县农村人均纯收入（元）	对应区县
房山二街村	8956200	14865.6	9487.5	15192	房山
房山南洛村	14616400	10638.5	11348.14	15192	房山
密云程家庄村	4303545	13397.4	14345.15	14590	密云
密云十里堡村	8361350	17286.8	10373.88	14590	密云
延庆周四沟村	3396500	7940.3	7335.85	14078	延庆
总计	39633995	13619.7	10427.25	16476	北京市

根据北京市总体情况，农民收入结构趋向城市化和多元化，具体表现为报酬性收入、财产性收入、转移性收入比重上升，家庭经营收入比重下降。落实到具体村庄，会发现其结构呈现更为复杂多样的特点。工业村的报酬性收入最多，程家庄村为 82.26%，十里堡村为 72.93%，这意味着农民逐步从土地中走出去，实现了转移就业；转移性收入和其他村庄持平，其他收入比例甚微。农业村中，报酬性收入在五个村庄中最低，二街村为 53.03%，南洛村占 55.86%，低于北京市人均水平 10 个百分点；而经营性收入在村民收入中占重要地位，二街村、南洛村比重分别为 24.85%、29.71%，随着城市化的推进、土地征用以及转移就业，部分家庭经营收入会转化为工资性收入和财产性收入。山区村虽然以第一产业为主，但是由于外出务工（周四沟村村民主要从事出租汽车运营），所以报酬性收入占相当大比重，为 59.04%；家庭经营收入相比农业村的比例持下降趋势，仅为 17.88%；由于有林业等集体经济，财产性收入占重要地位，为 11.28%；值得注意的是，周四沟村的转移性收入比重在五个村庄中最低，仅为 11.80%，也低于北京市平均水平（15.77%），而周四沟村经济情况

最差，老龄化程度严重，抚养压力大，转移性支付理应发挥更大作用，实际却不尽如人意。

附表 3 - 10 农民收入结构及对比

	房山二街村	房山南洛村	密云程家庄村	密云十里堡村	延庆周四沟村	总计
报酬性收入	5030.83	6339.29	11800.67	7980.27	4331.10	6548.72
北京市农民人均报酬性收入	10843	10843	10843	10843	10843	10843
财产性收入	269.07	10.09	72.47	271.84	827.43	234.40
北京市农民人均财产性收入	1717	1717	1717	1717	1717	1717
转移性收入	1830.30	1627.56	1865.3	1642.06	865.87	1606.97
北京市农民人均转移性收入	2598	2598	2598	2598	2598	2598
家庭经营收入	2357.31	3371.20	606.72	479.71	1311.44	2037.16
北京市农民人均家庭经营收入	1318	1318	1318	1318	1318	1318
年人均可支配收入（元）	9487.5	11348.14	14345.15	10373.88	7335.85	10427.25

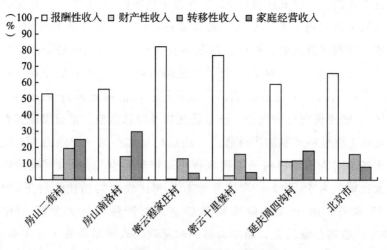

附图 3 - 15 村民收入结构

所以，政府在民生投入方面也有很大的提升空间，可针对某一农村类型实际状况制定相应的转移性收入政策，以发挥应有的作用。

三　村庄治理特征

（一）社会互动与社会信任

典型村庄的调查表明，北京市的农村社区社会互动仍然较多呈现传统社区的特点：亲属关系紧密；拜年网规模和资源都弱于城市社区；较为依赖于强关系；社会互动频繁深入，多以当面互动为主；使用网络不多。但是随着城市化的推进、现代传媒的普及、城市文化的广泛传播，农村社会互动也受到城市制度和文化的影响，弱关系作用逐渐显现，网络在下一代村民的普及使得虚拟空间互动兴起。农村工作要立足于村庄互动的传统性并以村民能接受的方式开展，同时要抓住新时代的特质，利用信息化、现代化手段和工具实现新型农村社会治理。

附表 3 - 11　典型村民共同活动分布

单位：人，%

	频数	百分比
散步	37	62.7
带小孩	11	18.6
购物	27	45.8
遛狗	4	6.8
打牌	33	55.9
聊天	49	83.1
赶集	37	62.7
逛庙会	6	10.2
跳舞	8	13.6
其他	9	15.3
无活动	2	3.4
样本数	59	

　　村民们一起从事的活动基本为散步（62.7%）、赶集（62.7%）、购物（45.8%）、打牌（55.9%）和聊天（83.1%）（见附表3－11）。在每个典型村庄中，可能由于村庄的场地设施不同，上述活动比例会有所差异，如有小公园、健身器材的地方，散步、跳舞的村民比例会稍高；附近有集市的村庄中，村民赶集的比例会稍高。

　　村民对于社会主体的信任将影响村民对其采取的态度和行为方式，课题组用社会信任、政府信任和制度信任三个维度来测量典型村庄中村民对社会主体的信任（①非常不信任，②不信任，③不好说，④信任，⑤非常信任。数值越高，信任程度越高）。社会信任呈现费孝通所说的传统中国社会"差序格局"的特点，从个人出发，和自身关系越近的社会主体信任程度越高，信任程度最高的是家人，信任值为4.95。随着社会关系的疏远，信任程度下降，最不信任的是网友，信任值仅为1.67，这是互联网时代出现的一种新型信任关系。而政府信任则呈现以往研究中提及的上强下弱的趋势，政府层级越低，信任程度越低，中央政府和市政府的信任值均为4.65，而区县和乡镇政府的信任值仅有4.12和4.14，这说明政府和政府官员越接近村民生活，越有可能因为利益冲突而导致矛盾产生，从而降低信任程度。然而，村委会的信任程度接近于中央政府和市政府，信任值为4.51，课题组认为是村庄中的熟人社会和社会关系维持了村民对村委会的信任。

附表3－12　典型村庄村民对社会主体的信任

		频数（人）	均值
社会信任	家人	59	4.95
	邻居	59	4.25
	亲戚	59	4.44
	朋友	52	4.38
	单位同事	23	4.22
	单位领导	24	4.17
	村民	57	3.91
	社会人	56	2.98
	外地人	53	2.28
	网友	15	1.67

		频数（人）	均值
政府信任	中央政府	57	4.65
	市政府	57	4.65
	区县政府	59	4.12
	乡镇政府	58	4.14
	村委会	59	4.51
制度信任	法院	44	4.25
	警察	52	4.33
	媒体	47	3.43
	样本量	59	

另外，对于现有社会体制（法院、警察、媒体），村民们都持信任态度。值得注意的是，对于媒体的信任（信任值为 3.43），村民表示出不好说甚至不信任的态度，说明不实报道和网络谣言极大损害了媒体的公信力，需要加强监管和引导（见附表 3-12）。

（二）公共服务与社区参与

典型村庄的调查显示，村民反映村庄拥有的组织和活动基本为官方组织及其组织的活动，如妇代会（78%）、文体活动（69.5%）、共青团（57.6%）、民兵（44.1%），自组织只有正常市场活动（如集市）和松散文体活动（老人会）（见附图 3-16）。村庄的社会组织分布情况出现趋同现象。当深入问到村民参与组织和活动的频次及了解程度时，村民都知之甚少，这表示社会组织在村庄中只是停留在表层，如何进入村民的生活世界，这是农村社会治理和社区参与面临的问题。

当问及近年来村庄进行的村庄事务及村庄建设时，村民反映较多的有道路建设（71.4%）、户厕改造（58.9%）、日常垃圾处理（57.1%）、村庄绿化（53.6%）和公厕改造（51.8%）（见附图 3-17）。可以看出，北京市政府对于"三农"问题非常重视，投入大量资金建设社会主义新农村，村民对此高度评价。而课题组随之询问了村庄事务和建设的决策情况，村庄决策测量数值由 1 到 4，1 是有过村民讨论，我也参加了；2 是有过村民讨论，但我没有参加；3 是没有村民讨论，村委会决定建设与否；

4 是没有村民讨论，镇里（或区县市）决定建设与否。数值越大，村民参与决策的程度就越小。

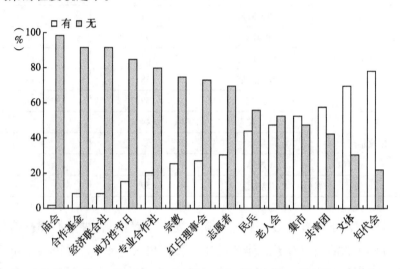

附图 3-16　典型村庄社会组织分布

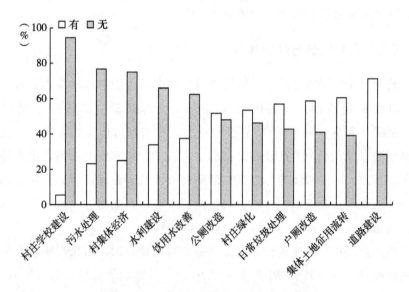

附图 3-17　典型村庄基础设施与公共服务

可以看出大部分的村庄建设都是处在有村民讨论的阶段，只有少数建设活动，如日常垃圾处理（2.25）、户厕改造（2.27）、公厕改造（2.58）属于上级政府推行项目，村民参与决策的程度较少（见附表 3-13）。村民决策少，不仅加深了村民和政府之间的隔阂，容易产生误解，同时有可能产生政府推行的项目不符合村庄现状或是不能满足村庄急迫的现实需求，出现项目水土不服、无法持续的问题。

附表 3 – 13　典型村庄基层决策参与状况

村庄项目	样本量	决策参与状况（均值）
道路建设	38	1.74
水利建设	18	1.89
饮用水改善	21	1.81
污水处理	13	1.62
日常垃圾处理	28	2.25
户厕改造	26	2.27
公厕改造	26	2.58
村庄绿化	25	1.96
集体土地征用流转	33	1.55
村庄学校建设	3	1.33
总计	59	

数据显示，典型村庄中，村民对村庄事务决策有所参与，但仍存在参与不足。

当问及最需要的公共服务时，村民根据本村的设施状况和村民的生活条件做出了选择。集中供暖是村庄的普遍需求。由于条件所限，农村无法集中供暖，因此取暖用煤仍然是大部分农村家庭的选择。山区村的需求主要集中在污水处理和集中供暖上（见附图 3 – 18）。

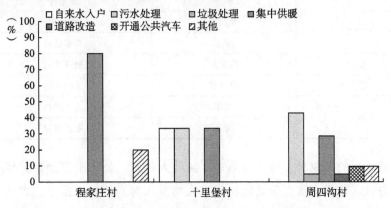

附图 3 – 18　典型村庄村民公共服务需求

（三）村庄类型与治理模式

"一体化"项目，通过对五个典型村的个案研究，发现北京市的四种类型的村庄在治理过程中分别面临不同的核心问题。工业村存在工业生产为基础的产业结构与北京市建设世界城市的发展目标的不协调问题；农业村存在农业生产不断弱化，村庄越来越多地从一个生产领域向另一个生产领域转变的问题；城中村存在城市化的生活方式和村庄式的管理服务体制显著的不协调问题；山区村存在加快经济发展、提高村民生活水平的问题。

1. 村庄类型

在本研究中，课题组发现，问卷调查的结果大致证实了"一体化"项目的发现：从整体上说，根据基本农田和流动人口的数量，可以将北京市的村庄分为工业村、农业村、城中村和山区村。这四种类型的村庄，由于资源禀赋、产业结构的不同，在管理和服务中面临着不同的挑战，并形成了不同的治理模式与经验。

附表 3－14　类型 1 村庄（工业村）

昌平	北七家	歇甲庄村
朝阳	黑庄户	大鲁店三村
大兴	安定	站上村
房山	窦店	丁各庄村
	韩村河	二龙岗村
海淀	苏家坨	南安河村
怀柔	北房	大罗山村
	桥梓	北宅村
门头沟	潭柘寺	南辛房
	清水	李家庄村
密云	穆家峪	荆稍坟村
顺义	赵全营	北郎中村
通州	西集	老庄户村
	漷县	翟各庄村

第一类的工业村，往往耕地多、流动人口多，处于平原地带，纠纷较多，总收入较多，远高于其他村庄，人均收入与其他村庄持平，大约三分之一为非农收入，村民的不满集中在经济方面（集体财产、征地拆迁）和

设施问题（就近入学、社区就医、供水供电和公共厕所）。

附表 3 – 15　类型 2 村庄（农业村）

昌平	十三陵	西山口村
房山	河北	河南村
	城关街道	马各庄村
	张坊	东关上
	良乡	南庄子村
丰台	花乡	榆树庄村
海淀	四季青	香山向阳新村
怀柔	渤海	北沟村
	汤河口	东帽湾村
门头沟	妙峰山	水峪嘴
	永定	艾洼村
	军庄	东杨坨村
密云	高岭	大开岭村
平谷	金海湖	黄草洼村
通州	永乐店	德仁务前街村
		新西庄村
		小甸屯村
	西集	张各庄村
	漷县	草厂村
	梨园	魏家坟村
延庆	旧县	白河堡村

　　第二类为农业村，往往耕地较多而流动人口较少。农业村也处于平原地带，纠纷少，但村庄平均总收入仅为工业村的一成，人均收入与工业村持平，一半为非农收入。村民的不满较少，主要与医保报销相关。

附表 3 – 16　类型 3 村庄（城中村）

昌平	回龙观	二拨子村
	十三陵	德陵村
	流村	王家园村
	南口	红泥沟村

续表

朝阳	黑庄户	郎辛庄村
大兴	采育	北山东村
	榆垡	辛村
		黄各庄村
	安定	西芦各庄村
	青云店	老观里
房山	长沟	坟庄村
丰台	长辛店	张郭庄村
海淀	西北旺	韩家川村
门头沟	军庄	灰峪村
密云	大城子	南沟村
平谷	南独乐河	南独乐河村
顺义	南彩	北彩村
	李遂	牌楼村
通州	张家湾	西定福庄村

第三种类型为城中村，耕地较少或极少，流动人口规模大，甚至出现严重的人口倒挂现象。城中村较为富裕，村庄平均总收入最高，人均收入高，基本为非农收入。城中村的纠纷较多，征地拆迁引起的不满尤为突出，在所有四类村庄中最为严重。其他的纠纷则集中在就近入学和流动人口管理等方面。

第四类村庄为山区村，耕地较少，流动人口也较少。村庄经济状况最差，总收入与农业村相当，人均收入持平，几乎全为非农收入。社会纠纷在四类村庄中最少，村民的不满集中在经济方面（集体财产）和基础设施（就近入学、社区就医、供水供电和公共厕所）。但令人费解的是，部分山区村对流动人口的不满最严重，甚至高于城中村。

附表 3-17　类型 4 村庄（山区村）

昌平	小汤山	南官庄村
平谷	马坊	蒋里庄
通州	潞县	西黄垡村
门头沟	雁翅	淤白村
	王平	西马各庄村

续表

密云	西田各庄	董各庄村
平谷	刘家店	北吉山
	黄松峪	黄松峪村
朝阳	管庄	小寺村
房山	十渡	马安村
顺义	大孙各庄	谢辛庄村
海淀	海淀	六郎庄村
平谷	东高	普贤屯村
延庆	刘斌堡	周四沟村

　　根据四类村庄的行政区划，我们在北京地图上简单标志了这四类村庄的空间分布。值得注意的是，城中村的分布，呈现多中心的特点。

　　2. 矛盾与治理

　　问卷调查显示，就整体而言，北京市村庄的矛盾与纠纷尚处于可控状态。

　　调查前的一年内，治安案件的发案率总体较低。村庄的发案率均值为0.38件，最大值为16.00件，发生在流动人口较多的顺义区赵全营镇北郎中村。群体性事件发生的均值为0.32次，最大值为10.00次，出现在房山区良乡镇南庄子村（见附表3－18）。

附表 3－18　矛盾类型与调解比例

	均值	中位数	标准差	最小值	最大值
调解纠纷数量	13.23	4.00	35.03	0.00	268.00
调解比例（%）	89.76	100.00	19.37	0.00	100.00
外村纠纷（%）	7.76	0.00	12.43	0.00	50.00
土地纠纷（%）	0.43	0.00	1.68	0.00	12.00
治安案件（%）	0.38	0.00	1.97	0.00	16.00
群体事件（%）	0.32	0.00	1.62	0.00	10.00

　　村庄调解纠纷数量的最小值为0件，均值为13.23件，中位数为4.00件，这说明有一半的调查村庄中的调解纠纷数量不高于4件。而调解纠纷数量的最大值则为268件，发生在门头沟区军庄镇灰峪村。同时，还有两

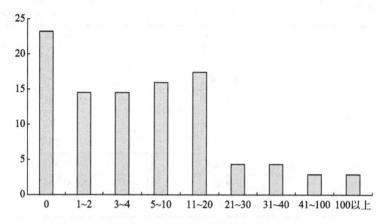

附图 3 - 19　村庄调解纠纷数量

个村庄的调解纠纷数量超过 100 件（见附表 3 - 18、附图 3 - 19）。

　　问卷数据显示，村庄当中较为严重的矛盾集中在"就近入学"和"交通出行"。这一结果与"一体化"项目的典型村庄研究的结果不符。原因可能在于本调查为非匿名的村庄问卷，填答人也许有所顾忌（见附图 3 - 20）。

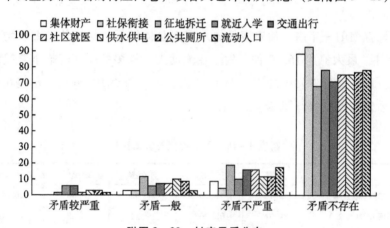

附图 3 - 20　村庄矛盾分布

附表 3 - 19　村庄类型与社会矛盾

	工业村	农业村	城中村	山区村
集体财产	3.64	3.95	4.00	3.71
社保衔接	3.86	3.86	3.95	3.93
医保报销	3.86	3.73	3.89	3.86
征地拆迁	3.64	3.82	2.89	3.86
就近入学	3.36	3.82	3.42	3.79

	工业村	农业村	城中村	山区村
交通出行	3.50	3.50	3.53	3.57
社区就医	3.43	3.73	3.89	3.43
供水供电	3.57	3.73	3.63	3.36
公共厕所	3.57	3.73	3.79	3.29
流动人口	3.71	3.95	3.63	3.50
总体治理状况	36.14	37.82	36.63	36.29

附表 3-19 显示，村庄类型与社会矛盾之间存在一定的关联。工业村的矛盾集中在集体财产和基础设施上；农业村的矛盾集中在医疗保险和交通出行；城中村的纠纷较多，征地拆迁的不满尤为突出；山区村的突出矛盾也集中在基础设施和公共服务上。

根据上述描述，我们可以对村庄类型与治理模式的关联形成几个初步判断。

第一，村庄高度多元化，多种历史进程同时叠加造成的复杂局面。工业化、全球化、城镇化几种宏观历史进程，同时发生在北京市的村庄当中。有的村庄已经高度城市化，甚至全球化；有的村庄已实现一定程度的工业化；还有的村庄，由于自然条件和地理区位，目前还保持着较为传统的生活方式。无论在人口结构与产业规模，还是在生活方式与社会关系，以及社会矛盾等方面，这些村庄都存在巨大的差异。因此，社会治理必须有针对性，不能"放之四海而皆准"，一个模式打天下。

第二，矛盾主要源于分配不公，而不是分配不足的矛盾。调查数据显示，农村纠纷与经济发展相关。经济发展越快的地方，社会矛盾与纠纷就会越多。当然，这并不是说经济发展必然导致社会矛盾，而是我们过去经济增长的方式，导致了社会矛盾的发生。更进一步的分析告诉我们，矛盾主要来自"相对剥夺"的不公平感。因此，生活改善、收入增加，反而造成更强烈的"相对剥夺"，从而导致矛盾和纠纷的增加。

第三，干群矛盾大于村民内部的矛盾。数据显示，流动人口较大的地方，矛盾和纠纷也就越多。然而，进一步的分析表明，在人口出现倒挂的城中村，主要矛盾并非发生在本地居民和流动人口之间，而是在本地居民与基层政府之间由于征地拆迁等而产生的矛盾。换句话说，矛盾纠纷的发生率整体较低这一事实，有可能会让人们低估某些村庄中干群关系的紧张程度。化解农村的社会矛盾，关键在于进一步平衡利益格局，协调好干群关系。

四　推进村庄社区化建设

北京市的农村社会治理与社会建设，应在面对经济社会发展所带来的机遇和挑战的同时，立足于自身实际情况，积极创新社会管理思路。北京市的城乡关系表现为典型的"大马拉小车"，在解决农村社会管理问题方面具有显著的优势。与此同时，北京市的农村又呈现高度分化、异质性强的特征，不同类型的村庄面临着不同的问题，对于社会管理的需求也不一致。为此，课题组认为，北京市在探索农村社会管理新举措方面，可以考虑如下三个方面。

（一）从村庄社区化管理到村庄社区化建设

关于村庄社区化管理，目前存在两种不同的理解。一种理解，是较为简单的工具性理解。在这种简单理解中，村庄社区化管理被等同于村庄的封闭化管理。目前北京依然存在数量众多、规模较大的城中村，人员混杂、居住拥挤，从安全到参与，从管理到服务都存在较大的缺口和不足，甚至有的村庄成为社会问题丛生的"治理洼地"。对于这样的问题村庄，通过修建围墙、强化门禁等措施来改善公共服务、强化社区治理，在实际工作中有着迫切需要，这一做法也是值得肯定和鼓励的。但如果将这种简单化的理解，推广到全市范围内的村庄社区化管理工作，我们认为可能存在两方面的问题。首先，封闭化管理算得上是一种权宜之计，由于这些措施并未触及造成这些"治理洼地"的制度性和结构性根源，所以也并不能彻底解决问题村庄的治理难题。其次，并不是北京所有的村庄都是这样的问题村庄，因此我们不能在全市范围内将村庄社区化管理都简单地理解为村庄的封闭化管理。

真正做好全市的村庄社区化管理，使之成为推动北京社会建设和社会进步的一个关键步骤，就要求我们对村庄社区化管理形成一种实质性的、价值性的理解。在这种理解中，村庄社区化管理的实质其实就是城乡一体化。村庄社区化管理的目标，就是在保持村庄社区传统特征的同时，将这些村庄因地制宜地发展为城市社区那样的生活共同体，有着完善的基础设施、良好的公共服务、充分的居民参与以及有效的社区管理。因此，村庄社区化管理的最终目标是破除已有的城乡二元结构，遏制潜在的城市二元结构，实现城乡基础设施、公共服务、居民参与以及社区管理的实质均等化。因此，村庄社区化管理，也包括收入和生活水平的提高、保障体系的健全、自然环境的改善，以及邻里互动的增加、社区关系的营造、居民对公共决策和矛盾调解的参与。

根据第二种理解，村庄社区化管理，将会涉及村庄建设的方方面面，已不再是单纯为了解决治安问题的一种权宜之计，而是推动农村社区发展、化解城乡二元结构的全面努力。因此，村庄社区化管理，应当以服务均等化为渠道，重建农村生活共同体。应当回归"社区"的本意，社区指的是有着类似的生活经验、有着共享的规范与文化，可以守望相助的生活共同体。更确切地讲，村庄社区化管理应该是村庄社区化建设。

（二）公共服务均等化，民生民主有机结合

目前来说，北京市已经具备了全面推进城乡一体化、实现村庄社区化建设的财政实力，因此，北京市应明确农村公共服务改革创新的路线图，力争在一段较短的时间内，实现公共服务均等化、财政支持全覆盖，将北京市的村庄社区化建设提升到一个新的水平。

1. 加大财政投入，缩小城乡差距

针对目前农村基础设施简陋，公共服务不尽完善的现状，政府应该加大财政投入，缩小城乡之间基础设施和公共服务的差距以及城乡分割的收入再分配制度所带来的不平等，适当提高农民转移性收入。在调查中发现，有相当一部分村民是无收入群体，留守村庄的村民在村庄中经济地位较低，需要政府部门重视，给予一定的财政和政策倾斜。此外，鉴于山区村转移性收入比重最低，仅为11.80%，也低于北京市平均水平（15.77%），村庄经济最差，老龄化程度严重，抚养压力大，政府应加大对此类村庄的财政支持力度，利用转移性支付改善民生，避免弱势村庄陷入恶性循环的格局，让农民享受到与城镇居民同样的文明和实惠，使整个农村经济社会全面、协

调、可持续发展。

2. 优化项目配置，合理利用资源

在加大财政投入的同时，还要做好项目的配置和统筹工作，合理利用财政资源，提高资源的利用效率。根据不同村庄的实际情况，优先安排所在村庄最需要的项目，满足村民最期盼的公共需求，如出行、医疗、养老等方面。确定项目的轻重缓急，进行合理布局；要做好不同村庄的项目间的协调和统筹，发挥项目的最大效用，避免重复建设，浪费资源；同时也要明确村、镇、县（区）不同层级和部门在公共服务和社会管理中的权力和职责，确保信息的畅通，确保管理的规范化和有序化。

3. 完善村民自治，确保村民参与

农村公共生活的广泛参与是发展基层民主的重要方式。目前中国乡村的治理仍采取政府主导的形式，应该实行以村民自治为核心的农村治理改革。村民自治是我国的一项基本制度，是村民行使民主权利的重要形式。政府应根据新时期新形势下的新任务，不断完善村民自治制度，确保农民当家做主的地位。在推进农村社会管理方面，要努力创造条件，提高村民的公共参与水平，尤其是在公共服务项目的决策、布局、选点、运作、监督等环节，要制定明确的规章制度和议事规则，通过召开村民大会、张贴公示等形式，确保村民的知情权、参与权和监督权。通过积极引导村民参与具体民生工程的决策与实施，实现参与主体多元化，使得村民的民主权利落到实处。在发展民生的同时，通过这种方式可以增加村民对乡村治理的政治认同感，以民生带动民主，民主保障民生，实现两者之间的有机结合和相互促进。

政府不仅要对公共场所进行合理的设计以满足农民的需求，更重要的是要培养农民参与公共生活的意识和能力，以广泛的公共生活参与来提升民生的内涵与质量，促进民主的落实与改善。政府要善于发掘不同村落的传统资源，为农民搭建参与公共生活的平台。

4. 创新管理方式，改造农村社区

"村庄社区化管理"是北京市农村社会管理方面的重要创新举措，目前已取得显著的成效，长远来看，村庄不只是要采用社区化管理的形式，而是要成为新型的农村社区，成为以村民为主体的生活共同体。因此，在稳定和完善社区综合服务站、社区综合治理中心等机构工作的同时，还要

努力培育专业的公共服务运营结构，提高公共服务的管理和运营水准，朝着城市中的物业管理模式发展；要挖掘乡村社区内部的组织形式和组织资源，发挥它们在乡村公共生活中的作用，同时，也可制定相关激励措施，引导民间社会组织参与农村的公共服务，充分发挥其对政府职能的辅助和补充功能，增加官民之间的沟通渠道，从而形成多元并举的农村公共服务格局，造就新型乡村公共生活。政府还可以积极利用乡村精英的感召力和治理才能，为其提供施展平台以发挥带头作用。

（三）因村制宜，集中力量解决核心问题

针对不同类型的村庄，应制定不同的政策"套餐"，做到"因村制宜"，集中力量解决核心问题。

1. 工业村

工业村的治理重点在于产业的转型升级，以及由征地导致的补偿纠纷、就业安置等工作。调研显示，工业村的工业多属于重工业，技术含量较低，因此，应配合北京市的城市建设目标，努力引导现有工业企业实现转型升级，从劳动密集型向技术密集型转变，从第二产业向第三产业转变，注重品牌意识，提高企业效益，尤其要注意引进文化创意产业、新型服务业（如养老、养生、旅游）、新型生态农业等新兴产业，既能优化产业布局，又能广泛吸纳就业，从而实现生产、生态和生活的协调发展，造就新型农村社区。

工业村的治理重点还表现在由征地拆迁导致的补偿纠纷等问题，尤其是部分农民失去土地后，同时也失去了谋生手段，往往会通过上访等形式表达自己的诉求。这方面应及时回应村民的合理诉求，通过及时的沟通和合理的补偿化解纠纷，同时，通过解决就业问题帮助他们获得可持续性收入，从根本上解决他们的问题。

2. 农业村

农业村的治理重点在于如何重新激发乡村生活的活力，促进乡村的再发展。由于青壮年劳动力常年外出打工，目前农业村的一般特征为年龄结构严重老化，公共生活萎缩，与此同时，"空心村"现象比较普遍。对于农业村，主要的路子在于推进土地流转，转变农业经营形式，实现规模化和产业化经营，同时，与北京市著名高校、科研机构合作，改良农产品的

技术含量，提升产品附加值，以此来增加农业的产值和收入，吸引农民返乡就业和就近就业；另一方面则要引导居民适当的集中居住，通过集中居住，重新构建乡村社会的公共生活，同时也能提高公共服务的覆盖范围和使用效率。

3. 城中村

城中村的治理重点在于流动人口的管理，以及流动人口与本地人口之间的信任、融合问题。首先村中应成立专门的流动人口管理机构，并配备专职工作人员，及时掌握流动人口的动态信息，在做好上级布置任务的同时，如租房、治安、人口管理，还应及时回应流动人口的合法诉求，维护流动人口的合法权益，将维护流动人口的合法权益纳入村公共服务体系当中。同时管理机构还应积极扮演好本地人口与流动人口的沟通桥梁角色，做好双方的纠纷调解工作，及时将矛盾化解在萌芽状态。

在流动人口与本地人口的信任、融合方面，村级管理机构一方面应营造一定的公共活动空间，促进双方的互动和沟通，另一方面可以动员流动人口参与社区管理工作，为社区发展贡献一份力量。具体而言，通过成立书刊阅览室、健身运动馆、乒乓球羽毛球活动场地等形式，营造公共生活空间，增强不同人群之间的互动，促进本地人口与流动人口、流动人口之间的友好往来，通过互动和沟通增强信任；动员拥有闲暇时间并且热衷公益事务的流动人口参与到社区管理事务当中，以此来增强流动人口的社区认同感。在条件允许的情况下，还可以考虑流动人口的自我组织和自我管理，由流动人口选出自己的代表，集中反映自己的诉求，同时参与村庄公共事务管理工作。

4. 山区村

山区村相比农业村更具传统农村色彩，其主要的问题仍然在于发展经济、增加收入。在道路交通、医疗卫生、儿童入学等基本公共服务方面，北京市政府应做到财政支持全覆盖，从根本上提升山区村的公共服务水平；同时，山区村也要努力挖掘本地优势，通过发展旅游业、乡村特色手工业等方式增加农民收入。比如，密云县的乡村旅游发展目标为"六无三统一"：无白色垃圾、无积存垃圾、无侵街占道、无乱堆乱放、无污水乱排、无乱设广告牌；统一村庄外立面、统一门头牌匾、统一绿化美化，明显改善了密云的旅游环境，值得其他乡村借鉴。

图书在版编目（CIP）数据

社区治理：价值匹配（NGT）分析方法／沈原等著
. -- 北京：社会科学文献出版社，2017.12（2022.10 重印）
ISBN 978 - 7 - 5201 - 1511 - 7

Ⅰ.①社…　Ⅱ.①沈…　Ⅲ.①社区管理 - 研究 - 北京
Ⅳ.①D669.3

中国版本图书馆 CIP 数据核字（2017）第 244506 号

社区治理：价值匹配（NGT）分析方法

著　　者／沈　原　刘世定　李伟东　等

出 版 人／王利民
项目统筹／童根兴　佟英磊
责任编辑／陈之曦　佟英磊
责任印制／王京美

出　　版／社会科学文献出版社·群学出版分社　（010）59366453
　　　　　地址：北京市北三环中路甲 29 号院华龙大厦　邮编：100029
　　　　　网址：www.ssap.com.cn
发　　行／社会科学文献出版社（010）59367028
印　　装／北京虎彩文化传播有限公司

规　　格／开　本：787mm×1092mm　1/16
　　　　　印　张：17.5　字　数：285 千字
版　　次／2017 年 12 月第 1 版　2022 年 10 月第 2 次印刷
书　　号／ISBN 978 - 7 - 5201 - 1511 - 7
定　　价／79.00 元

读者服务电话：4008918866